AF287301

ANDREA GRUNER

LEBEN IN DER EWIGKEIT

Meine Erinnerungen an Reinkarnationen und
mystische Dimensionen der Schöpfung

Dieses Buch enthält Beschreibungen, die möglicherweise belastend wirken.
Auf ihrem langen Entwicklungsweg erlebt die Seele nicht nur schöne
Momente, sondern macht auch schmerzhafte Erfahrungen
– das ist ein Teil des Lebens.
Ich möchte mit diesem Buch begreifbar machen, warum dies so ist.

Für das grundsätzliche Verständnis dieses Buches ist es nicht notwendig,
alle Kapitel zu lesen.

ANDREA GRUNER

LEBEN IN DER EWIGKEIT

Meine Erinnerungen an Reinkarnationen und
mystische Dimensionen der Schöpfung

Bibliografische Information der Deutschen Nationalbibliothek:
Die Deutsche Nationalbibliothek verzeichnet diese Publikation in der Deutschen Nationalbibliografie; detaillierte bibliografische Daten sind im Internet unter https://dnb.d-nb.de abrufbar.

Bibliografische Information:
Autorin: Andrea Gruner
Titel: Leben in der Ewigkeit
Auflage: 1. Auflage, Januar 2025; überarbeitete Fassung März 2026

Verlag: BoD · Books on Demand GmbH, Überseering 33, 22297 Hamburg, bod@bod.de
Druck: Libri Plureos GmbH, Friedensallee 273, 22763 Hamburg

Textcoaching und Lektorat: Vera Eichholz-Rhode

Umschlaggestaltung: © Guter Punkt | München
Umschlagmotive: © Iva Jauss | www.ivajauss.com und © evdakovka | iStock | Getty Images Plus
Satz, Grafik und Layout: Désirée Ernst | www.desiree-ernst.de

ISBN: 978-3-7693-1147-1

Dieses Buch ist auch als Hörbuch erhältlich.

Mein Herz grüßt Dein Herz, Mutter Erde.

Dieses Buch habe ich aus Liebe zu Dir geschrieben.
Ich widme es Dir, dem Leben und der Liebe, aus der die gesamte
Schöpfung entstanden ist.

INHALTSVERZEICHNIS

Meine Entwicklung im 4. Chakra - Herzzentrum

Meine Entwicklung im 5. Chakra - Thymuszentrum

Meine Entwicklung im 6. Chakra - Halszentrum

Meine Entwicklung im 7. Chakra - Stirnzentrum

Meine Entwicklung im 8. Chakra - Kronenzentrum

Teil 3 Vorbereitung auf dieses Leben

Vorwort

Dass sich Menschen an frühere Leben erinnern, ist eine durch Rückführungen bestätigte wissenschaftliche Tatsache. Dass sich aber ein Mensch an die Geburt seiner Seele, ihre Entwicklung aus dem Ur-Meer bis hin zu unzähligen Inkarnationen auch als Tier, Pflanze oder Mineral erinnern kann, ist mir neu. Wir alle sind ewige geistige Wesen, ohne Anfang, ohne Ende und stets in einen höheren, intensiven Entwicklungsweg aus der göttlichen Einheit heraus und zurück eingebunden. Das Buch vermittelt auf eindringliche Weise, dass wir nie von Gott getrennt sind.

Andrea Gruner berichtet auch davon, wie es sich anfühlt, schon viele Male gestorben und wiedergeboren zu sein. Jeder Sterbevorgang wird anders erlebt. Wenn Gedanken und Gefühle noch zu sehr an der Materie festhalten oder Angst vor dem Leben nach dem Tod das Loslassen verhindern, ist der Übergang nicht so leicht. Doch letztlich endet die Reise in dem Erleben unermesslicher Liebe, Geborgenheit und Angenommensein. Es geht darum, den Seelenweg hin zum Einheitsbewusstsein der Liebe zu lenken.

Wir alle tragen den göttlichen Funken in uns. Im Leben geht es um Erfahrungen und Weiterentwicklung, die im Nachtodlichen ausgeglichen werden. Es zeigt sich immer wieder, dass der Wille der Seele den Fluss unserer Lebenskraft lenkt – wie widrig die Umstände auch sein mögen.

Andrea erinnert sich an eine schier unfassbare Kette von Inkarnationen – vom Menschen zum Regenwurm, als Opfer der Folter oder als Fisch. Dieser Wechsel vom Menschlichen ins Tierische oder in eine Pflanze, z.B. eine Mücke oder einen Baum ist in gewisser Weise atemberaubend, aber in gewisser Weise auch kaum fassbar.

Eine der wohl fundamentalsten Erkenntnisse von „Leben in der Ewigkeit" ist die Wahrnehmung des Wirkens der göttlichen Kraft in jedem von uns, wenn wir das zulassen können. Tief in unserem Innern können wir die Verbindung mit der Schöpferkraft fühlen, die alles lenkt und Heilung bewirken kann.

Die Seele sammelt auf ihrem Erlebnisweg Erfahrungen, um sich ihrer Göttlichkeit bewusst zu werden. Nur die Karmaauflösung ermöglicht die endgültige Rückkehr in das Einssein mit Gott, dem obersten Ziel aller Erdenleben.

Das Buch führt zu einem größeren Verständnis des Eingebundenseins in einen weitaus höheren Sinnzusammenhang. Der Weg der Seele durch Geburt und Tod führt immer in die allumfassende, bedingungslose Liebe, die uns schon jetzt alle durchdringt.

2024, Bernard Jakoby (Sterbeforscher)

PROLOG

Wenn die Erwachsenen sagten: „Wer weiß schon, was nach dem Tod ist, es ist ja noch keiner zurückgekommen", dachte ich bereits als Kind: „Aber ich bin doch zurückgekommen. Und du übrigens auch, du erinnerst dich nur nicht mehr." Doch ich behielt es für mich, weil ich spürte, dass ich selbst noch einen intensiven Entwicklungsweg vor mir hatte, bis ich reif genug sein würde, mein Inneres nach außen tragen zu können.

Wo auch hätte ich beginnen sollen, das nahezu Unfassbare zu schildern?

- Bei der Geburt meines Seelenfunkens?

- Wie es sich anfühlt, wenn ein Körper erschaffen wird?

- Wie ich es erlebt habe, schon viele Male gestorben und wiedergeboren zu sein?

- Wie es in der Hölle war oder im Himmel?

- Wie es ist, kein Mensch zu sein, sondern ein Tier, ein Stein oder ein Baum?

Der Gedanke der Wiedergeburt hat mittlerweile aus verschiedenen Richtungen Einzug in die westliche Welt gehalten, nur kenne ich bisher niemanden, der sich so detailliert an so viele Leben erinnert, wie ich sie hier beschreibe.

In diesem Buch schildere ich die Erinnerungen aus meinem Seelengedächtnis. Das Seelengedächtnis unterscheidet sich von dem Gedächtnis, das wir nutzen, wenn wir verkörpert sind. Es zeichnet alles auf, was wir je erlebt haben. Spätestens wenn wir unseren Körper verlassen, verbinden wir uns wieder mit unserem Seelengedächtnis und staunen über so manches, das darin festgehalten wurde und das wir im Augenblick des Geschehens selbst gar nicht erfassen konnten, weil wir in verkörperter Form alles aus einer begrenzten Perspektive wahrnehmen, während unsere Seele den Gesamtüberblick hat.

Das zeigt uns, dass die Seele anders auf unser Leben schaut als unser Verstand: ganzheitlich, liebevoll und multidimensional.

Durch die Bewusstmachung der Vielschichtigkeit unseres Seelenweges möchte ich dazu beitragen, Frieden, Vertrauen und Liebe auf dieser Erde zu verankern.

In andren Hüllen gingen wir vorzeiten

In andren Hüllen gingen wir vorzeiten,
du gingst im Fuchspelz, ich im Iltiskleid;
noch früher waren wir die Marmelblumen,
in einer tiefen Tibetschlucht verschneit.

Wir standen zeitlos, lichtlos in Kristallen,
und schmolzen in der ersten Stunde hin,
uns überrann der Schauer alles Lebens,
wir blühten auf, bestäubt vom ersten Sinn.

Wir wanderten im Wunder und wir streiften
die alten Kleider ab und neue an.
Wir sogen Kraft aus jedem neuen Boden
und hielten nie mehr unsren Atem an.

Wir waren leicht als Vögel, schwer als Bäume,
kühn als Delphin und still als Vogelei.
Wir waren tot, lebendig, bald ein Wesen
und bald ein Ding. (Wir werden niemals frei!)

Wir konnten uns nicht halten und wir zogen
in jeden Körper voller Freude ein.
(Und niemand sag ich, was du mir bedeutest -
die sanfte Taube einem rauhen Stein!)

Du liebtest mich. Ich liebte deine Schleier,
die lichten Stoffe, die den Stoff umwehn,
und ohne Neugier hielt ich dich in Nächten.
(Wenn du nur liebst! Ich will dich ja nicht sehn!)

Wir kamen in das Land mit seinen Quellen.
Urkunden fanden wir. Das ganze Land,
so grenzenlos und so geliebt, war unser.
Es hatte Platz in deiner Muschelhand.

Ingeborg Bachmann (1926-1973)

Teil 1

Dieses Leben

1. Wie es bisher war...

Geburt

Um mich herum wurde es vollkommen dunkel. Kurz zuvor hatte ich noch, von zwei Engeln flankiert, vor einer feinstofflichen Röhrenrutsche gestanden und dabei mit meinem Seelenauge in die Weite des mir wohlvertrauten Universums geblickt. Meine Heimat.

Als es losgehen sollte, war ich mir plötzlich nicht mehr ganz sicher gewesen, ob ich dieses herausfordernde Leben wirklich antreten wollte, und war versucht, zurückzuweichen. Sollte ich nicht lieber noch einmal alles überdenken? Hatte ich mir vielleicht zu viel vorgenommen?

Ich schaute meine beiden Begleiter fragend an. Aber es war ja alles gut geplant und von den zuständigen Ebenen befürwortet worden. Es gab keinen Grund, jetzt, wo wir schon so weit gekommen waren, einen Rückzieher zu machen.

Mein Schutzengel durchströmte mich mit Mut und schob mich mit seinen feinstofflichen Händen liebevoll, aber bestimmt nach vorne: "Wir schaffen das!" Ich fühlte, wie ich in die Rutsche hinein, in die Enge des Geburtskanals und dann, nach einer Weile, hinaus in die Welt glitt.

Wie schon in unzähligen Existenzen davor, war meine Seele schon eine ganze Weile mit ihrer Aufmerksamkeit zwischen meinem neu entstehenden physischen Körper und den feinstofflichen Welten hin und her gewandert. Doch jetzt nahm ich mit meinem, sorgfältig für dieses neue Abenteuer geplanten Körper Kontakt zu meiner Umgebung auf. Meine Unsicherheit war verflogen.

Dieses faszinierende Gefühl, wieder Luft auf meiner Haut spüren zu können! Es war unbeschreiblich! In den feinstofflichen Welten war ebendies ja so nicht möglich gewesen.

Das Spüren meines Körpers war das größte Geschenk in diesem Augenblick. Es war so aufregend!

Ich war glücklich, denn ich wusste nun wieder ganz sicher, warum ich mich abermals auf dieses herausfordernde Abenteuer der Inkarnation hier auf dieser Erde eingelassen hatte.

Ich empfand grenzenlose Dankbarkeit, aufs Neue eintauchen zu können in eine Körperform, die mir die Wahrnehmung, mich von etwas getrennt zu fühlen und dies mit meinen Sinnen erfahren zu können, ermöglichte. Denn in den geistigen Welten konnte ich zwar verschiedenste innere Stimmungen empfinden, aber ich hatte eben keinen Körper, dessen Sensorik mein Erleben unermesslich bereicherte und als Mittler zwischen dem Außen und dem Innen diente.

Verschwommen sah ich den medizinisch ausgestatteten Raum, die Beine meiner Mutter und den Arzt in seinem weißen Kittel. Wie sehr hatte ich das Wahrnehmen über physische Sinne vermisst!

Der Arzt hielt mich kopfüber in die Höhe, meine Füßchen unangenehm in seinen Fingern verkeilt und „patsch", da klatschte er schon auf meinen Allerwertesten und ich dachte: „Oh Mann, wie wird man denn heutzutage hier empfangen... Das war doch nicht nötig, bitte schön, ich hätte auch so geatmet! Ich bin doch nicht zum ersten Mal hier!"

Auch, wenn ich in einem Säuglingskörper steckte - meine Gedanken entsprangen einer reifen, weitgereisten Seele.

Kindheit

Da ich mir für dieses Leben vorgenommen hatte, die Erinnerung an die feinstofflichen Welten und an meine Seelenentwicklung beizubehalten - und nicht, wie die meisten meiner Erdengeschwister, zu vergessen - war mein Geist von Beginn an voll ausgeprägt und klar und mein Denken glich dem eines Erwachsenen.

Ich hatte für dieses Leben allerlei Schwierigkeiten auf meinem Entwicklungsweg eingeplant, um für meine spätere Aufgabe zu reifen. Mein Zögern war nicht verwunderlich gewesen angesichts der Tatsache, dass ich wusste, dass man hin und wieder das, was man sich vorgenommen hat, nicht so schafft, wie man sich das vorgestellt hat. Dann probiert man es zwar einfach im nächsten Leben nochmal, aber hier auf der Erde kann die Leichtigkeit, die die Seele in den feinstofflichen Welten ihren gewählten Herausforderungen gegenüber hat, wie weggeblasen sein.

Manchmal fühlt es sich auf der Erde dann doch schwerer an als vermutet. Doch jetzt, da ich schonmal hier war, waren alle Zweifel verflogen, und die Vorfreude darauf, zu erleben, wie ich mit den Umständen umgehen würde, die alle beteiligten Seelen zusammen mit mir kreiert hatten, überwog. Jetzt war ich mittendrin, im Abenteuer meines Lebens.

Während mein Körper seine Reifung durchlief, beobachtete ich dies mit meinem Seelenbewusstsein, das schon so viele Male das Heranwachsen eines Körpers erlebt hatte.

Weil ich die Erinnerung an die Wirklichkeit „drüben" und an meine Leben, die ich bis dato erlebt hatte, wie eine zweite Haut mit mir trug, schaute ich von der ersten Sekunde an mit meinem gesamten bisher gesammelten Wissen in die Welt.

Außerdem war in der Planung vorgesehen gewesen, dass ich von

Beginn an Hellsinne und eine intensive Verbindung zu meinen feinstofflichen Helfern haben würde.

Ich spürte, wie ich wuchs und mein Körper den Strampler immer mehr ausfüllte. Dann gab es eine Zeit, in der die Füßchen gegen den Stoff zu drücken begannen. Das empfand ich als unbehaglich und ich freute mich, wenn es endlich einen größeren Strampler gab und mein Körper wieder mehr Raum hatte.

Ich fühlte die Schmerzen beim Zahnen, die heißen Bäckchen und den Druck im Kiefer und war froh, als endlich alle Zähne durch das Zahnfleisch geschoben worden waren.

Ich empfand die Wärme in meinem Körper und wie sie sich veränderte, wenn meine Mutter mich anzog.

Ich registrierte, wie die Wohnung über die Woche staubig wurde, und wie gut es tat, wenn mein Papa am Wochenende saugte und die Wohnung sich danach wieder rein und klar anfühlte. Er hörte gerne Radio und wenn er einen neuen Sender suchte, empfand ich das entstehende Rauschen als körperlich extrem unangenehm und war immer erleichtert, wenn er einen passenden gefunden hatte.

Für dieses Leben hatte ich mir auf verschiedenen Ebenen Herausforderungen geschaffen und kam mit Knochenweiche und einer Hüftluxation zur Welt. Dies entdeckten meine Eltern erst, als ich beim Laufenlernen immer wieder einknickte. Untersuchungen, wie sie heutzutage routinemäßig gemacht werden, waren - und das war der Seelenplan gewesen - versäumt worden.

So kam ich mit anderthalb Jahren für die folgenden zweieinhalb Jahre ins Krankenhaus. Meine Eltern durften mich nicht besuchen. Die Krankenschwestern versorgten uns, schenkten uns jedoch keinerlei Zuwendung. Füttern, wickeln, fertig – aber nie ein freundliches Wort oder eine liebevolle Berührung. Meine Eltern besuchten mich ab und zu am Wochenende und durften durch eine Glasscheibe hindurch in den Raum schauen, in dem die Kinder lagen, während eine Krankenschwester mit mir auf dem Arm auf und ab spazierte. Das hinterließ Spuren.

Nach und nach bekam ich verschiedene Bandagen, welche den Hüftkopf in die Pfanne drücken sollten.

Dann wieder wurde ich mit den Füßchen nach oben für ein paar Wochen an eine Vorrichtung gehängt, später bekam ich ein Gipsbett. Ein dreiviertel Jahr lang befand ich mich auf dem Rücken liegend bis zum Bauch eingegipst.

Doch nichts davon konnte den Hüftknochen dauerhaft in die erwünschte Stellung bringen. Wenn ich operiert wurde, was dann mehrfach geschah, bekam ich eine Äthermaske und wurde so in Narkose versetzt. Währenddessen glitt mein Bewusstsein aus meinem Körper heraus. Eine Weile lang sah ich mich sowie die Ärzte und Schwestern von oben und hörte, was sie sagten. Dann schwebte ich in eine andere Welt. Dort war es still und ruhig und dunkel. Aber nicht unangenehm. Als die Operation beendet war, glitt ich wieder in meinen Körper hinein.

Da niemand je das Wort an mich richtete, nahm ich mich ansonsten wie ein Nichts wahr. Ich fühlte mich allein und weinte viel in meinen Teddy, der mir Trost spendete. Als meine Mama ausnahmsweise einmal an mein Bett kommen durfte, weil ich einen Kalbsknochen eingepflanzt bekommen hatte, der jedoch herauseiterte, weinte auch sie bitterlich. Ich fühlte, wie sehr sie litt und dadurch die Schwere in mir noch schwerer wurde.

In dem Moment wünschte ich, es könnte zu ihr durchdringen, wie sehr ich mich freute, dass sie da war. Da sagte ich im Geiste zu ihr: „Liebe Mama, du brauchst nicht so traurig zu sein, ich habe mir das alles genau so ausgesucht. Du darfst dich mehr am Leben freuen, auch wenn ich nicht bei euch bin. Denn, obwohl die

Situation sehr herausfordernd ist - es hat alles seinen Sinn."

Als ich nach etwa anderthalb Jahren in ein anderes Krankenhaus verlegt wurde, wartete eine Krankenschwester mit mir zusammen im Flur und fragte mich, ob ich etwas spielen wolle. Da, wo ich saß, war eine Spielecke und es lagen ein paar Bauklötzchen herum.

Ich schaute mich um, denn ich konnte mir nicht vorstellen, dass sie mich meinte. Aber da war niemand sonst. Das war das erste Mal, dass ich von einer fremden Person nach meinen Bedürfnissen gefragt wurde, ja, dass ich mich als menschliches Wesen wahrgenommen fühlte und nicht nur als defekten Körper. Es war der Moment, in dem ich meine erste „Ich"-Wahrnehmung hatte.

Die Situation war mir unheimlich. Ich verneinte.

Als ich nach Hause kam, hatten meine Eltern ein ihnen fremdes Kind und ich Hospitalismus. Unter anderem schlug ich ständig meinen Kopf gegen die Wand. Aber ich hatte in meinem Innern eine Stimme, die mich liebevoll durch meine Herausforderungen führte und mich auch in Zukunft niemals allein lassen würde.

Sie sagte mir zum Beispiel, dass ich aufhören könne, so grob zu mir zu sein und beginnen dürfe, mich netter zu behandeln. Dadurch würde ich mich besser fühlen.

Ich solle, wenn das Bedürfnis käme, meinen Kopf gegen die Wand zu schlagen, tief durchatmen und mir versichern, dass ich dieses Verhalten nun nicht mehr bräuchte und dass ich mich von jetzt an liebevoller behandeln wolle. Da war ich etwa vier Jahre alt.

Während meiner Aufenthalte in den Kliniken hatte ich ein Schwesterchen bekommen. Ich fühlte mich etwas zurückgesetzt, weil sich das Leichte, Schöne, Freudige allein um sie zu drehen schien. Sie war ein Sonnenschein. Einfach zaubersüß.

Als sie größer wurde, hatte sie Locken wie ein Engel und strahlende blaue Augen. Sie war fröhlich und aufgeschlossen und alle mochten sie gerne.

Auch ich war ein goldiges Kind, allerdings oft krank und in mich zurückgezogen, altklug, nachdenklich und in meiner eigenen Welt. Trotzdem wurden wir unzertrennlich.

Meine Mutter war Lehrerin und bereitete des Nachts den Unterricht vor. Meine Schwester und ich schliefen in einem anderen Stockwerk als unsere Eltern. Abends band meine Mutter mich mit den Handgelenken so an den Gitterstäben fest, dass ich mich weder umdrehen noch aus dem Bettchen aussteigen konnte. Meine Eltern hatten zu große Angst, dass mir dabei etwas passieren könnte.

Dann bekam ich zum Gehen eine Beinschiene und einen Schuh mit 4cm-Absatz. Zwischendurch wurde ich auf ein spezielles Laufrad gesetzt, das die Hüften spreizen sollte.

Als ich selbständig zu spielen begann und mit Dingen wie Erde und Schmutz in Berührung kam, entwickelte ich einen Waschzwang. Im Krankenhaus war natürlich auf extreme Sauberkeit geachtet worden, und Schmutz war ich nicht gewohnt. (Der Geruch und die Atmosphäre eines Krankenhauses lassen heute noch in mir ein wohlig-heimisches Gefühl aufkommen.)

Es entstand das Bedürfnis, so oft es ging, meine Hände zu säubern. Ich konnte spüren, wie sie sich danach nicht nur frisch anfühlten, sondern auch keimfrei, was ein bestimmtes Gefühl von Nicht-Information auf der Haut hinterließ. Das mochte ich.

Auch wenn ich mich an meine vorherigen Leben erinnerte und wusste, dass ein Körper mit ziemlich viel Dreck um sich herum überleben kann, waren die derzeitigen Konditionierungen mächtiger.

Wieder half mir meine innere Führung. Sie beruhigte mich und sagte mir, dass ich nicht daran sterben würde, wenn sich etwas

Schmutz auf meinen Händen befände. Sie erklärte mir, dass auch die Menschen um mich herum, die sich nicht ständig die Hände wuschen, gut lebten, und dass mir das ebenso gelingen würde. Es sei lediglich notwendig, ein paarmal dem Zwang, mich zu waschen, zu widerstehen, und dann könne sich alles normalisieren.

Da stand ich also vor dem Waschbecken und hatte das Gefühl, als müsse ich sterben, wenn ich mir nicht auf der Stelle die Hände reinigen würde. Ein Teil von mir befürchtete, dass die Viren und Bakterien an mir hochkrabbeln und mich umbringen würden.

Ich konnte ihr Da-Sein auf meiner Haut spüren, wie ich so vieles deutlicher spüren konnte als meine Mitmenschen. Dieses bedrohliche Gefühl baute sich auf wie eine Welle und ich rang einen innerlichen Kampf mit der Angst zu sterben, der mir wie eine kleine Ewigkeit vorkam.

Doch dann verebbte das Gefühl und etwas entspannte sich in mir. Ich war noch am Leben und nichts mehr fühlte sich danach an, als würde sich das in absehbarer Zeit ändern. Es war für mich wie ein Wunder.

Als die nächste Welle kam, hielt ich wieder dagegen. Ich wusste ja jetzt, dass es möglich war, diesen intensiven Drang zu überleben, ohne ihn auszuleben. Und mit jedem Mal, mit dem ich erfuhr, dass nichts Schlimmes passierte, wenn ich mir nicht die Hände wusch, nahm die Welle an Intensität ab und wurde weniger bedrohlich.

Ich schaffte es, zu einem gesunden Verhältnis zu finden und mir nur noch zu den üblichen Gelegenheiten die Hände zu waschen.

Außerdem kaute ich an den Fingernägeln, bis es blutete. Meine Eltern versuchten es mit Handschuhen, mit einer Bitterlösung auf den Nägeln, mit Verboten, aber meine innere Spannung war durch das Erlebte zu groß. Nichts half.

Zu dieser Zeit, ich war etwa sechs Jahre alt, lag ich des Öfteren nachts wach. Wir waren gerade im Urlaub am Meer. Während ich das ins Zimmer scheinende Mondlicht betrachtete, bekam ich eine Eingebung. Tief aus meinem Innern stieg, wie aus einer Quelle, uraltes Wissen empor. Ich spürte, wie die Kraft einer Ermächtigung, die ich schon in vielen Leben in Ritualen hervorgerufen hatte, sich ihren Weg in mein Bewusstsein bahnte. Ich erhob meine Hände und sah ihre Silhouetten an der Wand. Während ich sie hin und her bewegte, verfolgte ich die tanzenden Schatten und sagte zu mir: „Mit der Kraft des Mondes und kraft meines Willens beschließe ich jetzt, nicht mehr an den Nägeln zu kauen.“

Dann spürte ich hin zu dem Teil in mir, der die nervliche Anspannung im Kauen entlud und sagte aus tiefster Überzeugung zu ihm: „Wir hören jetzt damit auf, an den Nägeln zu kauen! Wir brauchen das nicht mehr. Wir sind in Sicherheit!“

Eine wärmende, kraftvolle Energie breitete sich in mir aus, die von der Mitte meines Körpers bis in meine Fingerspitzen strömte. Voller Entschlossenheit spreizte ich meine Hände. Die Schatten standen still. Ruhe kehrte in mich ein. Tief in mir fühlte ich die Gewissheit, dass mein Ritual gewirkt hatte, und ließ die Hände auf die Bettdecke sinken.

In der Geborgenheit, die sich daraufhin auszubreiten begann, sann ich nach: „Würden mehr Menschen wissen, wie wirkungsvoll Rituale sein können, wie leicht könnten sie sich selbst helfen! Wenn ich groß bin, möchte ich dieses Wissen weitergeben.“ Und dann schlief ich wohlig ein.

An den Nägeln kaute ich nie wieder.

Aber jetzt würden meine Hände des Nachts eingebunden werden, damit ich mich nicht blutig kratzte, denn ich hatte stark juckende Ekzeme auf den Handrücken und den Wangen entwickelt. Ich spürte, dass dies mit meinem, durch den langen

Krankenhausaufenthalt gestörten, Kontakt zur Außenwelt zu tun hatte und durch ein Ritual nicht zu beheben war.

Mit 7 Jahren kam ich noch einmal für drei Monate von zu Hause fort, an die See.

Abgesehen davon, dass ich bezüglich meiner eigenen Entwicklung regen Kontakt zu meiner geistigen Führung hatte, konnte ich auch Antworten auf Fragen, die andere betrafen, erhalten. Ich sah dann Bilder vor meinem inneren Auge und hörte die Erklärungen dazu.

Am liebsten saß ich irgendwo und drehte meine damals noch glatten Haare um die Finger, beobachtete und philosophierte.

Es bewegte mich so vieles und ich hatte eine Unmenge Fragen an meine Geistige Führung, an die Menschen, an das Leben an sich...

Zum Beispiel fragte ich, als meine Eltern über den bevorstehenden Tod meiner Großeltern sprachen, „Warum ist das so traurig? Warum wird nicht gefeiert, dass wir zurück in unsere „andere" Heimat kommen, wo es so schön ist? Das ist doch ein freudiges Ereignis?" Meine Großeltern hatten ein herausforderndes Leben liebevoll gemeistert und würden, davon war ich überzeugt, direkt dahin hinübergehen, wo es friedlich ist. Dieses Reich war mir zu der Zeit noch ganz nah. Meine Erinnerung an den weltlichen Schmerz aber, einen geliebten Menschen an den Tod zu verlieren, war sehr weit weg. Meine Familie wusste keine Antwort.

Wenn ich mich in der Welt umschaute, empfand ich eine tiefe Traurigkeit. Ich hatte großes Verlangen danach, etwas Positives für die Menschheit zu bewirken, fühlte mich jedoch ohnmächtig.

Dies setzte meinem Körper zu. Ich hätte ja auch einfach Kind sein können, aber ich machte mir über viele Dinge weitreichende Gedanken und fragte mich stets, wie man es besser machen könne. Ich wollte meine wertvolle Seelenzeit nicht mit Belanglosigkeiten vergeuden. Im Alter von acht Jahren bekam ich ein Magengeschwür.

Die Ärztin meinte, das sei sehr ungewöhnlich für ein Kind. Sie empfahl mir, nicht so viel zu grübeln.

Da befragte ich meine Geistige Führung und diese sagte mir ganz klar: „Du bist nicht dafür verantwortlich, Dinge zu verändern, die du nicht verändern kannst. Durch das Gefühl der Machtlosigkeit schadest du nur dir selbst. Ein Teil deiner Seelenaufgabe ist es, trotz der äußeren Umstände und in Einklang mit deiner großen Sensibilität, die dich so tief mitfühlen lässt, die Freude und den Genuss am Leben in deinem Innern heranzubilden.

Du wirst immer, deinen Fähigkeiten angemessen, zur Vermehrung der Liebe und somit zur Veränderung der Welt beitragen können.

Tue du, was du tun kannst, und die göttliche Ordnung tut den Rest. Denke nicht zu viel darüber nach, was hier auf der Erde scheinbar in Unordnung ist und nicht in Liebe schwingt. Erinnere dich wieder mehr an deine geistige Heimat. Du weißt doch, dass am Ende alles in der Liebe mündet!"

Ich tat einen tiefen Atemzug und wusste, dass es zutreffend war: Es ging nicht darum, mich selbst zu schädigen, während es doch eine höhere Ordnung gibt, die ich jetzt, da ich mich bewusst damit verband, wieder wahrnehmen konnte.

Meine Geistige Führung sprach weiter: „Dies ist eine Lektion, die nicht nur du zu lernen hast, sondern die die gesamte Menschheit gerade vor sich hat: Diese heilige Kraft, die in allem ist und in allem wirkt, zu erkennen, den Zugang zu ihr zu finden und zu lernen, sie zu nutzen und darauf zu vertrauen, dass diese Kraft weiß, was sie tut, auch wenn der Verstand sich umblickt und zweifelt. Lass das, was dich belastet, los."

Ich begann meine grüblerischen Gedanken umzuwandeln.

Anstatt betrübt zu denken, „Die Menschheit könnte schon so viel weiter in ihrer Entwicklung sein", dachte ich von jetzt an:

„Liebe Menschheit, ich wünsche dir von Herzen alles Gute."

Wenn ich mitbekam, dass ein Baum abgeholzt wurde, war ich früher anschließend tagelang tieftraurig. Denn ich wusste aus meiner Seelenerinnerung, wie ich mich als Baum gefühlt hatte und was für ein wundervolles Lebewesen das ist. Nun sagte ich: „Lieber Baum, danke, dass du da warst." Und ließ los.

Ich brauchte viele Jahre, um ganz in diesem Menschsein anzukommen und reaktionsfähig zu werden. Dazu musste ich lernen, manche Wahrnehmungskanäle zu schließen. Die starken Empfindungen von Energien und deren Informationen, denen ich ständig ausgesetzt war, hinderten mich des Öfteren daran, schnell und aus menschlicher Sicht angemessen zu reagieren.

Wenn beispielsweise jemand sagte, „Der ist ein Arschloch", dann taten sich in mir mehrere Informationsdimensionen auf.

Abgesehen davon, dass diese destruktive Energie in meinem Körper sehr unangenehme Empfindungen auslöste, dachte ich:

„Ein After ermöglicht das Loslassen dessen, was wir nicht mehr brauchen. Das ist doch wichtig! Dieser Teil des Körpers sollte uns doch, wie jeder andere Teil auch, heilig sein. Wieso wird er jetzt so verunglimpft? Und außerdem hat dieser Mensch doch auch diese und jene guten Seiten (die ich energetisch wahrnehmen konnte). Und außerdem hast du (der du das über den anderen sagst) die Situation durch diese und jene Haltung mit verursacht.

Es geschieht doch nichts, ohne dass es irgendwo, und wenn auch ganz unbewusst, in uns angelegt wäre." Bis das alles gecheckt, die Flut an Informationen verarbeitet war und ich etwas für den anderen Verständliches auf dem Schirm hatte, war die Situation längst gelaufen. Und ich habe derweil gewirkt, als wäre ich nicht ganz gescheit.

Aber natürlich hatte niemand Interesse daran, dies alles zu

erörtern, mit einem Kind schon gar nicht. Viel zu tiefsinnig.

Ich konnte auch später noch nicht einmal sagen: „Ja, du hast recht, das war blöd von ihm..." Weil ich die größeren Zusammenhänge wahrnehme, fällt mir das bis heute schwer.

Für meine Eltern war es, abgesehen von den verschiedenen Krankheitsbildern, auch so nicht leicht mit mir.

Ich war in ihren Augen oft merkwürdig, z.B. verband ich mir die Augen, um mein drittes Auge zu trainieren (d.h. ohne über die physische Augen mit dem inneren Auge wahrzunehmen). So lief ich dann mit einem Schal um den Kopf durch die Wohnung.

Mein drittes Auge ist für mich eine wichtige Orientierungsquelle, weil ich darüber Visionen wahrnehme und innere Bilder als Antworten sehe, wenn ich Fragen stelle.

Es war für meine Umgebung nicht begreifbar, dass ich so altklug wirkte und für vieles eine andere Erklärung hatte als die Erwachsenen. Man konnte mir nichts vormachen oder etwas vorflunkern, weil ich dann sagte: „Nein, das ist nicht so." Ich habe einfach so manches in Frage gestellt.

Einige Menschen um mich herum konnten nicht viel mit mir anfangen, ich war ihnen nicht geheuer.

Meine Schwester und ich jedoch hingen fortwährend zusammen.

Für sie war ich einfach die große Schwester und eben so, wie ich war. Diese Nähe miteinander empfinde ich heute noch als unglaublich schön und unendlich wertvoll.

Auch wenn ich viele Schmerzen hatte und oft krank war, auch wenn ich in der Schule gehänselt und „Humpelstilzchen" gerufen wurde; auch wenn ich bei vielem nicht mitmachen konnte; auch wenn ich so vieles sah und mit niemandem darüber sprechen konnte, weil ich nicht verstanden wurde; auch wenn ich aufgrund meiner oftmals langsamen und für meine Umwelt unverständlichen

Reaktionen manchmal nicht ganz für voll genommen wurde - wir wurden beide sehr geliebt und ich empfand meine Kindheit als glücklich.

Jugend

Später ging ich aufs Gymnasium, aber ich lernte nicht gerne. Jedenfalls nicht das, was es an diesem naturwissenschaftlichen Gymnasium zu lernen gab.

In meinen Lieblingsfächern Musik und Kunst konnte ich dort kein Abitur machen, und tief in meinem Innern sehnte ich mich danach, mehr über Spiritualität, Heilen und den Umgang mit Energien zu erfahren.

Für mich war es, auch als ich älter wurde, vollkommen natürlich, mit Engeln zu sprechen oder Verstorbene wahrzunehmen und Dinge zu sehen, die andere nicht sahen. Und es wurde mir immer wichtiger, diese Zugänge zu nutzen, um Gutes in die Welt zu bringen. Die Lehrer an der Schule kamen bei Weitem nicht an die Imposanz heran, die ich von meinen geistigen Lehrern kannte, deshalb schweifte meine Aufmerksamkeit oft ab.

Ich hatte einfach nicht das Gefühl, etwas für meinen Seelenweg Relevantes von ihnen lernen zu können. Da ich, wenn ich es möchte und die Seele oder das Energiefeld es erlauben, mich in Situationen, Menschen oder sonstige Energiefelder hineinspüren kann, stellte ich mir derweil Fragen, die mich viel mehr interessierten. Zum Beispiel: „Warum ist unser Mathelehrer heute so müde?"

Und dann sah ich, wie er seine Frau und seine zwei Mädchen, die einen akuten Infekt hatten, die ganze Nacht über betreut hatte.

Während er uns die Mathematik näher brachte, betete ich für ihn und seine Familie.

Manchmal schwänzte ich den Unterricht.

Stattdessen streifte ich durch die Natur und sprach mit Gott.

Ich rief ihn an: „Ich will alles tun, was Du mir zumutest, um Dich im Hier und Jetzt ganz in mir zu erkennen. Schleife mich, zermalme mich, wenn es sein muss, damit ich Dir dienen und mich ganz und gar eins mit Dir fühlen kann."

Zugegeben, ich habe in diesem Leben Freude daran, tief und auch dramatisch zu empfinden... „Ich will durch alles gehen, was Du mir auferlegst, wie herausfordernd es auch sein mag. Ich gebe mich vollkommen Deinem Willen hin." Dann kniete ich mich auf den Waldboden und ließ mein Haupt auf die Erde sinken.

Aus meinen mitgebrachten Erfahrungen wusste ich ja, dass alles eins ist. Aber dies zu wissen hat auch seine Herausforderungen und hieß auch nicht, dass ich alles, was ich wusste, so umsetzen konnte, wie ich es mir wünschte.

Es fiel mir schwer, mich abzugrenzen. In mir gab es eine tiefe Sehnsucht, mehr darüber zu erfahren, wie ich mein Wissen der Einheit in dieser mit exorbitanten Möglichkeiten ausgestatteten Zeit fruchtbringend einsetzen könnte.

Ich wollte zu einem Menschen werden, der die Liebe Gottes niemals vergessen würde und in der Liebe bleiben kann, möge kommen, was wolle. Das war mein erklärtes Ziel. Und nichts war mir wichtiger, als die Verbindung zu dieser heiligen Kraft, die Wunder bewirkt, zu dem, was man auch „Gott" nennen kann, zu intensivieren. Ich wollte die schöpferischen Möglichkeiten unseres menschlichen Geistes erkunden und herausfinden, wie diese beiden Welten, das „Drüben" und das „Hier", vereint werden können.

Ich hungerte nach dem „Praktischen".

Einige weitere körperliche Symptome überwand ich nach und nach mit Hilfe meiner geistigen Führung.

Seit meinem 5. Lebensjahr hatte ich ca. alle drei Wochen für zwei bis drei Tage so starke Migräneanfälle, dass ich mich übergeben und im Dunkeln liegen musste, bis der schreckliche Schmerz vorüber war.

Des Weiteren hatte ich wechselnde rheumatische Entzündungen und entweder ein Knie oder beide Knie, ein oder beide Handgelenke eingebunden oder sonst wo einen Verband.

Außerdem hatte ich eine Stoffwechselstörung namens HPU, die eine Überbeweglichkeit der Gelenke mit sich bringt. Deshalb bekam ich schnell eine Sehnenscheidenentzündung und konnte in der Schule oft nicht mitschreiben, weil die Handgelenke eingebunden waren.

Auch mein geliebtes Klavierspielen und das Oboespielen musste ich aufgeben, weil meine Hände die Belastung nicht aushielten. Mit 16 wurde mein Knie operiert, weil die Kniescheibe bei bestimmten Bewegungen heraussprang. Nach 6 Wochen Gips brauchte ich ein Jahr, bis es wieder voll beweglich war. Als ich im Krankenhaus mit Hilfe von Affirmationen von Kurt Tepperwein arbeitete, wurde ich belächelt.

Mich jedoch hungerte nach Wissen im Umgang mit heilenden Energien. Ich konnte viel an mir ausprobieren und wurde auf meinem Weg im Laufe des Lebens auf verschiedene Art und Weise mit Heilungserfahrungen gesegnet.

Nachmittags, nach der Schule, machte ich es mir gerne in meinem Zimmer mit einem Tee gemütlich und sprach, anstatt Hausaufgaben zu machen, mit meinen Engeln.

Mit dem Bedürfnis, die Möglichkeiten des menschlichen Geistes zu erkunden, stand ich lange allein da, bis ich Birgitt traf.

Wir waren 15 Jahre alt und sie war eine Klasse über mir.

Ganz natürlich bewegten wir uns gemeinsam auf der Ebene der Gebete und Energiearbeit und teilten unser Sehnen danach, Menschen zu werden, die bewusst Liebe in die Welt bringen können. Wir sangen zusammen das aramäische Vaterunser, probierten Heilungstechniken aus, philosophierten und meditierten zusammen, und zum ersten Mal fühlte ich mich verstanden.

Birgitt und ich würden in diesem Leben noch viel wunderbaren Austausch haben. Doch auch ihr erzählte ich noch nichts von meinen Erinnerungen.

Trotz allem entwickelte ich Bulimie und eine Depression und bekam Medikamente. In mir war so viel Ablehnung gegen das Leben, so, wie es sich mir damals zeigte, und so, wie es sich in mir anfühlte. Ich fragte im Innern nach Rat.

Meine Geistige Führung wies mich an. Ich sollte mir ein Bild machen von der Frau, die ich gerne in ein paar Jahren sein würde, und mich fragen, was sie tun würde.

Immer, wenn ich mich über das Waschbecken oder die Toilettenschüssel beugte, um mich zu übergeben, sollte ich mich fragen: „Will ich das jetzt wirklich? Bin ich gerade die, die ich jetzt und zukünftig sein will?"

Da der Blick auf diese Gegenstände kein sehr inspirierender ist, konnte ich diese Frage klar mit „Nein" beantworten. Es fiel mir immer leichter, mich umzudrehen und zu gehen.

Dann hatte ich den ersten Liebeskummer. Auch da umfing mich meine Geistige Führung liebevoll: „Blaues Licht wird dir guttun."

Ich kaufte mir eine blaue Glühbirne und schraubte sie in meine Stehlampe. Sobald es dunkel wurde, knipste ich das Licht an und es brannte die ganze Nacht. Quer über meinem Bett liegend, hörte ich sentimentale Lieder und weinte, bis ich einschlief.

Die Kombination aus Musik und Dramatik, Herzschmerz und Weltschmerz, dazu das sanfte, blau schimmernde Licht, das mich heilsam beschien und meine Gefühle zur Ruhe kommen ließ – köstlich.

Der Schmerz ließ langsam nach und das Leben ging weiter.

Meine Lebensreise besteht, neben vielen schmerzlichen Herausforderungen, aus Gnade, Magie, Wundern und spirituellen Erlebnissen, die mich tragen.

In den ersten Jahren spielte sich das spirituelle Erleben hauptsächlich in mir selbst ab. Später begannen die Ereignisse auch andere Menschen mit einzuschließen.

Z.B. mit ca. 16 Jahren bei meiner Firmung, als der Bischof seine Hände auf mein Haupt legte und den Segen über mir sprach. Da durchströmte mich eine starke, aufrichtende Energie. Auch wenn der Bischof als Mensch Schroffheit und wenig Liebe ausstrahlte, so setzte sich doch der Heilige Geist in seinem Körper durch.

Das fand ich hochinteressant. Ich spürte, dass diese Kraft trotz aller scheinbaren Verhärtung durch ihn wirkte, und erfuhr, wie sehr die Absicht maßgeblich ist für das, was geschieht und nicht in erster Linie der Mensch selbst.

Eines Tages erhielten wir in der Schule ein dickes Buch vom Arbeitsamt, in dem alle Berufe, die es gab, aufgeführt waren.

Ich brütete lange darüber, was ich denn studieren könnte oder ob ich lieber eine Ausbildung machen sollte. Aber ich fand einfach nicht das, was mich wirklich interessierte.

Als ich das Buch zuklappte, sagte meine Geistige Führung zu mir: „Es ist klar, dass du deinen Beruf hier nicht findest, denn es gibt ihn nicht als regulären Beruf. Du bist eine Lichtarbeiterin.

Erst später werden sich Tätigkeitsfelder entwickeln, in denen sich - unabhängig von kirchlichen Dogmen - das Potential von

Lichtarbeitern, anderen Menschen durch die Arbeit mit den geistigen Gesetzen zu helfen, entfaltet. Der Wandel ist schon im Gange, bald wirst du es sehen können."

In diesem Augenblick wusste ich, dass mein Weg ein anderer sein sollte.

Erwachsen werden

Ich brach die Schule ab, schmiss meine Medikamente in die Mülltonne, zog von zu Hause aus und ließ mich in ein neues Leben fallen - von dem ich mir erhoffte, das für mich Wichtige zu lernen.

Da war ich siebzehn.

Auch in diesem Fall kündigte meine Geistige Führung an, wohin es gehen sollte. Sie ließ in mir das Bild von einem Tonstudio entstehen. „Zufällig" las ich eine Kleinanzeige: „Sprechstimme für Werbejingles gesucht."

Und dann ging sie los, die abenteuerliche Zeit.

Wolfgang besaß einen Ü-Wagen, einen 3,5-Tonner mit eingebautem Tonstudio. Er war der Inserent der Anzeige, auf die ich mich gemeldet hatte. Ich war die Letzte, die an diesem Tag vorsprach, aber auch die Einzige, die ihn begeisterte.

Wir wurden ein Paar, produzierten ein paar Werbespots und gründeten dann eine Firma: A-Z Medienservice. Unsere Arbeit bestand darin, Livemitschnitte für Plattenproduktionen sowie Live-Übertragungen zu machen oder Gigs zu begleiten und Bands zu beleuchten und die Beschallung auszuführen. Beauftragt wurden wir von Radio- und Fernsehsendern oder von den Bands selbst. Wir tourten mit verschiedenen Gruppen und ich lernte

Europa besser kennen.

Ich kaufte mir ein paar Sachen, um die Bands auf der Bühne zu beleuchten: Bars, Lichtmischpult, Kabel und Farbfilter. Außerdem hatten wir eine Kamera, mit der ich, wenn ich kein Licht machte, die Auftritte filmte. Zwischendurch arbeitete ich als Kabelträgerin bei Fernsehproduktionen. So kamen wir viel herum und ich erlebte einiges.

Als Wolfgang und ich uns trennten, zog ich in eine 26 qm große Wohnung in Köln und mein Leben nahm eine ganz andere Richtung, wie es noch oft der Fall sein sollte.

Wolfgang hatte ohne mein Wissen Schulden gemacht, und da ich einiges für ihn unterschrieben hatte, musste ich ein paar tausend D-Mark zahlen, als wir Konkurs anmeldeten. Aber ich war erst 19 und besaß nichts. Meine Eltern retteten die Situation.

Mein Vater nahm Kontakt zu den Gläubigern auf und beglich die Verpflichtungen. Nun waren wieder viele Wege offen, doch ich hatte keine Idee, wo es langgehen sollte.

Da übernahm wieder meine Geistige Führung und ließ mich eines Nachmittags nach dem Kölner Telefonbuch greifen. Sie sagte: „Schließe die Augen und lass dich führen." „Ok" erwiderte ich, schloss die Augen, ließ die Seiten fächerartig unter meinem Daumen abrollen, stoppte unwillkürlich und tippte irgendwohin.

Als ich die Augen öffnete, las ich: Kosmetikfachschule Traute de Lorenzi. Aha, dachte ich, das klingt interessant. Ich besprach die Situation mit meinen Eltern und da ich noch keine Berufsausbildung hatte, übernahmen sie die Kosten.

Ich bin meiner wundervollen Familie unendlich dankbar dafür, dass sie meine abenteuerlustige Seele immer unterstützt und niemals fallengelassen hat! Und so ging ich ein paar Wochen später auf die Kosmetikfachschule am Dom.

Ich machte es mir in meiner winzigen Wohnung gemütlich und besaß jetzt sogar einen eigenen kleinen Fernseher. Da sah ich zum ersten Mal die Sendung „Ragazzi" von RTL.

In dem Moment, als ich den Jingle hörte, wusste ich: Mit dem Menschen, der diese Musik komponiert hat, habe ich eine besondere Verbindung. Deshalb suchte ich im Abspann nach dem Namen und las „Mecky...".

Das hörte sich für mich amerikanisch an und ich ließ den Gedanken los, ihm jemals persönlich zu begegnen. Doch meine Wahrnehmung hatte mich so beeindruckt, dass ich meinem Nachbarn davon erzählte. Und er lachte, „Das ist mein Bruder!" Also doch nicht Amerika...

Als er und ich uns dann begegneten, redeten wir wie zwei einander längst Vertraute, den ganzen Abend lang. Ein halbes Jahr später heirateten wir. Ohne Familie, nur wir zwei. Ich war 22, er 35.

Zwei Kunden, die mit Mecky in seinem Tonstudio gerade eine LP-Produktion am Laufen hatten, waren unsere Trauzeugen. Oh, unsere Familien waren sauer, das kann ich euch sagen. Heutzutage kann ich sie verstehen. Damals hatten wir das Gefühl, es sei eine Sache nur zwischen uns beiden, dieses Versprechen.

Es wurde keine einfache Beziehung. Mecky war Drogen zugewandt, wir hatten Geldsorgen und insgesamt gab es viele Herausforderungen. Wir stritten oft. Aber natürlich war unsere Verbindung aus der Verabredung unserer Seelen, aneinander zu wachsen, zustande gekommen. Sie forderte mich auf, mich weiter zu entwickeln, und das war nicht nur schmerzhaft, sondern in vielen Momenten auch sehr schön.

Mein Mann hatte in seinem Leben viele LSD-Trips genommen und dies schwang für mich wahrnehmbar in seinem Wesen, seinem gesamten Körper und in seiner Aura. (Ich selbst kann mit bewusstseinsverändernden Substanzen, egal welcher Art, nichts anfangen, weil ich mich dadurch in meiner feinen Wahrnehmung von mir selbst, meiner inneren Führung, meiner Umgebung und in meinen zarten körperlichen Empfindungen gestört fühle.

Ich finde es äußerst unangenehm, diese reine Verbindung durch irgendeine Substanz beeinflussen zu lassen.)

Um mehr Verständnis zu entwickeln für seinen Widerwillen, sich in der „Spießerwelt" zu bewegen und um ihn besser zu begreifen, ging ich in Meditation und bat Gott und Meckys Seele, mir zu zeigen, was in ihm vorging, wenn er LSD nahm.

Dieser Wunsch wurde mir erfüllt. Zuerst machte ich mich ganz leer. Dann entstanden Farben und Gefühle. Ich begann in einer Weise wahrzunehmen, die nun vollkommen anders war. Es ist für mich normal, in Meditationen Lichtstrukturen zu sehen. Aber jetzt erschienen farblich intensive und eher schrill und verzerrt wirkende Bilder. Ich bewegte mich in einer bunten Energiewelt, in der sich Geräusche in ineinanderfließende Konturen verwandelten, die sich zusammenzogen und wieder ausdehnten, begleitet von einem skurrilen Mix aus Gefühlen.

Doch etwas fehlte mir dabei: dieses tiefe, liebevolle Genährt- und Verbundensein, das ich sonst als Grundgefühl in mir verspüre.

Als ich die Meditation beendete, fühlte ich mich wieder „normal". Diese Form von LSD-Sinneseindrücken würde ich nicht gerne noch einmal erfahren wollen, denn ich habe ja meine eigene, höchst spannende, nährende und von Wundern erfüllte Wahrnehmung. Da erlebe ich so schon genug.

Nun konnte ich mir aber besser vorstellen, wie schwierig es sein musste, diese Höchstleistungen des Gehirns zu verarbeiten und sich dann wieder in der „normalen" Welt zu orientieren. Die durch meine Meditation entstandene Verquickung mit seinen

LSD-Energien blieb noch eine Weile bestehen, um sich dann in einem wunderschönen Erlebnis aufzulösen und mir schlussendlich noch mehr heilsame Information zu schenken.

Zuerst passierte es zwei, dreimal, dass ich ganz plötzlich, wenn mein Mann in einen „Flashback" geriet, z.B. beim Frühstück, für ein, zwei Sekunden in seinen psychedelischen Wahrnehmungsraum eintrat.

Bis wir eines Abends gemeinsam auf dem Bett ruhten. Ich hatte meinen Kopf auf seine Brust und meine Hand auf seinen Bauch gelegt. Und plötzlich wurde Mecky zu reinem Licht. Es war nicht die Art von LSD-Sinneseindrücken, wie ich sie in dieser besonderen Meditation wahrgenommen hatte, sondern das von Liebe begleitete Licht, wie ich es sonst kannte.

Ich sah ihn nicht mehr feststofflich. Sein gesamter Leib war strahlend hell und ich sah die Energien, aus denen er bestand und wie diese Energien sich bewegten. Es gab verschiedenfarbige Energiebahnen, welche den gesamten Körper durchzogen.

Jedes Chakra pulsierte in einer eigenen Farbe, in einem eigenen Schwingungsmuster und in eigener Geschwindigkeit. Diese Schau durch meine physischen Augen in seine Lichtstruktur war zutiefst beeindruckend. Wenn ich mit meinem dritten Auge schaue, während ich die Augen offen habe, sehe ich in der Regel weiterhin die feste Materie und zusätzlich Lichtstrukturen und Bilder.

Jetzt aber fühlte ich meine feststoffliche Hand auf seinem Körper ruhen, während meine physischen Augen seinen festen Körper nicht mehr wie gewohnt wahrnahmen. Er war einfach durch und durch ein Lichtkörper.

Voller Ehrfurcht betrachtete ich ihn. Meine Schau wurde von einem Gefühl und Verständnis von höchster göttlicher Liebe und Ordnung begleitet. Ich erkannte, dass, egal, was Mecky seinem

Körper und Geist zufügte, dieses göttliche Licht dafür sorgte, dass jedes Atom an dem dafür vorgesehenen Platz seine Aufgabe übernahm und dass diese Liebe seinen Körper zusammenhielt, solange wie seine Seele das wünschte.

Ich fühlte die bedingungslose Liebe der Schöpferkraft zu dem Leib, den sie erschaffen hatte und der der Seele so wertvolle Erfahrungen ermöglichte. Da war keinerlei Wertung. Alles, was Mecky entschied, mit diesem Leib zu tun, war eine Erfahrung, die willkommen und heilig war, wie sehr ein menschlicher Verstand das auch bezweifeln würde.

Ich wurde wieder einmal eindrücklich daran erinnert, dass es nichts außerhalb von Gott gibt. Nach diesem Erlebnis schloss sich der Empfangskanal für Meckys LSD-Erfahrung vollständig.

Mutter werden

Dann wurde ich schwanger, aber unsere Wohnsituation war verheerend. Abgesehen davon, dass wir im 5. Stock eines Altbaus wohnten, in dem es kein Bad und kein warmes Wasser gab, hatte ein Türke das Haus gekauft, der uns lieber heute als morgen draußen haben wollte, um seine riesige Familie auf das gesamte Haus zu verteilen.

Er drangsalierte uns, wo es nur ging und begann, während wir dort wohnten, die Decken unserer Wohnung aufzureißen. Das Haus war so alt, dass sich über Jahrhunderte hinweg auf dem Dachboden Tauben und andere Tiere angesiedelt hatten.

Der mit Kot und Kadavern durchseuchte Schutt befand sich mittlerweile eimerweise in unserer Küche. Doch der Eigentümer war der Meinung, dass es ausreichend sei, den Schutt mit rot-weiß gestreiftem Absperrband zu kennzeichnen; wir sollten doch einfach den anderen Teil der Wohnung benutzen…

Aber zum einzigen Waschbecken und ins Schlafzimmer ging es eben nur durch die Wohnküche, in der der Schutt sich häufte und die zu der Zeit natürlich unbenutzbar war. Das Kind entwickelte sich nur bis zum 4. Monat. Wir weinten beide.

Ungefähr ein halbes Jahr später, ich war wieder einmal verzweifelt, weil wir irgendeine Auseinandersetzung gehabt hatten, warf ich mich heulend auf das Bett, als eine unsagbar liebevolle weibliche, von Wärme und Mitgefühl erfüllte Stimme zu mir sprach:

„Hallo, Mama, sei nicht traurig, dein Leben wird eine neue Richtung bekommen. Ich werde dir dabei helfen, klarer und selbstbewusster zu werden. Ich liebe dich."

Eine von unendlich tiefer Innigkeit und Klarheit erfüllte Energie durchströmte mich. Da wusste ich, dass ich wieder schwanger war.

Ich spürte, dass die Seele, die uns zukünftig begleiten würde, sich hier auf der Erde viel vorgenommen hat, und mich erfasste die gesamte Tragweite dieser Vereinbarung. Wir hatten unsere Leben miteinander verwoben. Wir würden aneinander reifen und hatten uns entschieden, einen Weg der gemeinsamen Unterstützung zusammen zu gehen, der eine enorme Entwicklung ermöglichen würde.

Ich konnte eine gewisse Durchsetzungskraft in ihrem Wesen wahrnehmen. Jemand, der die Dinge benennen und auf jede Unklarheit aufmerksam machen würde. Ich würde mich mehr zeigen und deutlicher positionieren müssen im Zusammensein mit diesem Menschenkind. Diese Seele hatte einen großen Teil ihrer Entwicklung in meine Hände gelegt, so wie ich meine in ihre.

Eine Vereinbarung von gewaltiger Bedeutung. Das Licht, die Klarheit und die Schönheit ihrer Seelenessenz wahrnehmend, begann ich mich unbändig auf dieses Wesen zu freuen.

An das Gefühl dieses Augenblicks mit all seiner Tiefe würde ich mich immer erinnern und es würde mir helfen, auch schwierige Umstände geduldig zu meistern.

Dankbar würde ich mich von der Erkenntnis tragen lassen können, in welcher Liebe wir beide verbunden sind und dass wir beide im Sinn gehabt hatten, uns bei unserer Seelenreifung möglichst effektiv zu fördern. Und dazu gehören auch die entsprechenden Herausforderungen.

Die Schwangerschaft verlief komplikationslos und auch die Geburt, die ich mehr oder weniger allein zu Hause bestritt.

Denn als ich die schon etwas betagte Hebamme des Geburtshauses anrief, um ihr zu sagen, dass es losgeht, stoppte sie am Telefon die Zeit zwischen meinen Wehen und meinte: „Sie brauchen noch nicht ins Geburtshaus kommen, es wird noch bestimmt zwölf Stunden dauern. Rufen Sie mich wieder an, wenn die Wehen stärker werden." Da war es Mitternacht.

Daraufhin legte ich mich auf das Bett, und los ging es. Zwölf Stunden? Na, dann gute Nacht! Ich konnte keinen Schritt mehr tun.

Mecky setzte sich in sein Zimmer, das am entferntesten Ende der großen Altbauwohnung lag, und kiffte. Er hatte mir zu verstehen gegeben, dass er mit meinem Schmerz nichts zu tun haben wollte. Wir waren durch die Küche, den Flur und ein Durchgangszimmer getrennt.

Das Haus war massiv und hatte dicke Wände. Er konnte mich also nicht hören, auch wenn ich zwischendurch nach ihm rief. Trotzdem fühlte ich mich nicht allein, sondern von meinen und den Engeln meiner Tochter getragen. In keiner Sekunde hatte ich Angst. Ich spürte einfach keine Energie von drohender Komplikation.

Da gab es schon so viele Leben, in denen ich allein irgendwo geboren hatte, unter weitaus schwierigeren Umständen. Nach drei Stunden schaute Mecky zur Tür herein. In dem Moment setzten die letzten Presswehen ein und ich rief: „Es kommt." Er breitete die Hände aus und unsere Tochter glitt hinein. Wir legten sie auf meine Brust und er rief die Hebamme an.

Wegen meines Dammrisses, dessen Narbe nicht glatt verheilte, ging ich zu meinem Frauenarzt, um sie behandeln zu lassen. Während er mich mit einer Lösung betupfte, hatte ich wieder einmal eine Vision.

Ich sah, dass er homosexuell war, koksabhängig und dass er sein ganzes Leben lang um die Anerkennung seines Vaters gerungen hatte. Dass er viel Geld in Casinos verspielt und eine Pistole in seiner Schreibtisch-Schublade liegen hatte.

Und dass er vorhatte, sich damit das Leben zu nehmen.

Ich fragte seine Seele, ob es irgendetwas gab, was ich tun könne, das ihr helfen oder sie umstimmen könne. Sie verneinte. Ihr Leben sei zu verworren und sie würde lieber neu anfangen, sie habe einfach keine Lust mehr.

Ich sandte ihr Liebe und Mitgefühl. Bei meinem nächsten Termin war die Praxis geschlossen.

Der Arzt hatte sich dort erschossen.

Trennung

Das Zusammenleben mit meinem Mann wurde zunehmend schwerer und zehrte an mir. Ich spürte, dass, wenn unser Leben sich positiv entfalten sollte, sich grundlegend etwas ändern müsse.

Meine Bitten an ihn, sich Hilfe zu holen, liefen ins Leere. Beten half nicht.

Aber ich hatte „ja" gesagt. Nicht nur zu ihm, sondern auch vor Gott. So quälte ich mich monatelang mit der Frage, ob es in Ordnung wäre, unter diesen Umständen das Versprechen zu brechen und mich von ihm zu trennen, damit unsere Tochter und ich eine Chance auf ein glückliches Leben hätten.

Ich betete inniglich und sprach zu Gott: „Wenn es in deinem Sinne ist, dass wir uns aus dieser Verbindung lösen, dann sende mir drei Zeichen, so klar, dass ich sie nicht missverstehen kann."

Die Zeichen folgten in einem Zeitraum von etwa sechs Wochen. Sie waren deutlich. Jedes Mal sagte eine sonore, autoritäre Stimme in mir: „Dies war das erste Zeichen..." Und so fort.

Ich fasste Mut und zog nach Hause, zu meiner Familie, die mich fortan sehr unterstützte. Ausgestattet mit einem Kinderrucksack und einem alten Handkoffer vom Flohmarkt, ließen wir alles andere hinter uns.

Da war unsere Tochter eineinhalb Jahre alt.

Heilung erfahren

Viele Jahre blieb ich alleinerziehend.

Der erste Besuch unserer Tochter bei ihrem Vater lief dramatisch ab. Weder Besuchsrecht noch Sorgerecht waren zu dem Zeitpunkt gerichtlich geregelt. Mecky brachte unsere Tochter nicht zum vereinbarten Zeitpunkt zurück. Als er mir mitteilte, dass er sie bei sich behalten, das alleinige Sorgerecht beantragen und bei Gericht behaupten wolle, ich könne wegen meiner Gehbehinderung nicht für das Kind sorgen, löste dies einen Schock bei mir aus.

Natürlich war, ungeachtet seines Lebenswandels, die Vater-Tochter-Beziehung wichtig, das war mir klar. Aber bei ihm leben? Das fühlte sich bedrohlich an.

Ab diesem Augenblick, als seine Worte durch das Handy an mein Ohr gedrungen waren, befand ich mich in einer Parallelwelt. Alles andere trat vollkommen in den Hintergrund und ich fühlte mich für einen flüchtigen Augenblick wie eine Hülle meiner selbst.

Doch sobald ich das registrierte, öffnete sich mir ein neuer Kanal. Diesmal empfing ich keine Unterweisung meiner geistigen Führung oder empfand das Eingehülltwerden in Liebe durch meine Engel oder das Durchströmtwerden von der göttlichen Quelle oder dem Heiligen Geist (- obwohl alles eins ist, fühlt sich jeder Aspekt für mich anders an). Diesmal war es eine außergewöhnliche Kontaktaufnahme der Natur zu meinem Wesen, die ich bis dahin so noch nicht gekannt hatte.

Dass Pflanzen und Tiere mit uns in Verbindung stehen und uns Kraft geben, ist wahrscheinlich fast jedem mehr oder weniger klar. Dass ich durch die Erinnerung an meine vergangenen Inkarnationen um die Beseeltheit in allem weiß und eine inniliche Verbindung zur Natur habe, ist ja meine Mentalität.

Aber was da geschah, hatte ich in meinen vielen Menschenleben noch nicht erlebt. Während ich da stand, bemerkte ich plötzlich, wie jeder Baum, jeder Busch, jede Blume, die Vögel, ja, alle Lebewesen, die mich umgaben, mir gleichzeitig ihr Mitgefühl schenkten. Ich spürte von allen gemeinsam einen starken Strom der Verbundenheit und Anteilnahme.

Sie verschmolzen zu einem großen Seelenensemble der Natur und vermittelten mir in einer Art fulminantem, innerlich hörbarem Chor: „Wir sind für dich da. Wir tragen dich und durchströmen dich mit Lebenskraft. Du bekommst von uns alles, was du brauchst, um diese Zeit gut zu überstehen."

Dies geschah, ohne dass ich etwas dafür hatte tun müssen.

Während die Stimmen der Natur mich ergriffen, wurde ich in einer Art Notfallversorgung an die Lebensenergie der Natur angekoppelt. Einfach so.

Von da an war ich mit ihr in einem magischen Austausch und nahm, wo auch immer ich mich befand, die Persönlichkeit eines jeden einzelnen Naturwesens in einem Umkreis von etwa 100 Metern gleichzeitig wahr. Es war weder das gewohnte, sanfte, stetige Verbundensein mit der Natur, das sich nicht in den Vordergrund drängt und einfach latent da ist. Noch das Gefühl für die Ausstrahlung einer Blume oder eines Baumes, wenn man sie bewundernd betrachtet.

Nein, ich erfuhr, dass die Natur mit ihrer eigenen Intelligenz und der Komplexität des Bewusstseins, das sie beseelt, von sich aus Kontakt mit mir aufnahm und sich äußerst wirkungsvoll und individuell auf meine Bedürfnisse ausrichtete. Mein Körper bekam durch sie eine besondere Energie und fühlte sich unermesslich wohl. Auf diese Weise wurde ich für etwa drei Wochen unterstützt.

Das große Wunder für mich war: Die Natur unterstützte mich aktiv mit vereinten Kräften, und die Initiative ging von ihr aus. Ich konnte die Naturwesen und ihre energetische Versorgung stetig fühlen. Nicht nur da draußen, wo ich stand, als ich die Nachricht empfing, sondern überall, wo ich mich in der darauf folgenden

Zeit hinbegab, nahmen sie Kontakt zu mir auf und teilten sich mir mit, durchströmten mich mit ihrer Energie und Liebe und trugen mich in dieser wundervollen Art und Weise. Liebevoll, kraftvoll, heilsam. Dies ging so lange, bis ich meine Tochter wieder bei mir hatte. Ich bin so unendlich dankbar dafür.

Nachdem mein Mann mir mitgeteilt hatte, was er vorhatte, war ich kurzzeitig versucht, Groll gegen ihn zu entwickeln. Doch das würde niemandem nützen, deshalb begann ich gegenzusteuern.

Ich setzte mich mit meiner geistigen Führung in Verbindung und fragte, was zu tun sei. Da wurde mir ein Spiegel vorgehalten: „Jede Unwahrheit, die du durch einen anderen erfährst, ist auch in dir. Und sei sie noch so klein. Schau, wo du, auch wenn es nur zum Gefallen ist oder um etwas auszuschmücken, z.B. weil du Mitgefühl oder Aufmerksamkeit bekommen möchtest oder um andere nicht zu verletzen, nicht ganz die Wahrheit sagst. Erfasse alle Facetten zu diesem Thema und erforsche, wo du dich selbst und andere belügst, und löse dies auf. Es geht um eine Form des Energieaustausches. Wenn du etwas beschönigst oder dramatisierst, dann fühlst du dich im Mangel. Du denkst, du musst etwas steuern, um etwas zu bekommen, das dir scheinbar fehlt.

Dem ist aber nicht so. Es ist immer alles genau in dem Maß vorhanden, wie deine Seele es braucht. Je mehr du in der Reinheit bist, umso besser kann die göttliche Ordnung für dich wirken, und umso weniger brauchst du diesen Spiegel im Außen."

Ich überprüfte daraufhin meine Gedanken, Worte und Taten auf Unaufrichtigkeiten und pflügte das Feld. Abwechselnd ging ich in die Stille, ins Gebet und die aktive Meditation. Dann kam der Durchbruch.

In einer inneren Sammlung visualisierte ich weiß-goldenes Licht in Form einer liegenden Acht um mein Herz und um sein Herz fließend, und bat Gott, alle Verletzungen, alle Angst und allen Groll aufzulösen.

Dann rief ich Sanat Kumara, eine liebevolle, feinstoffliche Wesenheit, ihre Kraft der Vergebung einströmen zu lassen. Das Licht färbte sich ohne mein weiteres Zutun in ein wunderschönes, intensives, strahlendes pfirsichfarbenes Rosa. Es strömte in ruhigem Fluss auf der liegenden Acht entlang und währenddessen wurden alle meine negativen Emotionen in Wertschätzung, Erkenntnis und Liebe umgewandelt. Verspannungen lösten sich und ein warmes Gefühl für uns alle und für unsere Situation ergriff mich.

Während ich also bis zu einem gewissen Grad den Umständen ausgeliefert war, nutzte ich, innerhalb dieser, meine schöpferischen Möglichkeiten mich zu verändern und Liebe in die Situation zu bringen. Dadurch konnte ich uns allen und besonders meiner Tochter das Geschenk machen, trotz allem, was geschehen war und was sich in Zukunft noch entwickeln würde, niemals schlecht über ihren Vater zu reden oder zu fühlen. Da waren einfach nur liebevolle Akzeptanz und Anerkennung für unsere Verabredung. Ich war geheilt.

Das war eine weitere wundervolle Erfahrung auf dem Weg, den ich, wie so viele andere Seelen, schon vor Äonen gewählt hatte: das Menschsein in all seinen Facetten zu erkunden.

Vom Gericht wurde entschieden, dass unsere Tochter drei Wochen bei mir und eine Woche bei ihrem Vater, über 400 km entfernt, wohnen solle. Also lebte die Kleine regelmäßig eine Woche in Köln, bis sie fünfeinhalb Jahre alt war.

Aufgaben auf dem Weg

Eine befreundete Familie war in eine Lebensgemeinschaft auf einen alten Hof in der Eifel gezogen. Ihnen statteten wir, da war unsere Tochter etwa zweieinhalb Jahre alt, einen Besuch ab.

Am Abend, bevor wir am nächsten Tag weiter nach Köln fahren wollten, bekam sie Fieber. Ich informierte ihren Vater, dass wir nicht würden reisen können, da ich sie beobachten wollte, um, wenn es notwendig würde, einen Arzt aufzusuchen. Wir schliefen, gemeinsam in einem großen Bett, ruhig ein.

In der Nacht begann dann die energetische Arbeit. Wir bekamen Besuch von ungefähr 50 verstorbenen Seelen. Jungen, älteren und alten. Ihre Körper so, wie sie kurz vor ihrem Tod ausgesehen hatten: von Hunger gequält, in Sorge, verletzt, verstümmelt, in teilweise zerrissenen Kleidern. Manche zogen Kinder, Alte, Verletzte und ein wenig Hab und Gut in Leiterwagen hinter sich her. Sie waren bei einem Krieg in der Nähe des Hofes auf der Flucht gestorben und fanden den Weg ins Jenseits nicht. Deshalb irrten sie immer noch in der Nähe des Ortes ihres Todes umher.

Während meine Tochter schlief, gab es in dem Moment für mich nichts Natürlicheres, als mithilfe meines Bewusstseins eine Lichtsäule zu errichten, um den Seelen zu ermöglichen, darin aufzusteigen. Die Säule reichte vom Boden bis in das Universum und hatte etwa 5 Meter Durchmesser. Die Seelen nahmen den Lichtaufzug wahr und begannen nach und nach, in das sanft schimmernde Licht einzutreten und nach oben zu schweben. Als keine Seele mehr da war, löste die Säule sich auf und ich schlummerte tief und fest weiter.

Am Morgen erwachte meine Tochter ohne Fieber, frisch und fidel. Also planten wir, am nächsten Tag weiterzureisen. Doch am Abend bekam sie wieder Fieber und wir verschoben die Reise erneut um einen Tag. Da sich ansonsten keine weiteren Symptome zeigten, schliefen wir abermals ruhig ein. Und die Arbeit begann von neuem. Diesmal kamen mehr als doppelt so viele Seelen, die erlöst werden wollten... Der Lichtaufzug hatte sich herumgesprochen.

Ich sah abermals ihre geschundenen Körper und registrierte ihr Leid. Wieder errichtete ich eine Lichtsäule und die Seelen glitten nach und nach hinein. Da die Zahl Drei in meinen spirituellen Erlebnissen schon immer eine große Rolle spielt, war es dann nicht verwunderlich, dass am darauffolgenden Tag wieder das Gleiche geschah: Meine Tochter sprang tagsüber fröhlich umher und spielte mit den Kindern, als sei nichts gewesen, und bekam am Abend wieder Fieber.

In dieser Nacht waren es an die 300 Seelen. Auch sie glitten in der Säule aus Licht hinauf ins Jenseits. Und dann war der Spuk vorbei. Am vierten Abend gab es kein Fieber und in der Nacht auch keine Seelen mehr, die von diesem Platz erlöst werden wollten. Wir schliefen ruhig, als sei nichts gewesen. Die Arbeit war getan, und wir konnten weiterreisen.

Berufung suchen

Zuerst arbeitete ich als Kosmetikerin auf einer Schönheitsfarm, bis ich an Pfeifferschem Drüsenfieber erkrankte. Ein paar Wochen zuvor hatte ich mich zu einem Priesterseminar bei einer in Detmold entstehenden „Church of Holy Spirit" angemeldet, welches über zwei Jahre gehen sollte. Es stand in den Sternen, ob ich würde teilnehmen können, denn das Drüsenfieber hatte mich so geschwächt, dass ich bettlägerig geworden war.

Ich war zwar nicht mehr ansteckend, aber vollkommen kraftlos. Alles war mir zu viel: aufstehen, reden, lesen, Musik hören, Besuch. Ich konnte gerade mal selbst essen und mich bis zur Toilette und zurück schleppen.

Meine Eltern versorgten mich und meine Tochter. Doch wenn die Seele einen Plan hat, wird sie von allen geistigen Kräften darin unterstützt. Diesmal war das Wunder, dass ich immer ein, zwei Tage vor dem Seminarwochenende „gesund" war und also hinfahren konnte.

Kaum war ich zurück, verließen mich meine körperlichen Kräfte wieder und es begann eine Arbeit auf anderen Ebenen. Dies war nicht nur eine Zeit der Genesung, sondern auch der Verarbeitung von dichten Energien aus Tausenden von Jahren.

Während ich dalag, strömten tiefe Gefühle durch mich hindurch, die nicht nur aus diesem Leben stammten. Alle paar Tage war etwas anderes dran. Mal waren es Ängste aus längst vergangenen Zeiten, die in mir aufstiegen, und dann, leicht wie Luftballons, fortschwebten, oder tiefe Traurigkeit, die ich in Schüben durch mich hindurchgleiten ließ. An keinem Zustand hielt ich fest, sondern gab mich hin. Ich kann nicht einmal sagen: voller Vertrauen, denn es war mehr als das. Ich nahm die Themen wahr und wusste einfach, dass es wichtig war, dass sie sich aus meinem Energiefeld lösten. Und in der Hingabe geschah es von selbst, dass sich Schicht um Schicht zeigte. Indem ich in der Stille weilte, die Emotionen wahrnahm, sie anerkannte und gehen ließ, konnte geschehen, was geschehen sollte.

Auch im Außen gab es Zeichen meiner Wandlung. Wenn ich etwas berührte, das auch nur ansatzweise elektrisch leitfähig war, bekam ich einen Stromschlag. Das tat oft richtig weh. Wenn ich während dieser Zeit meine geliebte orange-magentafarbene Synthetikdecke anfasste, entstand ein leuchtender Funkenregen und es wurde richtiggehend hell.

Meine Priesterweihe war ein wundervolles Erlebnis. Ich wurde in einer beeindruckenden Schau wieder an meine Verbindung zum gesamten Kosmos und zur Liebe Christi erinnert. In dem Augenblick, als mir die Hände zum Segen auf das Haupt gelegt wurden, fühlte ich mich wie ein Feuerwerk. Ich sah helle Lichter aus meinem Kronenzentrum sprühen und es öffnete sich schlagartig der gesamte Himmelsraum in und über mir.

Ich erblickte den Kosmos so, wie ich ihn als körperloses Wesen kannte, und spürte die alles durchwebende Liebe Christi. Mit solchen Erfahrungen ist es unmöglich, jemals wieder zu glauben, wir wären von irgendetwas getrennt.

Ich hatte das Seminar nicht besucht, um eine Gemeinde zu gründen, sondern um mich selbst als spirituelles Wesen in einem bestimmten Erfahrungskontext zu erleben und weiterzuentwickeln. In meinem Leben als Andrea wollte ich mich lieber noch austoben und kreative, verrückte oder abenteuerliche Sachen machen und das Leben in Einfachheit mit meiner Familie genießen. Mir war es wichtig, erst einmal weiter an den kleinen Dingen, die das Leben ausmachen, zu wachsen. Und was das sein kann, da gehen mir nie die Ideen aus.

Um weiter als Kosmetikerin arbeiten zu können, war ich seit meiner Krankheit körperlich zu schwach, denn ich arbeitete in einer Schönheitsfarm und hatte auch Ganzkörperbehandlungen auszuführen. Wieder einmal wurde es Zeit für eine Umorientierung. Diese ließ nicht lange auf sich warten.

Auf dem Markt begegnete mir meine ehemalige

Blockflötenlehrerin und sie fragte mich, ob ich nicht Lust hätte, zu unterrichten. Es gäbe da ein paar Kinder, die es nicht in die Musikschule geschafft hatten, weil es an Lehrkräften mangelte. Das fand ich nicht nur eine schöne Idee, sondern der Gedanke daran erfüllte mich mit Freude. So machte ich die Ausbildung zur Musiklehrerin für Blockflöte in Trossingen.

Zu Hause unterrichtete ich Privatschüler, außerdem Musik und Blockflöte an einer Förderschule. Ich liebte es, Zeit mit Kindern und Musik zu verbringen. Und ich liebte das Mutterdasein und nah bei meiner Tochter sein zu können.

Eines Nachts, während ich schlief, besuchte mich die Seele meiner Musiklehrerin. Ich wusste, dass ihr Körper lebensbedrohlich erkrankt war und sie schon eine Weile dagegen ankämpfte.

Als ich sie das letzte Mal lebend getroffen hatte, war sie mit ihren beiden Enkelkindern unterwegs. Damals hatte sie mich gefragt: „Andrea, werde ich es schaffen?" In ihren Augen sah ich, dass ihre Seele schon mit den himmlischen Sphären verbunden und dabei war, Abschied zu nehmen.

Ich blickte auf die beiden Kinder an ihren Händen und überlegte: „Was sagst du denn jetzt?" Mit so viel Liebe, wie es nur ging, erwiderte ich: „Du wirst es schaffen, so, wie es für dich richtig ist." Sie bedankte sich. „Wenn du das sagst, will ich es glauben."

Es war ein paar Wochen später, als sie mich astral besuchte. Sie teilte mir mit: „Ich möchte sterben. Meine Töchter sind gerade sehr mit ihrem eigenen Leben beschäftigt, so dass sie, nach einer langen Zeit der Sorge um mich, das Band zu mir etwas gelockert haben. Jetzt ist der richtige Zeitpunkt." Dann legte sie ihren Kopf in meinen Schoß und ihre linke Hand auf mein Steißbein, da, wo das Wurzelzentrum schwingt. Eine übernatürliche Hitze schoss in meine Wirbelsäule, während ich spürte, dass die Seele ihren

Körper verließ.

Ab dem nächsten Morgen zeigte sich ein besonderes Phänomen. Wenn ich Musik hörte (keine Liveimprovisationen) wusste ich exakt, wie sie weitergehen würde. Die kompliziertesten Sachen: klassische Stücke, Schlager, Modernes, egal.

Sobald die ersten Töne erklangen, eröffnete sich in mir ein Raum, in dem das Stück vollständig gegenwärtig war. Man kann es sich so vorstellen: Ein Stück ist ja fertig gedacht, geschrieben, produziert, aufgenommen, was auch immer. Und dann ist es als Energie im „Feld" vorhanden. Wie ein Raum, den man mit einer bestimmten Einrichtung ausgestattet hat: da die Couch, hier der Fernseher, eine Vitrine usw. Du betrittst den Raum und siehst alles gleichzeitig.

So eröffneten sich mir mit dem ersten Erklingen die Instrumentierung, die Melodieführung, der Text... Alles war da, kein Klang konnte mich überraschen, wie kompliziert das Arrangement auch war. Ich fand das wunderbar, doch wusste ich mit der Gabe nichts weiter anzufangen, außer dass ich sie staunend genoss und sie mir wieder einmal aufzeigte, was alles möglich ist.

Da ich die Fähigkeit nicht weiter nutzte, verlor sie sich nach ein paar Monaten wieder. Doch denke ich gerne und mit Dankbarkeit an diese Erfahrung zurück.

Allerdings gab es auch immer wieder Situationen, in denen ich nicht auf meine Geistige Führung hörte. So machte ich für ein paar Wochen eine Weiterbildung und war morgens regelmäßig in Eile.

Schon Tage zuvor hatte meine Führung mich wissen lassen, dass diese Eile den harmonischen Lebensfluss stören würde, und wenn ich so weitermachte, würde sich das in einer unangenehmen Erfahrung Ausdruck verschaffen können. Gut, ich registrierte es, handelte aber nicht.

An dem besagten Tag sagte mir eine intensive Stimme: „Zieh heute unbedingt den Helm auf!" (Ich fuhr bis zum Bahnhof mit dem Fahrrad.) Da ich es wieder einmal eilig hatte, vergaß ich, die Anweisung zu befolgen.

Als ich aus dem Haus stürmte - ich war diesmal besonders knapp dran - trat ich in die Pedale, was das Zeug hielt. Die ersten 150 Meter ging es gut, doch dann, in der Kurve, registrierte ich, was los war: Er war zwar scheinbar trocken, doch Minusgrade hatten feuchte Stellen über Nacht gefrieren lassen. Und genau in einer Kurve befand sich so eine Stelle.

Das Fahrrad rutschte weg und ich fiel aufs Gesicht. Dabei zog ich mir einen doppelten Kieferbruch zu. Ein Autofahrer brachte mich ins Krankenhaus. Die Brüche heilten zwar, aber bei Druck, wie er beim Blasen entsteht, ließen sie Luft ins umliegende Gewebe durch. Da war es vorbei mit dem Blockflöte spielen, und ich gab das Unterrichten auf.

Wieder einmal war es an der Zeit, das Leben umzukrempeln. Doch das war nicht leicht, ich hatte wenig finanziellen Spielraum. Ich probierte einiges aus, aber konnte mich nicht entscheiden, wie ich nun weitermachen wollte. Ich suchte meinen Platz im Leben.

Trotz der Erinnerungen an die Quelle und all meiner Erfahrungen und meiner wunderbaren Führung lauschte ich, besonders in dieser Zeit, nicht effektiv nach innen.

Zu der Zeit war ich sehr in meinen Kopf und lernte nur langsam, was meine Seele eigentlich lernen wollte, und mein Leben war in Unordnung. Dadurch hatte ich viel Migräne, irgendwann bekam ich ein Pfeifen im Ohr und schon seit dem Drüsenfieber war ich oft sehr müde. Schon immer hatte ich gerne gemalt und eine Zeit lang Unterricht im Aquarellieren genommen. Ich hatte begonnen Bilder zu verkaufen, aber ich war unsicher, wie es weitergehen sollte.

Die Geistige Schule besuchen

1999 begann meine Mutter das Channeln.

Wir treffen uns seitdem regelmäßig sonntags um elf Uhr zu gemeinsamen Erörterungen. Die Geistige Welt nennt uns einen „Zwillingskanal".

Es wurde uns erklärt, dass in den Unterweisungen eine charakteristische Energie dadurch zum Schwingen kommt, dass wir uns gemeinsam, als Mutter und Tochter, für Antworten öffnen und diesen spirituellen Entwicklungsweg gemeinsam gehen, mit allen Höhen und Tiefen.

Aus den feinstofflichen Welten bekommen wir wunderbare einfache Körperübungen, die man im Sitzen ausführen kann, und Erklärungen zu jeglichen Fragen, die wir stellen. Das ist eine weitere aufbauende, fröhliche und interessante Verbindung zur Quelle. Eine unbeschreiblich wertvolle Erfahrung.

Also setzten meine Mutter und ich uns zusammen und fragten meine Geistige Führung, die sich, wenn wir zu zweit waren, noch detaillierter ausdrückte als ohnehin schon.

Zuerst ging es um die Migräne. Es wurde mir vermittelt, dass der Schmerz aus nicht verarbeiteten Erfahrungen früherer Leben stamme, die nun nach und nach in die Heilung gebracht werden könnten. Die Geistige Führung sagte: „Atme immer wieder tief durch! Du weißt, was der Atem bedeutet: Gott in dir. Nicht irgendwo oben, sondern in dir drinnen. Der Schlüssel liegt in dir."

Dann fragte ich wegen des Pfeifens im Ohr. Dazu sagte meine Geistige Führung, dass durch die disharmonische Ausrichtung meines Lebens mein Nervensystem entenergetisiert würde. Das Energiefeld müsse sich aber ausgleichen und das würde ich dann in Form von Pfeifen wahrnehmen. Sie riet mir, notwendige Dinge zu unternehmen, um das Wohlbefinden von Körper, Geist und Seele zu stärken.

Sie sagte: „Und alles andere geschieht nach dem vollkommenen Plan, den du in dir hast und der von uns mitgesteuert und entfaltet wird. Habe Mut und grenzenloses Vertrauen, dass alles in Ordnung ist. Dein Leben im hier und jetzt ist der Nährboden für deine Entwicklung."

Dann sprach ich meine Müdigkeit an. Die Geistige Führung riet mir, den Körper zu fordern, ihn abzuhärten und einzusetzen.

Sie sagte des Weiteren: „Gehe jedoch nicht über die Zeichen deines Körpers und deines Wohlbefindens hinaus! Bleibe achtsam bei allem, was du tust."

Zum Schluss fragte ich: „Welche Wirkung erfüllen meine Bilder, wenn sie im Besitz der Menschen sind?"

Die Geistige Führung antwortete, dass die Bilder ordnen würden und wie Brennpunkte seien, welche Energien anziehen, umwandeln und freigeben würden. Es sei wichtig, dass ich ein gesundes Selbstwertgefühl entwickeln würde, damit die Kreativität fließen könne. Außerdem meinte sie, dass ich auch über meine Stimme eine Verbindung vom Kosmos zur Erde herstellen könne.

Dies erinnerte mich daran, dass ich schon als Kind den Wunsch in mir gespürt hatte, gut singen zu können und begann deshalb, zusätzlich Gesangsunterricht zu nehmen. Und ich befolgte die Anweisungen, welche mir in der Durchgabe erteilt worden waren.

Mit der Zeit begann ich vor Kreativität zu sprühen und sah immer wieder neue Bilder vor meinem geistigen Auge, die ich dann mit Farben auf die Leinwand brachte.

Beim Malen spürte ich, wie feinstoffliche Informationsenergien durch meine Hände strömten. Beim Singen floss Liebesenergie von meinem Herzen aus in meine Stimme. Ich ließ Seelenklänge ertönen. Menschen, die meine Gesänge hörten, zeigten mir, wie tief sie sich dadurch berührt fühlten.

Es ergab sich, dass ich ein kleines Atelier mieten konnte, und dort entstanden Seelenbilder (- ich verband mich innerlich mit der Seele des Menschen und sah dann die fertigen Bilder vor meinem geistigen Auge) und Energiebilder (Bilder für z.B. Klarheit, Liebe, Freude, Heilung).

Einmal beschäftigte ich mich mit der heiligen Barbara und entwarf ein Bild, auf dem ich aus ihrem Kelch Blüten quellen ließ. Zuerst erstellte ich eine Skizze. Als ich mich daran machte, die Blüten zu malen, durchströmte mich eine bisher noch nie gefühlte Energiequalität. Mein gesamter Körper wurde durchpulst von einem speziellen Mix aus in mir vibrierenden Empfindungen des Mutes, der Stärke, der Opferbereitschaft und des durch das Opfer der heiligen Barbara erzeugten Informationsfeldes.

Dieses Feld stellte die Erfahrung bereit, wie es ist, als eigensinnige, starke Frau für seine mutige Überzeugung zu sterben und dabei von Gott getragen zu sein. Es war etwas gänzlich anderes als ich bis dahin wahrgenommen hatte. Ich freute mich über diese Empfindungen und wusste: Nun bin ich in Verbindung mit der ganz eigenen Energie dieser Heiligen. Erhaben und liebevoll nah zugleich.

Ein paar Tage später malte ich mit Aquarellfarben einen Entwurf. Erneut setzte genau in dem Moment, als ich die Blüten zu malen begann, dieser einzigartige, meinen gesamten Körper erfassende Energiestrom ein. Einige Wochen später machte ich mich daran, das endgültige Bild zu malen. Und wieder öffnete sich in dem Augenblick, in dem ich die Blüten zu malen begann, der reiche Segensstrom und ergoss sich in die Blüten hinein.

Ich bin so dankbar, dass ich solche Erfahrungen machen darf!

Mein Leben ordnete sich, doch immer wieder taten sich Fragen auf, die wir dann unserer Geistigen Führung stellten. 2007, in einer unserer Channeling-Sitzungen, wurden wir zum Thema Vollkommenheit unterwiesen.

Ich möchte hier einmal ein ganzes Gespräch wiedergeben:

GESPRÄCH MIT DER GEISTIGEN FÜHRUNG

Geistige Führung:

„Begrüßt euren Heimatplaneten Mutter Erde und verneigt euch vor ihrer Schönheit, vor ihrer Liebe und Kraft zum Leben, die sie euch spendet. Denkt bitte immer daran, ihr seid ein Teil dieser Erde. Euer Körper, das Haus, in dem die Seele ganzheitliches Wachstum pflegt, dieser Tempel des Gottes in euch, ist ein Teil dieses Planeten. Er ist Erde, Wasser, Luft und Feuer. Die Luft füllt euer Blut, den Strom des Lebens.

Haltet inne, atmet ein und schwelgt in der Fülle des Atems. Er ist die Verbindung zum Universum. Lasst diese Luft sich in eurem Blutstrom ausbreiten und stellt euch bildlich vor, wie sie in die kleinsten Verzweigungen, in die Kapillaren, in jedes Molekül und in jedes Atom dieses wunderbaren Körpers hineingeht. Erlaubt es euch, in Fülle aufzunehmen und dem Körper dieses Luftelement in seiner ganzen Vollkommenheit zu übergeben.

In dieser Vollkommenheit vermag der Körper alle Unvollkommenheiten im Bewusstsein der Zellen in ein harmonisches Gleichgewicht zu bringen. Er kann diesen Sauerstoff, diese Nahrung des Lichtes und der Luft, aufnehmen und alles, was sich an Unvollkommenheit angesammelt hat, umwandeln.

Er kann es über die Ausatmung und über die Arbeit im Herzen freigeben. Erlaubt es euch. Ihr schafft das. Es ist ein Atmungs-, Stoffwechsel- und Umwandlungsprozess. Ein Lebensvorgang, den alle Menschen von

Geburt an ausführen können.

Lehren, Prognosen und Diagnosen, die sagen, dass ihr nicht in der Lage seid, eure Heilung durch euren inneren Arzt, der euer Geburtsrecht, ja euer Geburtsgut ist, selbst in die Hand zu nehmen und alles in diese Vollkommenheit zu lenken, sind eine Täuschung.

Ihr seid Arzt, ihr seid Medizin. Ihr könnt mit dem Universum zusammen die notwendigen Energien anzapfen. Es sind ganz, ganz viele feinstoffliche Ärzte mit eurem inneren Arzt in Verbindung, wenn ihr es erlaubt, wenn ihr euch darauf konzentriert, wenn ihr es zulasst und wenn ihr daran glaubt.

Denket daran: In euch liegt die Macht der Heilung! In euch liegt die Kraft der Durchführung, in euch liegt alles Wissen dafür. Jeder Mensch ist auf seine Art fähig, sich durch sein Bewusstsein immer mehr in die Vollkommenheit zu begeben!"

Andrea:

„Da gibt es aber noch diese Einstellung: ‚Das hat ja alles seinen Sinn...‘"

Geistige Führung:

„‚Das hat seinen Sinn‘ ist für euch - deine Mutter und dich - nicht mehr relevant! Denn ihr seid alle ein Teil Gottes, ein Wort Gottes. Ihr seid erschaffen und geformt nach seinem Ebenbild. Er hat euch die Seele eingehaucht schon vor Welten. Und diese Seele will zurückkehren zu Gott, von dem sie sich irgendwann getrennt hat.

Auf dem Weg zurück werdet ihr mehr und mehr fähig, die Energien der Heilung fließen zu lassen und altes Leid aufzulösen. Viele von den alten Mustern haben keinen Sinn mehr für euch! Dieses alte Gepäck braucht ihr nicht mehr!

Der Energiekörper vermag geschwächte Organe oder Zellen eures Körpers zu stärken und zu durchdringen so lange, bis sie die Zeit haben zu heilen und wieder in die Vollkommenheit zu kommen.

Die Geistige Welt, eure Brüder und Schwestern, die Natur und die ganze Hierarchie der feinstofflichen Wesen, die dazu da ist, das neue Zeitalter einzuleiten, mitzugestalten, mitzuhelfen, mit allen Mitteln, die ihnen zur Verfügung stehen, im Himmel so wie auf der Erde, sie sind euch Menschen behilflich dabei.

Vergesst aber nicht, dass ihr noch Erdenmenschen seid, mit allem drum herum. Macht eure Arbeit in einer fröhlichen und heiteren Art und Weise, und mit Gott in euch schafft ihr es. Frohsinn und Heiterkeit sind so wertvoll für euch.

Konzentriert euren Sinn auf die Vollkommenheit und vollzieht eine Sinneswandlung. Wir werden, wenn ihr erlaubt, die Sinneswandlung schon mal mit einer Übung einleiten."

ÜBUNG:

Legt die Hände auf die Knie, stellt einen sehr guten
Kontakt zum Boden her, spürt euer Becken.
Richtet euch von unten her auf.

∞

Fahrt mit der Zunge über die Lippen und im Gaumen
entlang. Macht dies immer wieder, bevor ihr an eure
Aufgaben geht. Dann legt die Hände übereinander
vor euer Herzzentrum.
So, und nun seid ihr an den Strom angeschlossen.

∞

Konzentriert euch auf das dritte Auge und atmet
darüber ein und aus - denn hier im dritten Auge
geschieht die Sinneswandlung.

Wir strahlen nun über euer drittes Auge Energie ein.
Alles, was vom Irdischen und vom Schleier der Täuschung
geprägt wurde, wird hier über diese Strahlung aufgelöst
und ihr tretet ein in die Sinneswandlung des Geistigen, des
Ganzheitlichen, des Ewigen, des ‚Gott in allem'.

∞

Legt die Hände wieder auf eure Oberschenkel, bleibt ganz
ruhig, konzentriert euch auf das dritte Auge, atmet dar-
über ein und aus und bestätigt in eurem Unterbewusstsein:
‚In mir werden jetzt die Muster des alten Zeitalters
umgewandelt: Allem einen Sinn zu geben... dem Leid...
dem Schmerz... der Einschränkung... der Buße durch
Verzicht, durch Armut... dem Nicht-annehmen-Können
von Fülle in der Materie. Von diesen Mustern verabschiede
ich mich jetzt!'
Viele wundervolle Wesen, die dafür sich bereiterklärt
haben, arbeiten jetzt für euch.

∞

Macht diese Übung noch an zwei weiteren Tagen.
Dann ist die alte Art und Weise, diese Dinge zu
betrachten, für immer verabschiedet.

In dem Moment trat eine große Erleichterung ein. Ich durfte mich von alten Dogmen lösen. Denn es geht im verkörperten Zustand immer auch darum, die über Äonen gemachten Erfahrungen im Hier und Jetzt, im Zellgedächtnis, zu erlösen. Das heilsame irdische Erleben, wie es sich im Körper anfühlt, von den Stricken der Vergangenheit befreit zu werden, ist das Ziel. Dies lässt uns die Erlösung als reale Erfahrung in unserem Menschsein auf den entsprechenden Ebenen integrieren.

Meine Mutter und ich erhalten nunmehr seit vielen Jahren Erklärungen, Hilfen und Übungen. Ich empfinde unendliche Dankbarkeit dafür. Dies waren die Unterrichtsstunden, nach denen ich mich in meiner Schulzeit gesehnt hatte.

Meinen Seelenpartner finden

Als meine Tochter 16 Jahre alt war, ging sie für ein Jahr nach Brasilien. Mir wurde in der Zeit eine Reha verschrieben. Es gibt eine Internetseite, auf der man über 1500 Kliniken einsehen kann.

Ich betrachtete die vielen, vielen in Frage kommenden Kurkliniken und fragte meine Geistige Führung, welche davon die richtige für mich sei. Es gab genau eine, die mir daraufhin entgegenleuchtete. Ich bat meine Ärztin, diese in den Reha-Antrag aufzunehmen. Der Antrag wurde bewilligt (obwohl die Klinik 450 km entfernt war).

Mein zukünftiger Liebster, den ich damals noch nicht kannte, hatte wegen seiner Atemwege schon eine Weile zuvor eine Reha am Meer beantragt (das von ihm aus auch etwa 450 km entfernt war). Ein Aufenthalt dort wurde jedoch abgelehnt. Auch noch, als er dagegen Widerspruch eingelegt hatte. Er musste nach Bad Salzungen. Das war, wer hätte es gedacht, genau die Klinik, die mir entgegengeleuchtet hatte.

Dort begann im August 2009 die Geschichte einer tiefen Liebe. Was soll man da noch sagen - was geschehen soll, geschieht eben!

Meine Bestimmung leben

Eines Abends beim Meditieren sagte mir meine Geistige Führung: „Du bist jetzt so weit, um öffentlich aufzutreten. Biete Konzerte an!" Mir wurde genau gesagt, wo und wie ich es machen solle.

Ich würde jeweils ein Thema mit der Geistigen Welt zusammen erarbeiten. Zu diesem würde ich ein paar Arien singen, anschließend eine Meditation machen und dabei in den Seelengesang übergehen. Die Worte der Meditation sollten im Augenblick entstehen. Es würde wie eine musikalische Andacht sein. Gehört, getan.

Über den Kneipp-Verein in unserem Ort wurden dann Konzerte zu Christi Himmelfahrt, zu Pfingsten, zu Mariä Himmelfahrt und so weiter organisiert. Textlich bereitete ich nichts vor, sondern überließ mich stets meiner Geistigen Führung - und war selbst gespannt, was zu dem Thema gesagt werden würde.

Bevor ich den ersten Auftritt dieser Art hatte, wollte ich jedoch ein paar Worte in petto haben, falls ich vor Aufregung nicht den Einstieg finden sollte. So schrieb ich eine kleine Ansprache, die ich, für alle Fälle, auswendig parat haben wollte. Es waren noch drei Abende bis zu dem besagten Tag, an denen ich mir die Sätze einprägen wollte. Als ich gemütlich im Bett lag, mit meinem Zettel in der Hand, und zu lesen begann, geschah etwas unbeschreiblich Schönes:

Nachdem ich ungefähr drei oder vier Zeilen gelesen hatte, sank ich in eine tiefe Trance. Ich glitt aus meinem Körper heraus und fand mich in einem kathedralenartigen Gebäude wieder. Gotisch geformte Bögen ergänzten sich zu einem Rund. Sanftes Licht in pastelligen Farbtönen durchflutete die Umgebung.

Unter jedem Bogen stand ein Lichtwesen und auch mein Lichtkörper in einem feinstofflichen Kleid. Wir begannen zu singen und wundervolle Klänge breiteten sich aus. Sie strömten aus den feinstofflichen Kehlen der unter den Rundbögen stehenden Wesen und es entstanden überirdisch schöne Harmonien.

Sie waren nicht nur Klanginformation, sondern ließen heilsame Felder entstehen, die wir wie kostbarste Seelennahrung in den Universalen Raum entließen. Währenddessen strömte aus der Mitte des Tempels weiß-goldenes Licht, das sich fortwährend mit den vorhandenen pastellenen Farbspielen verwob und zu wunderschönen Mustern formte.

Während die Klänge sich entfalteten, wurde ich darin unterrichtet, meinen Energiekörper mit den Schwingungen der Engel so zu verbinden, dass ich auch mit meiner irdischen Stimme diese Frequenzen transportieren können würde. Alles fand gleichzeitig statt. Unter den Rundbögen waren die Lichtwesen, die mich in Zukunft beim Einsatz meiner Stimme begleiten würden. Es war himmlisch schön. Beseelt glitt ich am Morgen wieder in meinen Körper hinein, der friedlich in unserem kuscheligen Bett lag.

Am folgenden Abend nahm ich wieder meinen Zettel zur Hand und wollte zu lesen beginnen. Auch diesmal fiel ich nach ein paar Sätzen in den tranceartigen Zustand und wurde in die heiligen Sphären geholt. Die Schulung ging weiter. Am Morgen wachte ich von Dankbarkeit erfüllt auf. In der dritten Nacht geschah das Gleiche. Was für ein Geschenk, was für eine Wohltat, was für eine Freude! Dann war diese besondere Schulung beendet.

Am Abend würde das Konzert stattfinden; ich fühlte mich bestens vorbereitet. Als ich vor dem Publikum stand, kamen die Worte wie von selbst. Und mein Gesang erfüllte die kleine Kapelle mit Klängen der Liebe. Das Publikum war ergriffen, und ich fühlte eine tiefe Glückseligkeit. Seither fühle ich mich bei Auftritten von meinen Engeln liebevoll durchströmt und in einen samtig weichen

Mantel aus Segen gehüllt.

Und so kenne ich es seit Anbeginn, dass jeglicher Mangel für mich im nächtlichen Traumgeschehen ausgeglichen wird, oder dass ich mich auf einer Reise in andere Dimensionen erlebe.

Zum Beispiel fliege ich des Öfteren über eine schöne Landschaft - was gerne geschieht, wenn es mir am Gefühl von Freiheit im realen Leben mangelt. Wenn ich mich durch meine Gehbehinderung eingeengt fühle, die immer mal wieder Folgebeschwerden verursacht, träume ich, wie ich in einer großen Turnhalle Flickflack und Salto mache und mich an meinen Turnkünsten erfreue.

Mein Körper ist derweil vollkommen. Oder ich träume von großen Konzerten, in denen ich singe und von vielen Musikern begleitet werde. Es spielen verschiedenste Instrumente zusammen die wundervollsten Melodien, wie ich sie im Irdischen noch nie gehört habe. Ist es nicht fantastisch, zu welch genialen Sachen der Geist fähig ist? In meinem Leben im Hier und Jetzt habe ich weder das Wissen noch die Fähigkeiten, solch überaus komplexe Stücke zu komponieren. Wenn mir etwas fehlt, träume ich es im Schlaf, und dann ist es gefühlsmäßig da für mich.

Wenn bestimmte Emotionen im weltlichen Leben zu kurz kommen, dann finden sich z.B. Tierseelen ein, die mich mit ihren tiefen Empfindungen und ihrer Weisheit beschenken. Z.B. Hundewelpen, die sich um meine Beine kuscheln und mich mit ihrer vorbehaltlosen, reinen, verspielten Liebe anstecken.

Seit wir uns kennen, bin ich nun auch zusammen mit meinem Lebenspartner im Traum unterwegs. Ich liebe es. Manchmal kann es sein, dass ich von den Aktivitäten in der Nacht erfüllt, aber auch erschöpft bin, sodass ich tagsüber mehr Ruhe brauche. Das Erleben im Traum kann sehr intensiv sein. In solchen Erfahrungen ist mein Körper immer heil.

Die Aufträge für Bilder gingen langsam zurück und zeigten mir, dass wieder etwas anderes Raum bekommen wollte. Meine Geistige Führung sagte mir: „Es ist wieder einmal Zeit für eine Veränderung! Beschäftige dich mit Hypnose."

Ich kannte den Begriff zwar, wusste aber noch nicht viel darüber und konnte mit dieser Weisung nicht sofort etwas anfangen. Ein paar Monate lang wurde ich immer wieder geduldig darauf hingewiesen: „Beschäftige dich mit Hypnose." Also machte ich eine Ausbildung zur Hypnotiseurin und belegte nach und nach verschiedene ergänzende Seminare.

Dann begann ich im Atelier mit den ersten Klienten zu arbeiten. Es lief gut, und ich freute mich an den Ergebnissen. Nach etwa zwei weiteren Jahren sagte meine Führung: „Mache eine Ausbildung zur Heilpraktikerin." Auch darüber hatte ich bis dahin nie bewusst nachgedacht. Aber ich wusste ja, dass es eine Gnade ist, so geführt zu werden, folgte der Stimme und besuchte eine Heilpraktikerschule. Es machte mir großen Spaß.

Meine Geistige Führung wies mich auf Themen hin, mit denen ich mich besonders gründlich beschäftigen sollte (und die dann auch in der Prüfung drankamen). Ich wurde von ihr ideal unterstützt, so dass ich nicht in Stress geriet.

Also: Was auch immer unsere Seele für dieses Leben geplant hat, die feinstofflichen Wesen unterstützen uns so, wie wir es im Augenblick zulassen. Wenn wir der feinen Stimme in unserem Innern Gehör schenken und ihr folgen, dann werden wir auf immer leichtere Art und Weise geführt.

Sollten wir die innere Stimme nicht laut genug hören, können wir daran arbeiten, es zu lernen, um dann mehr und mehr auf überraschende Weise beschenkt zu werden. Denn unsere Entwicklung hat Einfluss auf das, was wir erleben, weil ja alles eins ist und alles aufeinander reagiert.

Mittlerweile habe ich einen schönen Praxisraum, in dem schon viele Menschen ein- und ausgegangen sind. Seitdem werden alle Fähigkeiten auf wunderbare Weise zusammengeführt. Der Raum ist ausgestattet mit meinen Kunstwerken. Ich behandle Patienten mit Hypnose und stelle bei Bedarf den Kontakt zur Geistigen Führung her, sodass Fragen beantwortet werden können.

In meinen Seminaren unterrichte ich Menschen darin, mit der Stimme zu heilen, und setze die Energieübungen ein, welche meine Mutter und ich über Jahre erprobt haben. Bei allem lade ich Christus ein, durch mich und mit mir zu wirken, und in meinen Seminaren und Einzelsitzungen erzähle ich u. a. auch von meinen Erinnerungen an die Schöpfungsebenen.

Es erfüllt sich der Plan, den meine Seele dort, in ihrer Geistigen Heimat, mit all den Engeln und Lichtwesen verabredet hat.

Aber jetzt genug von diesem Leben! Nun berichte ich von dem, wofür ich als Kind keine Worte fand: von den Erinnerungen aus meinem Seelengedächtnis.

Von Anfang an.

Teil 2

Seelenweg

2. Vom Ur-Meer ins bewusste Sein
Mein Seelenfunke wird geboren

Es war absolut still. Ich fühlte mich geborgen, zeitlos, schwere-los, unbegrenzt. Mit einem 360-Grad-Rundumblick sah ich diffuses Licht, aber keine Konturen, nichts.

Lange blieb es ruhig und ich war einfach da, ohne etwas zu denken oder zu tun. Bis sich in meinem Gefühl plötzlich etwas veränderte. Eine Unruhe ergriff mich und kurz darauf begann, leise, noch weit entfernt von mir, Donnergrollen die Stille zu durchbrechen. Das Grollen näherte sich und wurde lauter.

Dies war der Augenblick, in dem ich zum ersten Mal bewusst etwas fühlte und dachte. Erstaunt stellte ich mir die Frage: „Was ist denn das?" Von nirgendwoher kam eine Antwort. Als das gigantische Getöse bei mir ankam, nahm ich mich als Teil einer mächtigen, wogenden Masse aus Lichtkugeln wahr, aus der irgendetwas irgendwohin mitgenommen wurde, das spürte ich.

Da waren also irgendwelche Kugeln um mich herum, die ich bis dahin noch gar nicht bewusst wahrgenommen hatte, und die bewegt werden konnten. Na sowas! Die Wogen zogen weiter und verebbten. Allmählich wurde es wieder ruhig und still um mich herum. Auch mein Denken und Fühlen wurden still, sodass ich sie nicht mehr bemerkte. Mein Sein ruhte erneut in der Unendlichkeit des Nichts und Alles, für eine lange Zeit.

Donnerwogen wallten auf und verebbten, ich gewöhnte mich daran. Es geschah dann unvermittelt, dass sich die Masse nicht wie sonst um mich herum bewegte, sondern mich mit sich riss.

Nun wogte ich selbst mit vielen anderen Lichtkügelchen durch den Raum, bis vor uns eine Art energetische Membran auftauchte.

Mit meinem Seelenfunkenauge konnte ich sie als helles Licht schon sehen, noch bevor ich sie zu spüren bekam.

Als wir dann ganz nahe waren, ging alles sehr schnell. Wir wurden von einem gigantischen Sog erfasst und wirbelten orkanartig auf die Membran zu. Ein paar Augenblicke später wurde aus dem Sog ein massiver Energieschub, der uns mit explosionsartiger Vehemenz durch die Membran hindurch beförderte.

Ich wirbelte in einer Schwärze umher, die von roten, orangenen und hellgelben, feuerartigen Lichtbewegungen durchzogen wurde, während ich mit einer unvorstellbaren Wucht in einen Raum geschleudert wurde, wo ich schließlich zur Ruhe kam. Die anderen Lichtkugeln waren nicht mehr zu sehen. Es fühlte sich erst einmal wie Leere an.

In diesem Augenblick nahm ich wahr, dass Bedeutsames anders war. Das, was mich bis dahin umgeben hatte, schien nun nicht mehr da zu sein. Zuvor hatte ich mich in einem Meer von etwas befunden, das aus demselben Stoff gewesen war wie ich. Eine unendliche Masse an Lichtkügelchen, dicht an dicht. Dies wurde mir jetzt klar, als sie mir fehlte. Doch schwang etwas in meinem Innern, was dort, im Ur-Meer, nicht zu spüren gewesen war: eine eigene Lebendigkeit.

Von jetzt an würde es nie wieder auf diese besondere Weise still und ruhig um mich herum sein. Ruhe und Stille würden sich immer wieder anders anfühlen. Von jetzt an würde ich Erfahrungen sammeln, die unaufhörlich mein inneres Empfinden wandeln würden, sodass kein Augenblick jemals sich gleich anfühlen würde.

Es würde eine stetige Veränderung in meinem Erleben geben, weil die Erfahrung eines jeden Moments etwas zu meinem Seelenfunken-Erinnerungsspeicher hinzufügen würde, was bis dahin noch nicht dagewesen war. Über Äonen hinweg.

Ich war zu etwas geworden, das sich zwar außerhalb der bisher wahrgenommenen Umgebung befand, und, noch unbeweglich, erkannte ich mich in diesem Augenblick zum ersten Mal als etwas Eigenständiges: eine Art Bewusstseinsteilchen in einem unendlich scheinenden Raum. Die Schöpferkraft hatte mich freigegeben - einen Seelenfunken, den ich künftig in unzähligen Inkarnationen als mich empfinden sollte.

Mein „ICH" war geboren.

Seelenerkenntnis

Es gibt eine unermessliche Kraft, die etwas mit mir macht, ohne dass ich weiß, warum und wie und wo das hinführt.

Das besondere Seelengeschenk

Mein erstes Abenteuer! Das Erlebnis, von dieser Urkraft mitgerissen und aus dem bisherigen Umfeld herausgeschleudert zu werden, war gigantisch. Von nun an befinde ich mich nicht mehr in dem zwar angenehmen, aber langweiligen Seelenfunken-Ur-Meer. Jetzt passiert etwas mit mir und ich bin mir dessen bewusst. WOW!

Geschenk in diesem Leben

Die Kraft, die mich aus dem Ur-Meer katapultiert hat, war unbeschreiblich. Wenn ich es mit etwas Irdischem vergleichen wollte, dann könnte es sich in etwa so anfühlen, wie ein Teilchen in einem speienden Vulkan zu sein.

Durch die Erinnerung daran und das entsprechende Gefühl, das ich bewusst in mir trage, bin ich mir einer Gewaltigkeit, einer Unermesslichkeit von Intelligenz und Schöpfungskraft bewusst und fühle mich voller Ehrfurcht der Essenz meines Ursprungs verbunden.

3. Seelenfunke
Ich lerne, mich zu bewegen

Von jetzt an begann ich Zusammenhänge intuitiv zu erfassen und mein Seelenfunke nahm nun bewusst wahr, was ich schon von jeher hatte: einen Seelenfunkenkörper, mit Seelenrezeptoren, die Energie in Wahrnehmung verwandelten.

Mein Seelenfunkenauge, das 360 Grad in alle Richtungen alles sah, was sich um mich herum befand. Auch hatte ich ein Seelenfunkengefühl. Sowie ein Seelenfunkenohr, das eine innere Stimme hören konnte. Ebenso Gedanken.

Und dann bekam ich, woher auch immer, einen Handlungsauftrag. Ich nenne dieses: „Woher auch immer" von jetzt an das Feld der Wunder, Omniversum, Nichts und Alles oder Gott.

Es war ein bewusster Gedanke, der gleichzeitig in mir und außerhalb von mir zu sein schien, und der eine eigene Kraft besaß. Wie ein Ruf, der mir vermittelte, dass „ICH" zu lernen hatte, mich zu bewegen.

Mir war unmissverständlich klar, was „bewegen" bedeutete. Diese Information floss aus einem Feld zu mir, das sich ohne mein Zutun in mir ergoss. Und dessen Botschaft von mir entschlüsselt wurde, ohne dass ich es lernen musste.

Die Intuition war einfach da. Es gab nichts anderes als die Gewissheit, dass dies jetzt zu tun sei. Woher sollte ich wissen, wie? Es geschah wie von selbst, dass ich dieser Idee Raum gab, weiter nichts.

Sofort begann ich zu vibrieren. In diesem Vibrieren lag der Keim zu dem, was als Nächstes kommen würde.

Während das Vibrieren stärker wurde, war mir einfach klar, wie ich mit meinen Gedanken die Bewegung antreiben konnte. So intensivierte ich meine innere Energie mit dem Aussenden einer Absicht, dieser neuen, mit der Geburt meines Seelenfunkens erlangten Fähigkeit.

Ich hatte eine Wirkkraft erhalten. Dies erstaunte mich aber nicht, ich empfand es als selbstverständlich und ebenso natürlich wie meine Existenz. Aus dem Vibrieren entstand nach und nach eine minimale Pendelbewegung. Meine Konzentration und mein Wille ließen die Bewegung immer stärker ansteigen, und dadurch begann ich auf einer Bahn zu schwingen wie das Pendel einer Uhr.

Als ich nach einigen immer stärker werdenden Schwüngen fast die Horizontale erreicht hatte, veränderte sich etwas. Die Pendelbewegung ließ sich nicht ohne weiteres steigern, es war wie eine Hürde. Aber ich fühlte, dass die Bewegung noch nicht ihr Ende gefunden hatte. Also begann ich, meinen Willen noch mehr zu bündeln, woraufhin die Energie, die ich in mir spürte, noch mächtiger wurde. So überwand ich die Widerstände auf beiden Seiten und schwang über die Horizontale hinaus.

In meinem Gewahrsein gab es nichts anderes als die Konzentration auf die Ausweitung meiner Bewegung. Es war ein mich vollkommen vereinnahmender Trieb, woher auch immer er kam. Mein „ICH" wurde beherrscht von der Ausrichtung auf das Ziel und ich hatte Freude am Lernen, am Tun, am Sein.

Und dann, kurz vor dem Höhepunkt der Bewegung, bevor der Kreis sich endgültig schloss, gab es erneut eine Art Widerstand, der mich dazu herausforderte, die Bündelung meiner Willensenergie auf eine nächste Stufe zu bringen.

Als es mir gelang, den Kreis (von ein Uhr über zwölf Uhr

hin zu elf Uhr) zu vollenden, wusste ich, dass ein wichtiger Lernabschnitt abgeschlossen war.

Ein wundervolles Gefühl durchflutete mich.

Es war, als konnte ich ahnen, was dies im Verlauf der Ewigkeit für meinen Seelenfunken bedeuten würde: dass ich nicht mehr nur bewegt wurde, wie es im Meer der Seelenfunken der Fall gewesen war. Ich hatte gelernt, mich selbst, durch meine Willensenergie, verbunden mit dieser allgegenwärtigen, magischen Kraft, in Bewegung zu setzen.

Dieses Etwas in mir, das meine Absicht in Bewegung übergehen ließ, eröffnete in der Zukunft unfassbare Möglichkeiten. Aber mein Bewusstsein war im Jetzt, und nur da. Über so etwas wie Zukunft machte ich mir keinerlei Gedanken.

Genussvoll drehte ich mich Jahre oder nur einen kurzen Augenblick - Zeit ist in diesen Dimensionen nicht in unserem Sinne wahrnehmbar. Bis ein weiterer Ruf in mein Bewusstsein drang, eine neue Bewegungsform zu erlernen: Drehungen von einem feststehenden Punkt aus um die eigene Achse herum.

Zuerst horizontal, dann vertikal und schließlich in alle möglichen Richtungen. Das Lernen verlief wieder nach dem gleichen Prinzip: Ich wusste einfach, was zu tun war. Ich setzte meine Willensenergie ein, richtete sie aus und es geschah. Auch da galt es, durch klare Ausrichtung des Willens die gewünschte Bewegung entstehen zu lassen.

Das Üben empfand ich nach wie vor als eine große Wonne. Die Meisterung jeder neuen Fähigkeit bereitete unendliche Freude und diente als Grundlage für die Entwicklung einer weiteren.

Nachdem alle Rotationen leichtfielen, folgte die nächste Herausforderung: das Erlernen einer um die eigene Achse rotierenden und gleichzeitig sich von der Stelle fortbewegenden, kreisenden Bewegung. Als auch das gelang, folgte der Ruf, spiralförmige Bewegungen entstehen zu lassen. Erst kleinere, später größere.

Die schwungvollen Bewegungen fühlten sich wundervoll an

...und katapultierten mich in ein noch umfassenderes Erfahrungsfeld.

Seelenerkenntnis

Es ist schön, in Bewegung zu sein. Bewegung ist das Wesen von Lebendigkeit.

Das besondere Seelengeschenk

Führung, Intuition und Willensenergie als gemeinsame Grundelemente meiner Seelenentwicklung zu erfahren.

Geschenk in diesem Leben

Tief in mir dieses Wissen zu haben, dass die Quelle, aus der ich entstanden bin, immer in Verbindung mit mir ist und mich führt.

Dadurch, dass ich diese Anfänge so genau erinnere, weiß ich, dass jedes noch so kleine Teilchen ein eigenes Bewusstsein hat. Somit fällt es mir leicht, zu begreifen, dass alles, was ist, auf bewusste und auch unbewusste Gedanken, Gefühle und Absichten reagiert, weil alles eine Wahrnehmung und Bewusstsein hat und mit allem kommuniziert.

4. Farben
Schöpfungsprinzipien spüren

Irgendwann bemerkte ich, dass andere „ICHs" mich umgaben, die ebenso ihre Runden drehten und Spiralen entstehen ließen.

Und sie waren bunt!

Das war überraschend, denn bisher hatte ich nur Abstufungen von hell nach dunkel wahrgenommen. Es waren Seelenfunken, die, genau wie ich, ihr Training absolviert hatten.

Dies hier war ein anderes Gefühl der Gemeinsamkeit, als es im Meer der Unendlichkeit der Fall gewesen war. Wir hatten aufeinander aufzupassen, denn wir bewegten uns ja jetzt selbstständig.

Genussvoll nahmen wir unseren Raum ein, mit einem Gefühl von Freiheit, Freude und vollkommenem Aufgehen im Augenblick. Unser harmonischer und leichter Tanz im endlosen Raum begeisterte mich. Zeitlos, schwerelos, glücklich im JETZT.

Wir zogen kleinere und größere Spiralen und übten uns darin, uns umeinander herumzubewegen und dabei im Fluss zu bleiben, ohne einander zu nahe zu kommen. Auch da wussten wir einfach, dass es unsere Aufgabe war zu schwingen, aber nicht zu kollidieren.

Wir fühlten ein Feld, das uns vermittelte: „Jetzt musst du die Richtung verändern!" Wie über ein unsichtbares Band stimmten wir uns ab und diese unerklärliche Macht lenkte uns sicher.

Als dieses „Aneinandervorbeischwingen" keine Aufmerksamkeit mehr von mir verlangte, sondern wie von selbst vonstatten ging, begann ich wahrzunehmen, dass ich für jeweils eine Weile in Bewegungsmuster integriert wurde, die bestimmte Farbschwingungen waren. Wer oder was veranlasste, mich da oder dort aufzuhalten, weiß ich nicht, es war wieder einmal einfach so.

Mein Seelenfunkenauge sah die Farben, in denen wir uns bewegten, und mein Seelenfunkengefühl bekam Zugang zu weiteren Dimensionen.

Ich begann Wirkkräfte in den Farbschwingungen zu spüren. Dadurch kam ich in Kontakt mit etwas weitaus Größerem, als ich bisher hatte wahrnehmen können. Jede Farbe rief ein anderes Gefühl in mir hervor. Ich war dabei, den zutiefst beeindruckenden Zusammenhang zwischen Wirkkraft, Schwingung und Gefühl zu erfahren.

Je nach Bewegungsmuster fühlte ich mich als Teil einer Gruppe von Orange, von Blau, von Grün usw. und jede Farbe löste eine ganz eigene, in der Farbschwingung entstehende Empfindung bei mir aus, die von Informationen über ihre Funktion im Schwingungsuniversum begleitet wurde.

Mal empfand ich mich und das Feld flirriger, mal ruhiger, mal fröhlicher, mal klarer, mal sanfter. Die Farben fühlten sich nicht nur unterschiedlich an, sondern sie eröffneten mir den Zugang zu übergeordneten, gigantischen Schöpfungsprinzipien, die untrennbar mit den Farbschwingungen verbunden waren. Als wären sie verschiedene Aspekte der Urquelle allen Seins.

Ich spürte, dass diese Bewusstseinsräume von Abermillionen Seelenfunken aufrechterhalten wurden. Sie vermittelten mir das Gefühl einer Ordnung, die sich machtvoll und vollkommen organisiert, und in der ich ein winzig kleiner Teil war.

Ich fühlte, dass die Farbschwingungen bestimmte Aufgaben im Schöpfungsreigen hatten, und war zutiefst beeindruckt. Wer die machtvollen Schwingungen der Erzengel und ihre jeweiligen Aufgaben kennt, kann sich das Gefühl annähernd so vorstellen. Nur dass sich mir innerhalb jeder Farbschwingung noch tiefere, kaum zu beschreibende Dimensionen der Verbindung zu allem, was ist, eröffneten, von denen ich in diesem Moment ein Teil war.

Ich spürte die darin wirkenden Ur-Mächte. Ein Zustand der Ehrfurcht ergriff mich, wenn ich in klar, diszipliniert und sich machtvoll anfühlendem Blau schwang, das mir vermittelte: „Ich vollziehe die göttliche Ordnung und schütze, was zu schützen ist."

In Grün kam ein Gefühl von „Ich verbinde mich, um etwas zu bewirken" in mir auf, ich fühlte mich gnadenvoll mit ewiger Wahrheit genährt und Harmonie breitete sich in mir aus.

In Rot empfand ich eine tiefe, mächtige Geborgenheit, die mir vermittelte: „Im Wissen, dass du geborgen bist, kannst du alles wagen. Du bist aus einer Quelle unendlicher Liebe geboren und kehrst immer wieder dahin zurück. Du kannst niemals verloren gehen."

Wenn ich in Violett schwang, empfand ich eine Art Übergang. Violett teilte mir mit: „Ich wandle alles, hin zu etwas Neuem, so dass du in deiner Entwicklung niemals stehen bleibst, sondern immer die Möglichkeit hast, dich von Altem zu lösen. Also trau dich, alles zu tun, was du jemals wirst tun wollen, denn du wirst immer befreit werden von dem, was du nicht mehr brauchst."

Ich nahm wahr, dass ich niemals „nicht" mit diesen Kräften verbunden sein könnte, weil sie die Grundordnung für alles weiter Entstehende bildeten. Besonders gefiel mir, mich in Orange und Magenta aufzuhalten.

Orange vermittelte mir: „Freude ist das Kind der Liebe und ein herrschendes Prinzip, das allen Seelenfunken innewohnt. Sie ist der Kompass für die Entwicklung, die in den Fluss der Lebensenergie führt."

In Magenta fühlte ich eine Geborgenheit vermittelnde Liebe, die einen stark ausgeprägten aktiven Aspekt hatte. Durch sie erlebte ich: „Ich sorge dafür, dass heilige Liebe freudig nach außen strömen kann."

Im Laufe der Zeit war ich Teil aller erdenklichen Farben und bei jedem Wechsel zutiefst ergriffen über die meinen Seelenfunken prägenden Informationen.

Und so tanzte ich von Farbe zu Farbe und von Gefühl zu Gefühl...

Seelenerkenntnis:
Es gibt eine beeindruckende universelle Hierarchie, in der alles seinen Platz und seine Aufgabe hat.

Das besondere Seelengeschenk:
Das Erleben der unterschiedlichen Farbbewusstseinsfelder eröffnete mir eine enorme, bis dahin nicht dagewesene Gefühls- und Informationstiefe. Ich erfasste schöpferische Ur-Kräfte.

Geschenk in diesem Leben:
Ich genieße es, mich mit Farbenergien zu verbinden, und spüre ihre Wirkung auf mich. Durch die Erinnerung an die gigantischen Dimensionen des Bewusstseins, die in den Farbschwingungen wirken, trage ich eine tiefe Liebe und Ehrerbietung zu ihnen in mir.

5. Der Ruf in die Materie
Erste Bekanntschaft mit Gaia

Aber das Tanzen mit den anderen Teilchen ging nicht ewig so. Irgendwann fand ich mich in einem Zustand außerhalb von Farben wieder, in einem scheinbaren Chaos.

Ich nahm erst einmal wieder nur Hell und Dunkel wahr. Da tauchten plötzlich von irgendwoher ein paar weißlich-golden leuchtende Teilchen auf, die etwas größer waren als wir und die eine völlig neue Art von Impulsen mit sich brachten.

Imposante Energie strömte von ihnen aus und freudige Erregung erfasste mich. Auch weitere Seelenfunken bemerkten diese Teilchen. Wir bewegten uns interessiert näher aufeinander zu.

Bisher war die Kommunikation untereinander lediglich eine intuitive, achtsame Wahrnehmung der Position aller Teilchen im Raum gewesen, an der sich die eigene Bewegung ausrichten konnte.

Nun war der Moment gekommen, dass unsere Gedanken zueinander in Beziehung traten. Es erstaunte mich nicht, sondern es geschah wieder einmal ganz natürlich. Wir dachten Dinge wie: „Was ist denn das? Scheint interessant zu sein."

Manche kamen näher. Wir öffneten unsere Seelenfunkenohren und lauschten. Uns wurde dargelegt: „Wenn ihr den nächsten Schritt vollzieht, eröffnet sich euch eine Erfahrungsebene unbeschreiblichen Ausmaßes."

Ich fragte voller Neugier, wie diese zu erreichen sei, und die Antwort lautete: „Hast du Lust auf ein grandioses Abenteuer? Dann lerne, mit deiner Bewegung ein Dreieck entstehen zu lassen."

Auf meine Frage, was denn ein „Dreieck" sei, kamen

Gedankenimpulse, in denen wir zu sehen vermochten, wie wir uns fortzubewegen hatten: in Linien. Also völlig anders als bisher.

Ich fragte die Teilchen: „Was ist denn daran so großartig?". Darauf gaben sie uns eine Vorschau in unendlich scheinende, ineinander verschachtelte Dimensionen. Es war eine Vision von unzähligen Möglichkeiten, Materie, Leben und Erfahrungen zu erschaffen. Ich sah Natur, Tiere und Menschen in verschiedenen Entwicklungsformen bis in die Belle Époque hinein.

Diese Wahrnehmung endete mit einem Bild von einer Straße. Ich sah Häuser, Menschen in schicken Kleidern, ein Auto, eine Frau mit einem hellen Kleid und einem Hund an einer Leine auf dem Trottoir.

Die Vision ließ mich die kreativen Möglichkeiten menschlicher Erfindungs- und Schaffenskraft und die Vielseitigkeit der Erfahrungen, die in einem manifestierten Körper zu machen sind, erahnen.

Ich spürte, dass in dieser Zeit Maschinen eine wichtige Rolle einnehmen würden. Das heißt, ich konnte Formen und Begrifflichkeiten aus einer etwaigen Zukunft wahrnehmen und interpretieren.

Die Bilder zeigten mir, was in der Menschheitsgeschichte möglich sein würde. Informationen, die gewaltig anmuteten. Ein Vorgeschmack auf das, was Schöpfung von Materie bedeutet, und ich wusste:

Das will ich erleben!

Seelenerkenntnis
Die mir hier gezeigten gigantischen Möglichkeiten, Materie zu erschaffen, entstehen durch bestimmte Voraussetzungen, die ich zu erlernen habe.
Lernen ist ein grundlegendes Prinzip unseres Seins.

Das besondere Seelengeschenk
*Es geht weiter! Der Ausblick auf eine neue Erfahrungsebene. Wie auf-
regend!*

Geschenk in diesem Leben
*Obwohl ich bis dahin nicht gewusst hatte, was es bedeutet, Materie zu
erschaffen, geschweige denn, ein Mensch zu sein, bekam ich trotzdem schon
auf einer intuitiven Ebene ein Gefühl für die menschliche Entwicklung im
Laufe der Zeit und verliebte mich in diese Ausdrucksform der Schöpfung.*

6. *Dreieck*
Ich lerne zu manifestieren

Plötzlich schwebte ich im Universum. Und wieder wusste ich intuitiv, was zu tun war.

Es erforderte vollkommenes Gewahrsein, mich zielgerichtet auf einer Geraden in Bewegung zu setzen, um an einem vorausgedachten Ort zu stoppen, von dort aus einen weiteren Punkt anzusteuern, und von da eine Verbindung zum Ausgangspunkt herzustellen.

Es war ein Akt höchster Konzentration und Selbstbeherrschung, den ich unbedingt meistern wollte, denn intuitiv war mir klar, dass für dieses Abenteuer die zur Perfektion gebrachte Ausführung von unterschiedlichen Dreieckstypen vonnöten war.

Es war eine vollkommen andere Bewegungsenergie, als meinen Seelenfunken schwingend, in Kreisen oder spiralförmig zu bewegen. Die Fortbewegung auf einer Linie schloss mit ein, in meiner

Ausrichtung vollkommen präsent zu bleiben.

Ich brauchte konzentrierten Willen, um mich auf einer Linie fortzubewegen und die Endpunkte so zu setzen, dass am Ende ein definiertes Dreieck entstand. Dabei hatte ich etwas sehr Essentielles zu lernen: eigene, kreative Schöpferkraft für mich zu beanspruchen und einzusetzen.

Bisher war ich in dem unsichtbaren Feld der Wunder entweder bewegt worden, oder ich hatte innere Anweisungen bekommen, die ich dann mithilfe meines Willens ausführte. Nun aber erschloss sich mir ein Handlungsspielraum, der eine wichtige Grundlage dafür bilden würde, im Zusammenwirken mit dem unermesslichen Feld des Nichts und Alles eigenständig etwas zu erschaffen.

Zuerst richtete ich meinen Willen darauf aus, mich auf Linien fortzubewegen. Aber damit ein Dreieck entstehen konnte, musste ich das Gebilde innerlich vorkonstruiert haben, damit mein Seelenfunke eine Führung für seine Bewegung bekam.

Ich wusste erst nicht, wie ich das tun könnte. Die innere Stimme sagte mir: „Du hast ein Recht darauf, zu lernen, wie du selbst schöpferisch tätig sein kannst. Du hast ein Recht darauf, eigenständig zu denken und zu handeln. Das ist etwas, das in jedem Seelenfunken angelegt ist und zum Ausdruck kommen muss, wenn du dich in den materiellen Erscheinungsformen bewegen möchtest."

Ich stellte die Frage: „Aber wie soll ich das tun?" Die innere Stimme gab mir daraufhin ein Gefühl dafür, was es heißt, etwas für sich zu beanspruchen. Es war ein Energiefluss, der zustande kam durch die Verbindung von Willensenergie mit dem Wissen, dass mir das Recht dazu, eigenständig zu handeln, innewohnt.

Dadurch entstand ein energetischer Raum, der eine Matrix bildete und der meiner Seelenfunkenbewegung eine vorher bestimmte Richtung gab.

Bevor ich also manifestieren konnte, musste ich erst einmal in Kontakt mit dieser Energie des Beanspruchens kommen.

Die Herausforderung bestand auch darin, nicht nur meinen ausgerichteten Willen einzusetzen, sondern gleichzeitig in Verbindung mit dem mich umgebenden Energiefeld zu bleiben. Diesmal hatte ich keine Teilchen um mich herum, die sich ebenfalls zu organisieren hatten und deren Energie ich zu meiner Orientierung spürte.

Wenn ich den Ort, an dem ich begonnen hatte, verließ, musste ich ihn in irgendeiner Weise abgespeichert haben, um dorthin zurückkehren zu können. Das war eine der vielen neuen Fähigkeiten, die es zu entwickeln galt.

Die Unterweisungen aus dem Feld der Wunder und das durch Übung entstehende Wissen im Innern wurden komplexer, und ich eignete mir eine Fertigkeit nach der anderen an.

Ich sah die Weite des Universums, während ich fleißig übte.

Mein Seelenfunke reagierte auf meine Absicht, denn er war eingebettet in das Feld, das alle Absichten unterstützt und ermöglicht, dass der Wille sich als sichtbarer Ausdruck manifestieren kann. Eine Art unsichtbares Fluidum, ein dienender Geist zwischen allem und in allem.

Nach und nach entwickelte sich eine Vorgehensweise, die aus mehreren Schritten bestand:

1. Feststellen: „Ich will" (...ein Dreieck beschreiben).

2. Versichern: „Ich beabsichtige" (...mich jetzt in die erforderliche Richtung in Bewegung zu setzen).

3. Fokussieren: Ich richte meine Energien, meine Konzentration, mein Wünschen, meine Absicht aus und mache mir meine Gefühle bewusst.

4. Visualisieren: Ich sehe das gewünschte Dreieck vor meinem inneren Auge.

5. Beanspruchen: Ich mache mir bewusst, dass mir ein natürliches Recht auf Schöpferkraft innewohnt.

6. Zulassen: „Ich vertraue" (...dass meine Absicht das richtige Ergebnis hervorbringt).

7. Den Impuls setzen (der Bewegungsenergie hervorbringt).

8. Vertrauensvoll loslassen (Ich überlasse mich dem Prozess).

Im Augenblick des vertrauensvollen Loslassens setzte ich mich in Bewegung und es geschah: Ich schwebte auf den vorher visualisierten Linien im Raum, und das entsprechend aufgebaute Feld ermöglichte dies.

Diesen Ablauf hatte ich gründlich zu lernen, denn ließ ich einen Schritt aus, funktionierte es nicht.

Zuerst schoss ich einige Male über das Ziel hinaus und fand den Ausgangspunkt nicht wieder. Dann hieß es, mich da, wo ich mich befand, erneut auszurichten und die ganze Prozedur von vorne zu beginnen.

Irgendwann war es so weit, ich konnte nach Lust und Laune Dreiecke in beliebiger, vorher visualisierter Ausführung entstehen lassen. Die Ausbildung war abgeschlossen.

Daraufhin wurde ich in eine Ansammlung von Teilchen integriert. Wir bildeten ein System. (Es könnte ein Atom gewesen sein.) Unser Bewegungsverhalten wurde hier nicht von unserem Willen gesteuert, sondern wir spürten die Kraft eines gemeinsamen Feldes, das uns Informationen darüber vermittelte, wo wir zu sein und wie wir uns zu bewegen hatten.

Alle meine bisher erlernten Fähigkeiten wurden nun abgerufen. Die „Königsdisziplin", auf Kommando die Bewegung zu stoppen und die Richtung zu ändern, kam hier ebenso zum Einsatz wie das Schwingen, Rotieren und Kreisen. Es gab eine übergeordnete Struktur für unser Verhalten, der sich alle Teilchen unterordneten.

Nach einer Weile (wie lange auch immer sie gedauert haben mochte), tauchte ich in ein Feld der Ruhe ein und es wurde vollkommen still.

Diese Stille war anders als die Stille im Ur-Meer. Es war eher wie ein Schlaf, in dem ich spürte, dass ich existierte, aber mein Bewusstsein sich ausruhen konnte von den vielen, vielen Eindrücken, die es bis dahin gesammelt hatte.

Ich wurde auf eine neue Erfahrungsebene vorbereitet.

Seelenerkenntnis

Ich bewege mich immer bewusster im Wechsel zwischen ‚Selbstbestimmtheit mit der Möglichkeit zu aktiver Ausrichtung' und dem ‚mit dem Verstand nicht erfassbaren Feld, das unser Sein lenkt und in dem ich nur geschehen lassen kann'. Beides ist eingebettet in eine vollkommene Ordnung.

Das besondere Seelengeschenk

Die Freude daran, etwas Neues zu lernen, hört nicht auf.

Geschenk in diesem Leben

Ich erkenne, wann es Zeit ist, etwas zu wollen und zu visualisieren, und wann es Zeit ist, mich hinzugeben.

7. Zerstörungskraft
Manifestationen auflösen

In diesem Schlaf, den ich fortan „Schlaf der Seele" nennen werde, passierte etwas. Ich empfand eine enorme Aktivität in einem Bereich, in dem die Dinge einfach geschehen. Doch was geschah, entzieht sich meiner Erinnerung. Es war, wie wenn man weiß, dass man geträumt hat, aber nicht mehr weiß, was.

Ich war in diesem scheinbaren Schlaf darauf vorbereitet worden, mehr als nur meinen eigenen Seelenfunken punktgenau im Feld des Nichts und Alles steuern zu können. Mir wurde die Fähigkeit verliehen, meine Absicht über mich selbst hinaus auszudehnen, sodass weitere Seelenfunken auf den Wellen der so entstehenden Energiemuster mit mir gemeinsam agieren konnten.

Das katapultierte mich auf eine entscheidende neue Ebene: Ich würde Abertausende von Seelenfunken zusammenrufen können, um mit mir gemeinsam einen Körpertempel zu schaffen, den ich bewohnen könnte. Jetzt war es auch möglich, eine weitere wichtige Fähigkeit zu trainieren, nämlich: Materie aufzulösen.

Denn nur so ist Entwicklung, ist Wachstum möglich: Indem wir Informationsfelder aufbauen und auch wieder auflösen... Zerstören heißt, die herrschende Struktur zu zerlegen und in Un-Ordnung zu bringen, damit sich daraus eine neue Ordnung bilden kann.

Ich würde lernen, die Kraft der Zerstörung zu lenken. Diese wirkt in einem Menschen z.B., wenn er eine Nuss knackt oder ein Brett mit der bloßen Hand zerschlägt. Es ist die Kraft, die ein Tier dazu befähigt, seine Beute nicht nur zu jagen, sondern auch zu töten.

Es ist die Kraft, die einem Samen ermöglicht, seine Hülle aufzubrechen oder, im noch kleineren System, einer Zelle, Stoffwechsel zu betreiben. Zusammenfügen und auflösen, etwas hineinbringen und wieder heraus, zusammenziehen und ausweiten.

Woher kommt diese Kraft? Einfach aus dem Nichts und Alles? Wer oder was überträgt sie? Das weiß ich nicht, denn einmal in Bewegung gebracht, tut sie die Dinge in einer vollkommenen Ordnung scheinbar wie von selbst.

Ich musste mit dieser Kraft der Zerstörung erst einmal eine Weile arbeiten, bevor ich in den Reigen derer, die materielle Schöpfungen entstehen lassen, um sie zu bewohnen, eintreten konnte.

Als ich aus meinem Schlaf erwachte, war ich zunächst einfach da und wusste nicht, was meine Aufgabe sein würde. Ich sah wieder das Universum, wie zuvor, als ich meine Dreiecke geübt hatte, doch diesmal konnte ich keine Impulse zu besonderen Bewegungsmustern feststellen. Aber ich fühlte: ICH BIN.

Es war, als schwebte ich als ein ausgedehntes Bewusstseinsfeld langsam umher. Dabei betrachtete ich die unterschiedlichen Himmelskörper und ihre Lichtspiele. So lange, bis ich zur Tätigkeit gerufen wurde.

Es war dieselbe innere Wahrnehmung, die mich angeleitet hatte, zu schwingen oder mich in Form eines Dreiecks fortzubewegen. Ich fühlte es einfach. Ich erkannte, dass ich mit sechs anderen Bewusstseinsformen ein aktiver Teil einer transformierenden Energiefrequenz war, die das gesamte Universum durchschwingt.

Wir hatten das zielgerichtete Aussenden der Energie zur Auflösung von Himmelskörpern übertragen bekommen und waren Bewusstseinsformen, die zusammenwirkten, wenn z.B. Sterne ihr Ende einläuteten.

Es war unsere heilige Aufgabe, diesen Wesen dabei zu helfen, ihre alte Form aufzulösen und neue Strukturen zu bilden. Wenn es soweit war, wurde aus einer unserer bewussten Wahrnehmung vorangestellten Ebene ein Impuls freigesetzt, der uns zusammenrief. In dem Moment veränderte sich unser Zustand.

Da erfasste ich, dass ich einer großen Anzahl an Seelenfunken übergeordnet war. Aus der im Universum herumschwebenden Bewusstseinsform wurde etwas Konzentriertes. Jeder von uns verdichtete die von ihm beherrschten Teilchen und bekam eine Mitte.

Wir umkreisten den Himmelskörper nicht, wie man hätte erwarten können, sondern wir waren wie eine energetische Wand und weit entfernt.

Nebeneinander befindlich richteten wir die Aufmerksamkeit auf das entsprechende Objekt und vereinten unsere Kräfte. Um Energie zu sammeln, zogen wir mit einem dem tiefen Einatmen vergleichbaren Vorgang die Absicht der Auflösung in unser Feld.

Nun akkumulierten wir Energie, die ein gewaltiges Potential in unserem Bewusstsein zentrierte. Ähnlich der Energiekonzentration zur Überwindung der Widerstände, als ich auf der Bahn im Kreis zu schwingen lernte, jedoch um ein Vielfaches intensiviert, da jetzt eine unüberschaubare Menge an Seelenfunken die Absicht mit ausführte.

Wenn wir das erforderliche Level an Energiedichte in uns angesammelt hatten, gab es den letzten Moment des gemeinsamen Einatmens. Dann hielten wir den Atem an und spürten eine aufeinander abgestimmte Einjustierung. Woraufhin wir gleichzeitig mit einem absichtsvollen, energiegeladenen, kraftvollen Ausatmen die in uns konzentrierte Energie los- und auf das Objekt zusteuern ließen, den Himmelskörper weiterhin im Fokus.

Mit Wucht bewegte sich unsere zuvor in uns gebündelte Energie zielgerichtet auf das Objekt zu. Dabei schien sie sich ungehindert durch alle im Weg befindlichen Objekte hindurchzubewegen, aber da, wo die Absicht sie hinlenkte, bewirkte sie Enormes.

Wir sahen den Himmelskörper zerbersten oder in sich zusammenfallen. Ein gigantisches Schauspiel. Ich war jedes Mal bewegt von dem Anblick und überrascht von seiner Einzigartigkeit und der Schönheit des Farben- und Formenspiels.

Ich nahm jede der anderen Energie-Entitäten als eine individuelle Persönlichkeit wahr. Obwohl wir die gleiche Aufgabe hatten, so schwang doch jedes Energiefeld ein wenig anders als das andere.

Wenngleich unser Auftrag wichtig und interessant war, wurde mir klar, dass ich mich unbedingt weiterentwickeln wollte und nicht auf der Ebene der Energiebewegungen verharren.

Ich spürte so etwas wie einen Forschergeist in mir und mir wurde bewusst, dass ich, schon ab meinem ersten Gedanken, die Dinge auf eine ganz bestimmte Art und Weise wahrgenommen und auf sie reagierte hatte. Ich schien von Anfang an eine Seelenpersönlichkeit zu besitzen, die den Gegebenheiten auf ihre eigene Art und Weise begegnete und manche Dinge lieber tat als andere.

Dadurch hatte sich mein Weg von Beginn an individuell geformt und nach und nach merkte ich, dass ich eine Persönlichkeit ausbildete, die sich mehr und mehr von anderen Seelenpersönlichkeiten unterschied.

Da war also schon etwas in mir, das sich, vorgeprägt von irgendetwas, irgendwo, durch Raum und Zeit und Dimensionen hindurchbewegen würde und gleichzeitig fortwährend die Essenz der Einheit in sich tragen würde. Wie erstaunlich!

Wir taten unseren Dienst und ich erfreute mich daran, den Himmelskörpern dabei zuzuschauen, wie sie ihre Form veränderten. Es muss eine ziemlich lange Zeit gewesen sein, denn ich sah bestimmt zehn bis zwölf wunderbare Schauspiele.

Dann war ich ausgebildet, in den Kreislauf der physischen Manifestationen einzutreten. Und ein Gedanke, der das bisherige

„ICH BIN" erweiterte, keimte wie aus dem Nichts in mir auf:

„ICH BIN und ICH BIN BEREIT, SCHÖPFERISCH ZU GESTALTEN".

Seelenerkenntnis
Jeder der unendlich vielen Seelenfunken hat ein eigenes Innenleben und sieht die Dinge auf seine Weise. So eine Vielfalt!

Das besondere Seelengeschenk
Die wunderschönen Schauspiele, die entstehen, wenn die Materie, die Himmelskörper gebildet hat, sich auf eine andere Ebene begibt.

Geschenk in diesem Leben
Es gibt mir ein Gefühl der Stetigkeit, dass ich die Ur-Substanz meiner Seele erinnere und diese dieselbe ist wie heute - nur damals noch nicht mit all den Erfahrungen, die ich mittlerweile gemacht habe.

8. Ich werde Seele
Einzeller - kurz, aber eindrücklich

Endlich war es so weit, alles war vorbereitet.

Der besondere Augenblick war gekommen und ich setzte die Absicht, einen Körper zu erschaffen, in das Feld des Nichts und Alles. Folgendes geschah:

Ich fiel in eine Art Trance. Gleichzeitig öffneten sich unermesslich weite, tiefe, vielfarbige Energiefelder, die mich dabei unterstützen würden, dieser Absicht eine Form zu verleihen.

Mein bewusster Wille hatte erst einmal keine Aufgabe mehr. Die Felder zogen mich wie magnetisch in sich hinein und ich überließ mich ihren Aktivitäten.

Nachdem ich meine Absicht dem Feld übergeben hatte, war alles andere wie von selbst in Kraft getreten und ich kam in Verbindung mit gigantischen Schöpfungskräften, die ich vorher nicht wahrgenommen hatte. Es war ihre Aufgabe, einen Bauplan für meinen Körper zu errichten und ihn zu formen.

Ich nahm wahr, wie unermesslich komplexe Wirk- und Wissensfelder miteinander in Einklang kamen: geometrische Formen, Klänge, Farben und Energiebewegungen – sie alle befanden sich in einer sich perfekt aufeinander abstimmenden Aktivität.

Von Inkarnation zu Inkarnation würde ich gemeinsam mit ihnen meine Fähigkeit erweitern, eine gewisse Anzahl an Seelenfunken zusammenzuführen und zu dirigieren. Diese Fähigkeit würde von meinem Bewusstsein abhängen und seinem Geschick, sich mit anderen Seelenfunken und deren Bewusstsein zu verbinden.

Als die Gestaltung vollzogen war, erwachte ich. Aus einem Bauplan heraus, der sich verwirklicht hatte, ohne dass ich darüber hätte nachdenken müssen, war ein Körper entstanden und ich befand mich nun darin.

Es war ein gigantischer Augenblick, als mir bewusst wurde, dass es gelungen war, etwas zu erschaffen, in das mein Seelenfunke eingezogen und zu einer verkörperten Seele geworden war. Ich konnte mich nicht an das Schöpfungsvorgehen erinnern und wer oder was innerhalb der Hierarchien der Schöpfungskräfte entschieden hatte, in welcher Kreatur ich inkarnieren würde. Aber nun war ich da: ein Einzeller im Ozean.

Ich war vom Seelenfunken zur Seele geworden und würde zum ersten Mal das manifestierte Leben auf der Erde erkunden.

Um mich herum gab es unendlich viel Leben, denn es waren ja schon unzählige Seelenfunken aus der Quelle geboren, die ihren Weg in die Materie angetreten hatten und deren Schöpferkraft begonnen hatte, sich zu entfalten.

Ich erspürte meine Zellwand, mein Innenleben, meine Umgebung. Es war ein unbeschreibliches Gefühl, plötzlich einen Körper zu haben und dadurch so vieles spüren zu können; das war ja vorher unmöglich gewesen.

Bevor ich mich ganz und gar in der neuen Umgebung zurechtfinden konnte, war es allerdings schon wieder vorbei mit dem Spüren. Ein Wal hatte mich Einzeller in sich aufgesogen und ich wurde verdaut. Mein physischer Körper existierte nicht mehr, aber das, was ICH BIN, lebte weiter.

Eine Schöpfung loszulassen, würde zukünftig hunderte Male passieren, denn ich war nun in den Reigen derer, die Körpertempel bewohnen können, eingetreten. Von jetzt an war ich kein einzelner Seelenfunke, kein Teilchen mehr, das irgendwo umher schwang und dessen Aufgabe es war, Energien lenken zu lernen, und das, weil es keinen Körper hatte, auch nichts mit einem solchen wahrnehmen konnte.

Ich war zu etwas geworden, das einen Geist in sich trug, der gleichzeitig verschiedenste Energiefelder durchdringen und beherrschen konnte. Ich war nun eine zur Verkörperung befähigte Seele und begann, wie auch immer geartete Hüllen mit Leben zu erfüllen.

Diese würden im Laufe der Zeit feinstofflich oder feststofflich sein, je nachdem, wo ich mich gerade aufhalten würde. Das hatte zur Folge, dass über Äonen hinweg abertausende Seelenfunken sich mir und dem Schöpfungswillen unterordnen würden, um ein Seelenkleid für mich entstehen zu lassen.

Seelenfunken, die sich, wie ich es zwischenzeitlich auch gewesen war, in einem bestimmten Stadium der „Ausbildung" befanden, Seelenfunken, die kein Interesse an Verkörperung hatten oder Seelenfunken, die einfach Lust dazu hatten, als Materie zu dienen, wer weiß das schon...

Für mich hatte sich ein riesiges Feld an Möglichkeiten zur Erforschung von Formen eröffnet. Diese erste Inkarnation war der Beginn einer langen Reise, während der ich zwischen den verschiedensten Verkörperungen hin und her inkarnieren würde: Tiere, Pflanzen, Menschenverkörperungen, Mineralien, Elemente.

Das Bewohnen eines Körpers, der sich aus Zellen zusammensetzt, würde abwechseln mit dem Hinein- und Herausschlüpfen in schon vorhandene Manifestationen wie z.B. einen Stein oder ein Element. Es würde ein gewaltiges Spiel an Eindrücken und Erlebnissen folgen. Hunderte von Verkörperungen. Ein unendliches Meer an Erfahrungen. Hunderte von Toden.

Dieses erste Leben war zwar kurz gewesen, aber mich einen Augenblick lang in einer Feststofflichkeit wahrnehmen zu können, war überwältigend gewesen.

Erneut ging ich in die Ruhe des Nichts und Alles ein, während ich beschloss, dass das nächste Abenteuer ausgiebiger und mein Körper langlebiger sein sollte.

Und das würde er werden!

Seelenerkenntnis
Es ist höchst interessant und beglückend, einen Körper zu haben.
Um die unerschöpflichen Möglichkeiten der Erfahrungen, die man mit ihm sammeln kann, auszukosten, braucht es Zeit.

Das besondere Seelengeschenk
Das gigantische Gefühl, mich zum ersten Mal in einen Körper gekleidet zu fühlen.

Geschenk in diesem Leben
Ich habe den Vergleich von ‚nichtstofflichen Seins-Zuständen' zu ‚in Materie gekleideten Existenzen' und kann voller Dankbarkeit würdigen, einen Körper zu haben - auch wenn es oft nicht einfach ist, in einem Körper zu sein, der Schmerzen haben kann, der sich unwohl fühlen kann und in dem man sich begrenzt oder gefangen fühlen kann.

9. Alge
Zeit zum Spüren

Ich wurde eine Meeresalge.

Wie bei meinem ersten Leben auch, setzte ich meine Absicht, zu verkörpern, ins Feld und fiel in eine Art Dämmerzustand, während sich die entsprechenden Teilchen formten. Auch diesmal konnte ich im Hintergrund eine gigantische Aktivität wahrnehmen. Nicht vollkommen bewusst, aber dennoch so, dass ich mich später daran erinnern konnte.

Ich fühlte, wie ich in Kontakt mit den Gesetzmäßigkeiten

meiner Entstehung als Pflanzenkörper kam. Ich sah geometrische Strukturen und Farben, spürte Energiebewegungen, hörte verschiedene Frequenzen und nahm gleichzeitig Informationsfelder wahr, die bestimmte Aufgaben hatten: gigantische, ordnende, die göttlichen Gesetzmäßigkeiten verwaltende und ausführende Schöpfungsgewalten, die in einer vollkommen aufeinander abgestimmten, unermesslich intelligenten Form zusammenarbeiteten.

Ich nahm verschiedene Ebenen göttlicher Intelligenz wahr, die ineinanderwirkten, um meinen Körper entstehen zu lassen. Ich erfasste, wie die Kräfte Atome zusammenfügten und Materie bildeten, die meinen entstehenden Körper in die gewünschte Form brachten. Mit meinem Bewusstsein war ich gleichzeitig in einer Vielzahl von Wahrnehmungsebenen anwesend und verfolgte, wie sie in einer vollkommen aufeinander abgestimmten Perfektion ineinander und miteinander wirkten.

Und ich wusste, dass alles immer und überall in diese heiligen, in Vollkommenheit wirkenden Kräfte eingebunden ist, auch wenn ich dies in manchen Inkarnationen und Situationen vergessen würde, weil die Erlebnisse in der materiellen Welt mich einnehmen würden.

Während ich dies alles wahrnahm, vermittelten mir die schöpferischen Intelligenzen, dass die Energiefelder, die meinem Körper seine individuelle Struktur gaben, durch die Gesetzmäßigkeit meines Aufbaus hindurch vibrierten und eine ihnen eigene Energiequalität auf der Erde verankerten. Ein bestimmter Aufbau von, was auch immer, kann nur durch den entsprechenden Geist - und das entsprechende Bewusstseinsfeld dahinter - entstehen, der in exakt dieser Ausgestaltung seinen Ausdruck findet, aber mit allem, was ist, interagiert und eine bestimmte Funktion im feststofflichen als auch im feinstofflichen Gesamten erfüllt.

Die Atome meines Pflanzenkörpers schwangen in einer absolut notwendigen Frequenz, um sowohl zur Harmonie der Vegetation auf der Erde als auch zur Aufgabe dieses Planeten innerhalb des gesamten Sonnensystems, ja innerhalb der gesamten Schöpfung beizutragen. Wir sind nicht nur „zufällig" entstanden, wir sind das Ergebnis der Wirkkraft höchster Intelligenz, die über Schwingungsinformation Impulse in Schöpfung verwandelt.

Zellen begannen zu wachsen, die mir die Möglichkeit boten, sie zu bewohnen. Ich spürte, wie ich gedieh und im Wasser wogte, und wie mein Algenkörper, umgeben von vielen anderen Algenkörpern verschiedensten Alters, sich von Moment zu Moment anders anfühlte. Genauso wie als Teilchen nahm ich innere Impulse und Gedanken wahr.

Durch die Verkörperung meiner Seele kam nun hinzu, dass ich jetzt einen feststofflichen Körper besaß, mit dem ich etwas spüren konnte, und dass das, was ich durch ihn wahrnahm, zusätzliche Eindrücke entstehen ließ. Ich hatte Empfindungen und meinen Verstand, der die Dinge und Ereignisse zueinander in Beziehung setzen konnte und der aus dem, was vor sich ging, seine Schlüsse zog. Ich interpretierte das, was dieser Körper spürte, während er erlebte, was er erlebte! Es war so aufregend, etwas zu sein, das in einem fulminanten Miteinander von weiteren Kreationen die Schöpfung um sich herum wahrzunehmen vermochte und gleichzeitig fähig war, sich selbst und seine Entwicklung mitzuerleben.

Und diesmal ausgiebig.

Ich war Teil eines Korallenriffs und an einer Stelle festgewachsen. Die Bewegungen meines Körpers wurden von der Wasserströmung bestimmt oder von anderen Lebewesen, die ihn durch ihre Anwesenheit beeinflussten, ihn streiften oder anknabberten.

Mit dem Wachstum einhergehend wurde der Radius, inner-halb dessen ich vom Wasser bewegt wurde, größer und die Schwungkraft, mit der mein Körper von den Strömungen hin und her geschaukelt und gewirbelt wurde, nahm zu.

Je nach Wucht wurde ein Stück meines Algenkörpers weg-gerissen. Ich konnte dann wahrnehmen, dass mir etwas fehlte.

Weh tat es nicht.

Im ersten Moment war es überraschend und dadurch etwas unangenehm. Es bedurfte eines Augenblickes der Neuorientierung, des Erspürens der neuen Körperform. Meine Beschaffenheit brachte es mit sich, dass kaum eigene Widerstandskraft bestand, die mich hätte davor bewahren können, der Umgebung ausgeliefert zu sein.

Dadurch, dass so viele Teilchen in einer notwendigen Ordnung, nach einer bestimmten Gesetzmäßigkeit miteinander zusammen-hingen, um diesen Algenkörper zu bilden, war ich nicht so beweglich wie als Seelenfunkenteilchen. Ich war fest mit meiner Körperform verbunden und wurde vom Wasser und den mit mir in Kontakt kommenden Lebewesen bewegt. Mal sanft, mal heftig. Hier hatte alles sein eigenes Tempo.

So lernte ich, mich hinzugeben.

Es war etwas anderes, als als Seelenfunke in bestimmte Gesetzmäßigkeiten eingebunden zu sein. Im Umherschwirren in der großen Weite des Nichts und Alles zeigten Gedanke und Absicht sofort eine Wirkung, und Zeit war bedeutungslos. Als Alge jedoch beobachtete ich neugierig und gespannt, was mit mir geschah und wie meine Form sich veränderte. Die Vorgänge im Innern, die Bedingungen von außen, das Verwobensein mit einer unermesslichen Anzahl an Seelenfunken, die das Gerüst für dieses Erleben, meinen Körper, bildeten, das komplexere Denken und die Empfindungen, das gab es als Teilchen nicht.

Es war eine Schwemme an Eindrücken, die ich zu verarbeiten hatte. Meine Wahrnehmung als Alge empfand ich im Gegensatz zur menschlichen als eher langsam. Es war ein beobachtender Seinszustand.

Das Zellwachstum erledigte sich zuverlässig ohne mein bewusstes Zutun. Während des So-Dahingetrieben-Werdens schienen Gedanken auf: „Ich spüre, wie ich größer werde, das fühlt sich interessant an..."; „Ich spüre, dass ein Teil von mir fehlt (wenn z.B. durch die Strömung etwas von meinem Körper abriss) – ich bin kürzer geworden..."; „Ich spüre, wie mich das Wasser stark herumwirbelt, was ist da los? Es fühlt sich sehr bewegt an... Ah soo... heute ist es stürmisch!"

Warum konnte ich als Alge so komplex und in Begrifflichkeiten denken? Warum kann ich als Mensch das jetzt, in diesem Augenblick, in meiner Muttersprache ausdrücken? Weil die Schöpfung sich in einer dermaßen intelligenten Form organisiert, dass es nahezu unbeschreiblich ist.

Alle Informationen sind miteinander verwoben. Jedes Energiefeld und jede Energiebewegung sind von einem Bewusstsein durchdrungen, das ihnen Form gibt. Dieses Bewusstsein kann durch die in allem wohnende, mit allem verbundene Intelligenz aufgerufen werden. In unserem jeweils genutzten Körpersystem wird dieses Bewusstsein wiederum in Impulse verwandelt, die wir in Sprache umsetzen können. Es geht um Bewusstseinsfelder, deren Information wir abrufen.

Es heißt: Am Anfang war das Wort. Das Wort, welches gesprochen oder gedacht wird, ist Träger von Energieinformation. Es geht also nicht in erster Linie um die Sprache an sich, sondern um den Inhalt in Form eines bestimmten Bewusstseins und somit Informationsfeldes, das ich eben heute in der gewählten

Sprache ausdrücken kann. Zu einem anderen Zeitpunkt, an einem anderen Ort, würde ich dasselbe Energiefeld mit entsprechend anderen geeigneten Lauten ausdrücken. Aber im Hier und Jetzt erinnere ich mich an mein damaliges Denken in Deutsch. Wenn ich Engländerin wäre, würde ich genau dieselbe Information auf Englisch wiedergeben. Zu einer anderen Zeit in einer anderen Inkarnation würde ich die Bedeutung der Worte in einer entsprechend anderen Schwingungsweise strukturieren können.

Sich an die Zusammenhänge zu erinnern ist die eine Sache. Sie in Worten auszudrücken, eine ganz andere. Worte sind Schlüssel für Energieräume, die weise gewählt werden wollen, denn sie sind schöpferisch.

Ich schreibe hier meine Erinnerungen auf, aber die Informationsräume, die dahinter stehen, werden noch mit ganz anderen Sinnen wahrgenommen: den Energiefühlern. Diese vermitteln ein Gefühl, wodurch sie eine Verbindung mit dem in jedem selbst angelegten Wissen und dem Wissen, das diese Worte in sich tragen, schaffen. Die Seele gleicht das mit dem bisher selbst Erlebten ab. Dadurch vermengen sich die Informationsfelder des Textes mit den eigenen und Neues entsteht.

Dann, irgendwann, zog sich mein Bewusstsein aus dieser Kreation zurück, und die Materie zersetzte sich. Sie hatte sich entwickelt aus unzähligen kleinen Seelenfunken, wie ich zuvor einer gewesen war. Nun war ihre Aufgabe zu Ende, und eine neue wartete auf sie. Denn wenn das übergeordnete Bewusstsein die Funken nicht mehr zusammenhält, gehen sie zum Teil in eine andere Beschaffenheit über und werden zum anderen Teil wieder als freie Energie im Raum verfügbar.

Meine Seele sollte in Zukunft über Abertausende von Jahren hinweg mit verschiedensten Körpern verbunden sein...

... und mein Weg auf der Erde würde noch ein sehr, sehr langer werden.

Seelenerkenntnis:

- So also ist es...

...verkörpert und Teil einer unendlichen, Wunder bergenden Umgebung zu sein und im Austausch mit ihr zu stehen.

...etwas zu fühlen, das auf einen von mir bewohnten Körper einwirkt.

...bewegt zu werden und meinen Körper an ein „Außen" hinzugeben.

...andere Lebewesen und ihre Wirkung auf mich und meinen Körper wahrnehmen zu können.

...die Entwicklung meines Körpers zu erleben.

...die „Welt" und ihre Gesetzmäßigkeiten kennen zu lernen.

- Ein materieller Körper erweitert die Erfahrung des Feinstofflichen um enorm interessante, unermessliche weitere Ebenen.

Das besondere Seelengeschenk:

Das perfekte Zusammenspiel der Schöpfungskräfte in ihrer vorbereitenden Tätigkeit für eine Verkörperung erfahren zu haben.

Die erste Verkörperung von Dauer erlebt zu haben.

Geschenk in diesem Leben:

Durch diese Seelenerinnerung eine innere Vielfalt an Zugängen zur Umgebung zu haben. Ich erinnere das Gefühl in einem Algenkörper, der vollkommen anders ist als ein menschlicher Körper. Mit diesem Algenkörper spüre ich andere Dinge, als ein Mensch es kann. Und all diese Erinnerungen trage ich immer bei mir. Sie sind in diesem Leben nicht ins Unbewusste abgetaucht. Sich daran erinnern zu können, wie es ist, sich die ersten Male in Materie gekleidet zu fühlen, empfinde ich als eine unbeschreibliche Gnade.

10. Tiere und Pflanzen
Alle haben eine Seele

Meiner Erfahrung nach hat ein Tier nicht nur einen Instinkt, der es befähigt, seiner Gattung entsprechend zu leben, sondern es hat auch einen Verstand, der jedoch nicht so komplex und analytisch denkt wie der eines Menschen. Dafür sind andere Wahrnehmungskanäle ausgeprägter.

Ein Tier hat einen Gefühlskörper und auch eine Seele, die mit seinem Tierkörper verbunden ist. Diese Seele hat, je nachdem, schon eine lange Reise in vielen Verkörperungen hinter sich. So kommt es, dass jedes Tier seine eigene Seelen-Persönlichkeit hat, egal wie klein es auch sein mag.

Durch ein Energiefeld, das alle Informationen über die eigene Spezies bereithält, ist es in direkter Verbindung mit all ihren Eigenschaften.

Jedes Tier speist seine Erfahrungen in dieses Feld ein. Es ist wie eine gemeinsam genutzte Cloud, in der alles hochgeladen und abgerufen wird. Es nimmt des Weiteren seine Umgebung und die Schwingung, die von ihr ausgeht, wahr. So bekommt es die Informationen, die es braucht. Ein tierischer Instinkt ist einfach da, tief im Innern. So wie der erste Impuls des UR-Teilchens, sich zu bewegen. Diese Information ist in dir, Punkt.

Ein Tier nimmt auch Gedanken und Emotionen auf und ebenso die Energie eines Ortes. Es weiß, wie es den Lebewesen in seiner Umgebung geht. Da Gedanken und Gefühle ja auch Energie sind, kommen diese als Schwingungs-Informationen bei dem Tier an. Es nimmt Dinge wahr, die vielen Menschen durch ihre Verstandesaktivitäten und die intensive Nutzung anderer Sinne oft verborgen bleiben.

Ähnlich verhält es sich mit Pflanzen. Sie haben eine Seele und ihre Wahrnehmung. Sie fühlen die Eigenheiten ihrer Spezies und bekommen Informationen aus ihrer Umwelt.

Die Entwicklung des Wachstums und die Bewegung des Pflanzenkörpers richten sich nach der Empfindung von Wohlgefühl. Wenn Kräfte im Ungleichgewicht sind, spürt die Pflanze dies und die Zellen versuchen, einen Ausgleich zu schaffen.

11. Schildkröte
Zum ersten Mal an Land

Das Meer blieb viele Leben lang mein Erfahrungsspielraum.

Ob Algen, Korallen, Muscheln, Krebse, Fische oder anderes, ich erschuf Behausung um Behausung. Doch in jeder Inkarnation hatte ich die vorherige scheinbar vergessen. Dies ermöglichte ein Sein im Hier und Jetzt und ein vollkommenes Eintauchen in die Eigenheiten meiner Spezies.

Woher ich jetzt dies alles weiß, wenn ich es doch damals vergessen glaubte? Weil ein Seelengedächtnis alles abspeichert.

Und wenn der verhüllende „Schleier" dieses Seelengedächtnisses gelüftet ist, sieht die Seele wieder alle Zusammenhänge und auch das, was ihr scheinbar verborgen und vergessen war.

So eine Einsicht kann manchmal auch in Visionen oder Träumen geschehen, oder wenn die Seele den Körper wieder ablegt. Manchmal auch während einer Verkörperung, z.B. in Extremsituationen.

Manche Kinder bringen Erinnerungen an ihre vorhergehenden Inkarnationen mit auf die Welt, die sich in den ersten Lebensjahren meist wieder verlieren. Einige Bilder und Empfindungen meines Seelengedächtnisses kann ich lediglich bruchstückhaft wachrufen. Aber alles, was ich für meine Bestimmung, dieses Buch zu schreiben, brauche, ist meiner Erinnerung zugänglich.

Das Erschaffen und Bewohnen von Körpern wurde immer selbstverständlicher und die Manifestationen, die ich in Verbindung mit diesem großen Schöpfungsfeld in die Existenz bringen konnte, von Mal zu Mal komplexer.

Mit jeder neuen Kreation konnte ich mithilfe dieses großen „Feldes der Wunder", diesem unsichtbaren Fluidum höchster Intelligenz, die entsprechenden Seelenfunken zu einer Form zusammenrufen, damit ich sie bewohnen konnte, denn jegliche Bewusstseinsform dient auf ihrer Ebene einer weiteren. Ein energetischer Bauplan, der alle notwendigen Informationen über die Form und Funktion der Schöpfung bereithält, ermöglicht die Entstehung von allem, was ist.

Jedes Bewusstseinsfeld wird anders wahrgenommen und nimmt auch sich selbst auf individuelle Weise wahr. So wie wenn man sich in seine Hand hineinfühlt, oder in seinen Fuß, sein Auge oder seine Nase - es sind verschiedene Gesetzmäßigkeiten, denen ihre Funktionen unterliegen und verschiedene Eindrücke, die sie selbst vermitteln, aber auch ihrerseits auf eine ihnen spezifische Art und Weise verarbeiten.

Jede Inkarnation, jede Schöpfung hat ihre Besonderheit an Empfindung, ihre eigene Schönheit und ihre eigenen Wunder. Und wirklich: Alles ist in irgendeiner Form bewusst! Jede Schöpfung denkt und nimmt auf ihre Art und Weise wahr!

Ob Alge oder Koralle, Fisch, Einzeller, Stein oder Blatt, das

Wasser, die Erde, der Wind, alles ist mit allem verbunden und tauscht mit seiner Umgebung Informationen über Wachstum und Entwicklung aus und über alles andere, was ihm widerfährt.

Informationsübertragungsmöglichkeiten sind einerseits individuell und gleichzeitig allumfassend, z.B. Pilze tauschen sich mit ihrer Umgebung so aus, dass wir Menschen es i.d.R. nicht wahrnehmen, und dennoch nutzen sie die überall gegenwärtigen Energien und Schwingungen, um auf ihre Weise zu in-formieren, also etwas in Form zu bringen.

Bewusstseinsfelder fügen sich zusammen, um bestimmte Funktionen erfüllen zu können. Je komplexer das Wesen (die feste oder feinstoffliche Form, in die eine Seele sich hineinbegibt), umso mehr Bewusstseinsfelder wirken in und mit dem Wesen und durch es hindurch. Jegliche Schöpfung nimmt das Gelernte als Fertigkeit und Fähigkeit mit in die nächste Stufe ihrer Entwicklung.

Ob jedoch alles ehemals Gelernte abgerufen wird, ist die Entscheidung der Seele. Diese Entscheidung hat einen Sinn in Bezug auf das, was die Seele auf ihrem Weg lernen und erleben möchte.

Nachdem meine Seele also eine lange Zeit mit der Erkundung von Meeresinkarnationen verbracht hatte, erschuf ich zum ersten Mal eine Inkarnation, in der ich außerhalb des Wassers atmen und sein konnte. Diese ist mir ausgesprochen lebhaft im Gedächtnis, denn sie läutete eine neue Ära meiner Seelenentwicklung auf der Erde ein: den Beginn mannigfaltiger Erfahrungen auf der Erdoberfläche.

Ich wurde eine Schildkröte.

Meine Erinnerung setzt in einer harten Schale ein, die eine Entwicklung in Geborgenheit ermöglichte. Ich genoss interessiert, wie mein Körper wuchs. Ein Teil meines Bewusstseins befand sich in einem leichten, schwebeartigen Zustand im Ei bei meinem Körper. Die Organe, das Skelett, den Panzer, die verschiedenen Gewebestrukturen, alles erlebte ich in dieser Inkarnation als von einer neuartigen, individuellen Intelligenz durchdrungen.

Meine Organe bildeten nun einen Körper, der sich für ein Leben an Land ausrüstete. Gleichzeitig war mein Unterbewusstsein in Kontakt mit meiner Umgebung: dem Sand, der Luft und dem Leben, das mich außerhalb der Schale umgab, und das wie eine Grundmelodie, die stetig da war, mein Gefühl beeinflusste.

Bisher war das Wasser mit seinen Lebewesen diese Grundmelodie gewesen.

Als mein Körper so groß war, dass er die Umhüllung nicht mehr brauchte, fing ich intuitiv an, mich zu befreien. Das Ei begann da, wo sich mein Köpfchen dagegen drückte, kleine Risse zu bilden, sodass ein Loch entstand und meine Schutzhülle zerbarst.

Alles ging gemächlich vonstatten, ich nahm mir Zeit. Manchmal unterbrach ich den Prozess, nicht nur, um mich auszuruhen, sondern auch, weil ich spürte, dass meine innere Struktur darauf ausgerichtet war, langsam zu sein.

Es fühlte sich so an, als lebte dieser Körper in einer gedehnten Zeit, während das Leben drumherum ein anderes Tempo hatte.

Man kann es mit dem Empfinden vergleichen, wenn jemand nach einer langen Krankheit oder Isolation wieder hinaus in die alltägliche Welt kommt. Man ist dann in einem Rhythmus des eigenen, geruhsamen Wohlfühltempos unterwegs und das im Außen herrschende lebhafte Treiben wird als eher schnell empfunden.

Nur, dass ich als Schildkröte davon nicht erschöpft oder überfordert wurde, sondern die verschiedenen Rhythmen des Lebens um mich herum mit Ruhe und Gelassenheit als Teil des mannigfaltigen Ausdrucks dieser Schöpfung begriff.

Ich nahm wahr, wie alle Lebensvorgänge einen eigenen Zeitbogen und einen ihnen entsprechenden, individuellen Rhythmus hatten. Die Informationen, die in mein immer klarer werdendes Bewusstsein stiegen, vermittelten mir, dass dieser Körper nicht nur alle Voraussetzungen dafür erfüllte, mich lange beherbergen zu können, sondern auch, dass dieses „So-sein" eine wichtige Ruhequalität auf die Erde brachte.

Eine ganze Weile rastete ich in der geöffneten Schale und nahm alle Eindrücke bewusst in mir auf. Dann kam der Augenblick, an dem ich mich zum allerersten Mal mit einem Körper fortbewegte, der für einen Aufenthalt außerhalb des Wasserelements geschaffen war. Es war fulminant.

Nach so vielen Aufenthalten im Wasser nun außerhalb dessen existieren zu können, war ein erhabenes Gefühl. Wie sich meine Lungen mit Luft füllten und ich fähig war, mit dem gesamten Körper in Verbindung mit dem Erd- und Luftelement zu sein, wie ich den Boden unter mir spüren und mich darauf fortbewegen konnte, wie es war, die Landschaft um mich herum wahrzunehmen, ist deutlich als imposantes Erlebnis eingeprägt.

Ich spürte den Sand unter meinen Gliedmaßen, und wie er sich unter meinen „Füßen" wellenartig auftürmte, als ich mich vorwärts schob. Das Meer hinter mir, sah ich nach vorne über einen feinen, hellen Sandstrand bis hin zu grünen Palmen, die in einiger Entfernung standen. Das Konglomerat an bisher nie dagewesenen körperlichen Empfindungen und Eindrücken und die Fähigkeit, ohne mit dem Wasser in Kontakt zu sein, atmen zu können... überwältigend!

Ich krabbelte jedoch nur ein kurzes Stück auf die Palmen zu, denn ich hatte mich umzudrehen. Gemeinsam mit meinen Artgenossen steuerte auch ich auf das Meer zu. Und dann kam der

Zeitpunkt, an dem wir uns aufmachten, weit entfernt von unserem Geburtsort ein Zuhause zu finden.

Dort lebte ich dann, bis die Führung in mir, die mich seit meiner Geburt als Seelenfunkenteilchen über viele Inkarnationen hinweg unterwiesen hatte, dazu veranlasste, mich auf den Weg zurück zu begeben.

Dort, wo ich geboren wurde, legte ich meine Eier ab und überließ sie dem warmen Sand.

Seelenerkenntnis

Es ist eine äußerst beeindruckende Erfahrung, nachdem man viele Verkörperungen in einem Element erlebt hat, in ein anderes Element zu wechseln.

Das besondere Seelengeschenk

Das gigantische Gefühl, auf dem Land zu sein und atmen zu können.

Die speziell empfundene Zeitwahrnehmung und den Zugang zu den Zeitbögen meiner Umgebung.

Geschenk in diesem Leben

Die Erinnerung an das Gefühl, dass Zeit nicht nur ortsabhängig relativ ist, sondern dass wir auch in uns selbst eine Zeitwahrnehmung haben, die individuell ist.

12. Mensch sein
Beginn bewusster Seelenreifung

Von jetzt an lebte ich lange Zeit außerhalb des Meeres in verschiedenen Pflanzen und Tierkörpern, auch gemeinsam mit Dinosauriern und selbst als Dinosaurier, ohne dass ich das Menschsein kennenlernte.

Es gab Zeitabschnitte, in denen Pflanzenfresser dominierten und meine Tierinkarnationen fühlten sich zu diesen Zeiten wesentlich entspannter an. Die Erinnerungen an diesen Abschnitt meiner Seelenreise sind bruchstückhaft und vereinen sich zu einem Gesamtgefühl, deshalb kann ich über diese Zeit nicht mehr schreiben.

Ich schlüpfte an Land von einer Inkarnation in die nächste, bis ich das erste Mal als Mensch auf die Welt kam. Daran erinnere ich mich wieder sehr gut.

Aus heutiger Sicht, nach vielen menschlichen Verkörperungen, kann ich nun auch in Worte fassen, was mir damals noch nicht bewusst war: Erstens hatte ich als Mensch eine stärkere Verstandestätigkeit, komplexere Gefühle sowie beweglichere Hände, sodass die Möglichkeiten des Selbstausdruckes wesentlich umfangreicher wurden als in den Inkarnationen zuvor.

Aber es war auch etwas anderes, das nicht nur körperliche und geistige Fähigkeiten betraf. Meine Verbindung zu allem, was ist, hatte neue Dimensionen angenommen. Ich wurde mir auf andere Weise meiner selbst bewusst und begann nach einem höheren Sinn zu streben. Als Tier oder Pflanze war ich, was ich war, und akzeptierte die mir gegebenen Bedingungen meiner Entfaltung.

Als Mensch stieg ich ein in das Rad des Karma: die Spiegelungen meiner Entscheidungen zu erfahren. Ich bekam durch das Gesetz der Resonanz unausweichlich auf irgendeiner Ebene das zurück, was ich selbst gab. Manchmal direkt spürbar, manchmal etwas versteckt, manchmal im selben Leben, manchmal in einem anderen.

Dadurch konnte ich auf meine ganz eigene Art und Weise entweder durch meine Umgebung, meinen Gefühlszustand, meinen geistigen Zustand oder meinen Körper lernen, welche Auswirkungen meine Wahl hat und dass zwischen Gedanken, Gefühlen und Handlungen ein Zusammenhang besteht.

Entweder wurde mir schon während einer Inkarnation bewusst, dass meine Handlungen irgendwann auf mich zurückfallen, oder aber während des Entkörperns, wenn ich bei meinen Lebensrückschauen einen noch umfassenderen Blick auf die Zusammenhänge erhielt.

In den Anfängen meiner menschlichen Erfahrungsreise erhielt ich nach dem Tod Einsicht in die Auswirkungen meiner Entscheidungen in Form von Spiegelungen aus einer Ebene der höchsten Gnade: der Hölle.

Dort gewann ich Klarsicht, indem mir anhand von eindrücklichen und dem Unterbewusstsein zugänglichen Erlebnissen auf die Sprünge geholfen wurde, und ich begriff mehr von den Wechselwirkungen.

Ich habe die Hölle wie einen Albtraum erlebt, in dem ich teils drastischen Bildern und Sinneseindrücken – durch besonders intensives Hören, Spüren, Schmecken, Riechen, Sehen – und auch meinen Gedanken und Gefühlen sehr direkt und intensiv ausgesetzt war.

Auf diese Weise erhielt ich Einblicke in die Energiequalität dessen, was ich durch meine bewussten und unbewussten Gedanken und Handlungen geschaffen hatte. Und das sowohl auf der gefühlsmäßigen Ebene als auch auf der konkreten und der abstrakten.

Das heißt, ich konnte die Energiefelder fühlen, die ich durch meine Handlungen erschaffen hatte, ich konnte in Form von Bildern erkennen, wie die energetischen Qualitäten dessen, was ich gedacht, gefühlt und getan hatte, beschaffen waren und es war mir möglich, auf einer intuitiven Ebene Zusammenhänge zu erkennen.

Später wurde die Hölle von Lebensrückschauen und anderen Erfahrungen abgelöst. Die Informationen, die ich dann über die nachtodliche Flut an Eindrücken erhielt, veranlassten mich, meine innere Haltung zu überdenken, neu zu wählen und neue Absichten zu formulieren, die meinem Seelenweg eine andere Richtung geben würden.

Ich konnte als Mensch also in viel größerem Umfang als bisher lernen und mich immer wieder aufs Neue für das eine oder andere entscheiden, mich ausdrücken und meinen Weg gestalten. Meine Chakren schwangen zu Beginn meiner menschlichen Entwicklung in einer reduzierten Frequenz und waren für Impulse, die über den Selbsterhaltungstrieb hinausgingen, nicht empfänglich.

(Chakra heißt: Rad des Lichts. Die Chakren sind energetische Verteiler im Körper eines Wesens, in denen ein Austausch zwischen dem Individuum und allem, was ist, und umgekehrt stattfindet. Sie empfangen, verarbeiten und speichern Lebensenergie und bringen sie zum Ausdruck. Chakren spielen eine zentrale Rolle im energetischen und spirituellen System des Menschen).

Aufgrund der reduzierten Frequenz konnten Schwingungen der Liebe anfangs nur sehr schwer zu mir durchdringen. Die einzelnen Chakren tauschten nur gerade so viel Information aus, wie für das Überleben notwendig war. Tiefere Verbindungen zu meiner

Umgebung und den spirituellen Dimensionen schienen zunächst nicht möglich.

Das war jedoch nicht sinnlos.

Ich hatte einen Weg der Selbst-Bewusstwerdung und des Selbst-Ausdrucks betreten, der sich deutlich von den Möglichkeiten anderer Spezies unterschied und auf dem ich mich auf ganz individuelle Art und Weise innerhalb des Systems Mensch der Erfahrung des Göttlichen in mir nähern würde.

Meine Chakren, deren energetische Information ich von Leben zu Leben mitnahm, würden auf jede Entscheidung von mir reagieren und nach und nach beginnen, höher zu schwingen. Ich würde die Zusammenhänge zwischen Ursache und Wirkung auf verschiedenen Ebenen und unter unterschiedlichsten Umständen erfahren und hatte die Möglichkeit, darauf zu reagieren. Es war der Beginn einer langen Reise durch allerlei Höhen und Tiefen des Menschseins.

In den ersten menschlichen Inkarnationen halfen mir die niederfrequent schwingenden Chakren, tief in die Illusion der Abgetrenntheit einzutauchen. Dadurch prägte sich ein ganz individuelles Ich, durch das ich, in späteren Leben, die Verbundenheit mit der Umwelt und mit den feinstofflichen Welten auf absolut unverwechselbare Weise herstellen würde.

Das war der Sinn. Dass ich als Seele die Möglichkeit hatte, über meinen freien Willen einen einmaligen, abenteuerlichen und lehrreichen Erlebnisweg hin zu einem liebenden, sich seiner Göttlichkeit bewussten Menschenwesen zu kreieren. Nach der Liebe an sich, nach dem Gefühl der Verbundenheit mit der Schöpfung und der Liebe meiner geistigen Heimat würde ich mich erst im Laufe späterer Inkarnationen zu sehnen beginnen. Dadurch würde sich das Gefühl der Abgetrenntheit allmählich verändern.

Weil ich keine Verbundenheit spürte, empfand ich ein Gefühl des Mangels in mir. Ich hatte den Eindruck, dass ich mir alles, was ich zum Leben brauchte, schwer erarbeiten und notfalls mit Gewalt oder Intrigen aneignen müsse.

Ich konnte nicht spüren, dass ich in ein liebendes Universum eingebunden bin und dass es eine höhere Macht gibt, die für mich sorgt. Dieses Gewahrsein würde sich erst nach vielen, vielen Leben, wenn meine Menschenseele und damit auch die Chakren in ihrer Entwicklung gereift waren, einstellen können, aber bis dahin gab es noch viele Vorstufen zu meistern.

Zu Beginn waren meine Mittel, um zu erreichen, was ich wollte, also nicht sehr liebevoll; durch das nicht vorhandene Mitgefühl verhielt ich mich rücksichtslos. Ich spürte in meinem Herzen nicht, wenn jemand oder etwas um mich herum von meinem Vorgehen verletzt wurde. Dadurch tat ich nicht nur anderen weh, es entstanden auch mehr und mehr Verwundungen in mir selbst.

In späteren Inkarnationen schaltete sich ein Regulativ ein, das mir helfen sollte, den Kurs zu halten: das Gewissen.

Ich begann meine Erfahrungen zu bewerten und versuchte, mein Verhalten zu verändern. Mein Gewissen unterstützte mich bei der Entwicklung ethischer Werte. In der Natur war es z.B. eine Notwendigkeit zu töten, um zu überleben. Da gab es keine Gewissensfrage und auch nicht so etwas wie eine Hölle. Es war wie es war, und in der göttlichen Ordnung unerlässlich.

Als Mensch aber erlangte ich durch die Möglichkeit, Entscheidungen zu treffen und andere, friedvollere Lösungen zu finden, nicht nur eine Verantwortung, sondern überhaupt erst die Voraussetzung dafür, mich bewusst liebevoll entwickeln zu können.

Dadurch, dass ich (spätestens in der Hölle) spürte, wie all meine Taten, aber auch Gedanken, Gefühle und Worte, Auswirkungen auf meine Seele und die Seelen der anderen haben und was dies für die gesamte Schöpfung bedeutet, konnte ich beginnen, anders zu denken und zu handeln.

Zwar hatte ich nun ein Gewissen und nahm wahr, wenn ich ethisch bedenkliche Dinge tat, doch die Fähigkeit, mich bewusst der Liebe zu öffnen und mich mit unserer nährenden Schöpferkraft in Verbindung zu setzen, um mein Schicksal zu meistern, musste sich erst entwickeln. Empfindungen von Schuld und Scham hielten nun auch Einzug in mein Gefühlsrepertoire.

Aufgrund dieser Umstände bildeten sich negative Glaubensmuster (uns begrenzende Ideen über die Wirklichkeit, die unser Erleben prägen) wie z.B. „Ich bin nicht gut genug." „Das Leben ist ungerecht." „Lieben ist gefährlich." usw. Sie wirkten sich auf mein Denken, Fühlen und Handeln und auf meine Chakren aus.

Diese Glaubenssätze beeinflussten, wie ich die Welt sah und was ich infolgedessen in ihr erlebte. Die Erinnerung an meine eigentliche Herkunft war bei jeder Inkarnation aufs Neue verschleiert, meine Muster aber prägten mein Energiesystem und ich nahm sie von Inkarnation zu Inkarnation mit.

Die Aufgabe war, diese negativen Glaubenssätze im Laufe der Entwicklung zu erkennen und in positive umzuwandeln, denn meine Chakren konnten sich nur dann immer weiter öffnen, wenn die durch negative Glaubenssätze im Energiefluss entstandenen Blockaden aufgelöst wurden.

Mein Antrieb, mich zu verändern, war das immer stärker in mir werdende Sehnen danach, in Harmonie mit mir und der Umwelt leben zu können. Durch das Auflösen der Muster konnte mein Chakrensystem sich immer feiner ausbilden. Je liebevoller meine Handlungen wurden, umso durchlässiger wurden meine Chakren.

Damit einher ging die Fähigkeit, zunehmend mitfühlender und

achtsamer zu sein und irgendwann auch, in bewusste Verbindung mit der göttlichen Essenz zu kommen. So wurde ich im Laufe vieler Leben immer fähiger, Liebe nicht nur zu empfinden, sondern auch, zu verströmen.

Muss das Ganze einen Sinn haben? Warum? Darf das Leben nicht einfach sich selbst als Sinn haben? Und für die Seele einfach nur unendlich faszinierend sein? Darf der Sinn des Lebens nicht einfach das Leben selbst sein?

Aus meiner Sicht beschenkt sich die Schöpfung selbst, indem sie über Seelenfunken und Seelen, die ihre Fühler in die sich entfaltende Welt sind, eine vielfältige Wahrnehmung ihrer selbst erschafft. Dadurch kann sie sich auf unermesslich viele verschiedenartige Weisen selbst erfahren, denn alle Seelenfunken sind von ihrer Entstehung an einen einzigartigen Weg der Entwicklung gegangen.

Ich erlebe meine Seele als ein individuelles, aber mit allem verbundenes Bewusstsein, das es genießt, stetig neue Erfahrungen zu sammeln und das dabei ganz natürlich immer mehr über die Liebe lernt, weil die Liebe alles durchdringt.

Es ist nicht Ziel meiner Seele, keine Herausforderungen mehr zu haben. Meine Seele möchte sich in so vielen Situationen wie möglich erfahren und Neues erleben. Immer andere Umstände meistern lernen mit verschiedenartigsten Zugängen zum Feld der Wunder, dem Nichts und Alles, zu Gott. Möglichst bunt, möglichst vielfältig und möglichst interessant.

In jeder, absolut jeder Form, jeder Verkörperung, hatte ich einen beobachtenden Geist und ein Gefühl. Auch als Seelenfunke hatte ich nicht nur die Einschätzung für meine Position, meine Umgebung und meine Existenz, auch da schon waren Empfindungen zu spüren.

Sie existierten unbewusst schon vor der ersten bewussten Wahrnehmung meines allerersten Gedankens im Ur-Meer

Es war ein sehr, sehr langer Weg bis hierher... bis ich hier sitze und dieses Buch schreibe. Aber bitte lasst Euch weiter hineinführen.

Wir sind multidimensionale Wesen und, was auch immer geschieht, in der Liebe gehalten.

13. Sterben

Je öfter, desto leichter

Es sind Abermilliarden an Seelenfunken verschiedenster Entwicklungsstufen, die gemeinsam eine Form bilden, ob grob- oder feinstofflich. In höherer Hierarchie kann eine Seele diese Form als Ganzes mit ihrem Bewusstsein durchdringen. In den geistigen Welten, in unserer Seelenheimat, herrschen Freude und Leichtigkeit.

Unsere Seele hat Lust daran, in verschiedenen Körpern mit unterschiedlichen Voraussetzungen ihre Erfahrungen zu sammeln, weil sie immer wieder gerne neue Bedingungen kennenlernt. Und sie nimmt gerne neue Herausforderungen an. Deshalb ist es für sie selbstverständlich, die alte Behausung loszulassen, wenn es so weit ist. Für die Seele gehört das Sterben dazu wie für die Schlange das Häuten. Der Verstand, das erdgebundene und sich abgetrennt fühlende Bewusstsein ist jenes, welches Angst hat, den Körper loszulassen. Jede Verkörperung hat ihren ganz eigenen Entkörperungsvorgang.

Innerhalb der ersten Verkörperungen, in denen ich noch nicht als

Mensch inkarnierte, war es ein einfaches Entgleiten und Loslassen der alten Hülle. Doch als ich Mensch wurde, veränderte sich das Sterben.

Je mehr sich meine Seele mit ihrer Schöpfung identifizierte, und je mehr sich mein Wesen als von der Einheit getrennt empfand, desto schwieriger wurde es, nicht festzuhalten. Jetzt kam es auch vor, dass ich erst über Umwege durch Zwischenreiche wie z.B. eine Hölle oder andere Erfahrungsräume, wieder in die Einheit einging.

Je deutlicher jedoch mein Bewusstsein befähigt war, die geistigen Welten wahrzunehmen, desto einfacher wurde es, den physischen Körper wieder der Erde zu übergeben, in dem Wissen, dass wir in das Geistige hineingeboren werden, wenn wir diesen Körper verlassen.

Desto müheloser erinnerte sich mein Wesen im Augenblick des Todes (nicht zwingend während der Vorbereitung darauf) daran, wie das Sterben vor sich geht, und es gelang immer leichter, den Weg in die geistige Heimat zu finden. Oft spürte ich schon bei der beginnenden Ablösung meiner Seele, wie ich, von liebenden Wesen umfangen, auf das Sterben vorbereitet und währenddessen von ihnen begleitet wurde.

Es wurde in den letzten Jahren vermehrt geforscht, was es mit dem Tod auf sich hat. Diejenigen, die von ihren Nahtoderfahrungen zurückkommen, berichten mal von positiven Erfahrungen, andere hatten weniger schöne Erlebnisse. Aber wie waren meine Sterbeerfahrungen über diese viele Reinkarnationen hinweg?

Nicht immer gleich. Ich habe jeden Sterbevorgang anders erlebt. Das, was ich in der gesamten Zeit meiner Verkörperungen erfahren, gedacht und gefühlt habe, hat beeinflusst, auf welche Weise ich meinen Körper freigeben konnte und wo meine Seele sich danach hinbewegt hat.

Wenn meine Gedanken und Gefühle noch an den materiellen Erscheinungsformen hingen, sich in einer Idee des Mangels befanden, oder wenn ich noch schwere Schuld auf mir lasten fühlte, Angst hatte vor Bestrafung und dem, was nach dem Leben kommen würde, oder ich das Gefühl hatte, noch etwas erledigen oder klären zu wollen, dann fiel das Loslassen schwer.

Manchmal besuchte ich erst einmal Ebenen, in denen es nicht so licht und hell war, und blieb da, bis ich mich dem Licht öffnen konnte. Die Öffnung geschah durch einen natürlichen inneren Prozess, weil wir nie stehen bleiben, weil sich immer irgendwo, irgendetwas verändert und weil immer Hilfe zur richtigen Zeit am richtigen Ort ist.

In diesen Ebenen reichte lediglich die Bereitschaft, weiter zu gehen, um große Veränderungen zu erleben. Manchmal brauchte es Geduld, aber im Grunde war es ganz leicht.

Dann wieder landete ich in Ebenen wo Erkenntnisse über die Funktionsweise des Universums auf mich einströmten. Nach komplexeren Inkarnationen nicht nur als Mensch, sondern auch als Tier, wie z.B. als Kuh oder Pferd, hatte ich beim Entkörpern den Seelenblick, der rundum die Dinge der physischen Welt während des Entkörperns noch einen Augenblick von oben sieht.

Als Mensch hatte ich bei den meisten Exkarnationen Rückschauen, es sei denn, ich wurde schnell auf eine bestimmte Erfahrungsebene katapultiert und musste mich dort noch mit den Folgen meines Todes auseinandersetzen.

Die Rückschauen gestalteten sich immer verschieden. Mal verweilte ich noch bei meinem Körper und es entwickelten sich neue Gedanken, Gefühle und plötzliche Erkenntnisse zu dem von mir gelebten Leben. Manchmal kam ich in die Hölle, manchmal direkt in Lichtreiche. Manchmal sah ich in der Rückschau alles Gute, was ich getan hatte und wie es sich ausgewirkt hatte und im Vergleich dazu die weniger guten Taten und deren Auswirkungen.

In einer Rückschau erleben und fühlen wir alles, was wir getan haben, aus der Sicht unserer Seele und aus der Perspektive der Quelle, aus der wir entstanden sind. Und jede Schau war nicht nur aufgrund des Inhaltes des soeben zu beendenden Lebens anders.

Je nach den in diesem Leben vorrangig herrschenden Charaktereigenschaften, haben die Informationen in diesem Moment andere Qualitäten. Wir spüren deutlich, welche Taten wir aus welchen Beweggründen initiierten und ob diese rein waren oder nicht. Es ist der Moment, wo wir alles wahrhaftig erkennen. Je nach Entwicklung gehen wir damit anders um.

Mal sah ich die Bilder wie in einem Film hintereinander, mal alles gleichzeitig. Dann wiederum sah ich Dinge, die ich in meinem menschlichen Leben gar nicht für wichtig erachtet hatte, in denen die Seele sich aber sehr wohl gefühlt hatte, wie z.B. Pflastersteine, über die ich geschlendert war oder einen tiefen genüsslichen Atemzug, den ich losgelöst von der Schwere der Herausforderungen des Lebens getan hatte.

Dies waren Momente, in denen ich von der Warte des Verstandes aus eher unbewusst gewesen war, die Seele aber umso mehr Raum hatte, den Augenblick zu füllen.

Manchmal nahm ich nicht viel von den Gedanken und Empfindungen derer wahr, die mit mir in dem Leben verbunden gewesen waren, und dann wieder konnte ich in ihre Wahrnehmung wie hineinschlüpfen. Dann eröffneten sich mir ihre Gedanken und Empfindungen entweder über sich und ihr Leben oder, wie sie gedacht und gefühlt hatten, während wir etwas Gemeinsames erlebten. In dem Fall wechselte ich innerlich die Perspektive und schlüpfte in die Situation aus der Sicht der anderen Seele.

Oder ich bekam einen Einblick in den Lebenslauf der anderen Seele, wie ich ihn nie zuvor gehabt hatte. (Diese Dinge geschehen auf der Seelenebene nur in Absprache und mit Erlaubnis! Es ist innerhalb der göttlichen Ordnung alles bestens geregelt.)

Mal fühlte ich, wie sich meine Seele spiralförmig aus meinem Körper herausdrehte, mal befand ich mich wie schlagartig in einer anderen Dimension. Manchmal entkörperte ich über das Kronenzentrum (Chakra oben in der Schädeldecke), dann wieder über den Brustraum und manchmal links davon über die Kuhle neben der linken Schulter, unter dem Schlüsselbein.

Oft schwebte ich durch einen Tunnel. Manchmal glitt ich dabei zuerst durch eine Ebene hindurch, die von lauten Maschinengeräuschen und einem Gefühl innerer Leere begleitet wurde. Oft hörte ich wundervolle Klänge, die von überall her zu kommen schienen und mich wieder mit der allumfassenden Tiefe des Seins in Verbindung brachten.

Mal wurde ich direkt von liebenden Engeln und mal von vorangegangenen Seelen empfangen. Manchmal blieb ich auf irgendeiner Ebene hängen und verbrachte dort eine Weile, bis irgendein Prozess abgeschlossen war und ich in eine andere Ebene wechseln konnte. Mitunter hatte ich während des Sterbens riesige Angst, große Schmerzen und litt tiefste Qualen. Zeitweise ging es ganz leicht.

Meine Erfahrung ist, dass die Ebene, auf der wir landen, davon abhängt, was wir im Moment des Sterbens denken und fühlen. Gar nicht so sehr, was wir in unserem Leben gedacht und gefühlt haben. Denn in jedem Augenblick ist Gnade für uns da.

Sobald wir nur einen Gedanken senden an etwas Positives, an das Licht, an Gott, die Liebe, Vergebung oder zu was auch immer wir unseren persönlichen Bezug finden, ist es sofort da. Es umfängt uns und wir werden sanft durchdrungen von reinster Liebe.

Und auch diese Liebe, dieses Licht fühlt sich jedes Mal anders an. Wir entwickeln uns, und mit uns entwickelt sich die Qualität unserer Gedanken und Gefühle sowie die Fähigkeit zu leben und zu sterben. Deshalb hat sich mit der Entwicklung meiner Seele während des Sterbens immer schneller die Erinnerung eingestellt, dass meine ewig lebende Seele lediglich weiterzieht.

Dann ging es leicht. Dann wusste ich: „Du hast das schon so oft erfahren, das Entkörpern, du weißt, wo es langgeht." Während gleichzeitig die tief empfundene Verbindung zur geistigen Heimat begann, Raum einzunehmen.

Doch irgendwann, durch welche Ebenen auch immer ich mich über kurz oder lang bewegt hatte, endete die Reise in dem Gefühl unermesslicher Liebe, des Angenommen-Seins und Angekommen-Seins und der Freude, begleitet von unendlicher Geborgenheit. Manchmal ging es über Umwege und dauerte länger, bis ich dort ankam, und dann wieder ging es ganz schnell.

Ich habe auch erlebt, dass nicht alles, was erschaffen wurde, auf ewig vom gleichen Seelenbewusstsein bewohnt wird.

So z.B. ein Stein. Er ist irgendwann durch einen mystischen Schöpfungsprozess entstanden und wird von einem Bewusstsein bzw. einer Seele durchdrungen. Die Form des Steines gibt der Seele ein Zuhause. Wenn diese genug hat von der Erfahrung, ein Stein zu sein, dann entweicht sie aus dem materiellen Körper und geht wieder ein ins Nichts und Alles. Zeitgleich zieht ein anderes Bewusstsein, eine andere Seele in den Stein ein und durchdringt ihn und macht so lange ihre Erfahrungen, bis sie genug davon hat und wieder mit einer anderen Seele tauscht.

Ich wünsche mir, dass Ihr beim Lesen beginnt, Euch an die unendlichen Dimensionen, Energiefelder, Geistigen Schulen, Engelreiche und Planeten zu erinnern, die auch Ihr schon bereist habt, und an die wundervollen Welten, die auch Euch empfangen, wenn Ihr einstmals Euren Körper wieder hinter Euch lasst. Alle durchwirken sich auf wundervolle Weise.

Ich wünsche mir, dass Ihr Euch erinnert, wie alles ineinandergreift und wie die allumfassende Intelligenz jedes Tier, jede Pflanze, jedes Atom und auch Euch, mit einer leisen inneren Stimme führt, die vor allem von uns Menschen oft nicht klar gehört wird. Aber wenn wir in die Stille gehen, dann bekommt diese Stimme Raum.

Und dann erinnern wir uns vielleicht auch daran, dass es gar nicht schlimm ist, das Sterben.

14. Meine Entwicklung
Das Chakrensystem

Als ich mir im Entstehungsprozess dieses Buches die geschriebenen Kapitel anschaute und die Lebensthemen, die ich durchgegangen war, fiel mir auf, dass sich eine Annäherung an folgende Idee erkennen lässt: Als ich Mensch wurde, begann ich mich in der Reihenfolge der im Körper angesiedelten Hauptchakren zu entwickeln und meine Chakren zu transformieren

Das heißt, ich begann von Leben zu Leben meine Chakren auszugleichen, zu reinigen und ihre Schwingung zu erhöhen. Dadurch erreichte ich ein höheres spirituelles, emotionales und physisches Wohlbefinden. Jedes Chakra steht mit spezifischen Aspekten des Lebens und der Persönlichkeit in Verbindung.

Eine Transformation bedeutet, Blockaden zu beseitigen, die Energie durch diese Zentren freier fließen zu lassen und dadurch deren Frequenz zu erhöhen. Gleichzeitig wird es mehr und mehr möglich, Liebe zu empfinden.

1. Chakra - Wurzelzentrum

> Hier schwingt die Energie von Durchsetzungskraft, Gesundheit, Stärke, Sicherheit, Erdung und Urvertrauen.
> Es befindet sich am unteren Ende der Wirbelsäule, in der Nähe des Steißbeins.
> Das Wurzelzentrum verbindet uns mit der körperlichen Welt, mit dem Erdelement. Hier schwingen die Grundbedürfnisse des Lebens und Überlebens.

2. Chakra - Sakralzentrum

› Hier schwingt die Energie von Schaffenskraft, Kreativität, Lebendigkeit und Lebensfreude.
› Es befindet sich im unteren Bauchbereich, etwa eine Handbreit unterhalb des Bauchnabels.
› Im Sakralen Zentrum werden der eigene Raum und der eigene Platz im Leben erfahren. Es ist die Heimat von Freude, Süße und Leichtigkeit im Sein sowie der Freude an körperlicher Bewegung.

3. Chakra - Sonnengeflecht

› Hier schwingt die Energie von persönlicher Macht, Selbstachtung, Selbstvertrauen und Selbstwert.
› Es befindet sich im Bereich des Oberbauchs, etwa zwei Fingerbreit oberhalb des Bauchnabels.
› Es ist das Zentrum für die Fähigkeit, sich in der Welt durchzusetzen, Ziele zu verfolgen und Verantwortung für das eigene Leben zu übernehmen.

4. Chakra - Herzzentrum

› Hier schwingt die Energie von Liebe, Verbundenheit, Mitgefühl, Vergebung und emotionaler Heilung.
› Es befindet sich etwa in der Mitte der Brust, auf der Höhe des physischen Herzens, zwischen dem Brustbein und der Wirbelsäule.

> Als zentrales Chakra verbindet das Herzchakra die unteren Chakren (die mehr auf das Physische und Materielle bezogen sind) mit den oberen Chakren (die geistige und spirituelle Aspekte repräsentieren).

> Es schafft Balance zwischen weltlichen Bedürfnissen und spirituellen Bestrebungen.

> Das Herzzentrum erzeugt das stärkste elektromagnetische Feld im Körper und spielt eine zentrale Rolle in der Kommunikation zwischen Körper, Geist und Umwelt.

5. Chakra - Thymuszentrum

> Hier schwingt die Energie von allumfassendem Mitgefühl, universeller Liebe und Selbstheilung auf körperlicher und spiritueller Ebene.

> Es befindet sich oberhalb des Herzchakras, etwa in der Mitte des Brustbeins auf Höhe des Bereichs, wo das Schlüsselbein auf das Brustbein trifft.

> Das Thymuszentrum ist ein energetischer und spiritueller Knotenpunkt, der die Brücke zwischen dem emotionalen Herz und dem Ausdruck der Seele darstellt.

> Es hilft, das Herz weiter zu öffnen und spirituelle Liebe in der Welt zu verbreiten.

> Das Thymuszentrum ist somit ein Schlüssel zur tiefen spirituellen Heilung und fördert die Verbindung zwischen der Seele und der universellen Liebe.

> Es hilft, das innere Licht nach außen zu tragen und auf höherer Ebene in Harmonie mit dem Kosmos zu leben.

6. Chakra - Halszentrum

› Hier schwingt die Energie von Kommunikation, Inspiration, Selbstbestimmung, Unabhängigkeit und dem Ausdruck der eigenen Wahrheit.

› Es befindet sich im Bereich des Halses und umfasst den gesamten vorderen Halsbereich, etwa vom Kehlkopf bis zur Grube zwischen den Schlüsselbeinen.

› Das Halszentrum steht für die menschliche Fähigkeit, sich auszudrücken. Es ist der Schlüssel zu einem authentischen Ausdruck der eigenen Persönlichkeit und fördert klare und ehrliche Kommunikation. Es erlaubt uns, unsere inneren Wahrheiten nach außen zu tragen und unsere kreative Energie frei fließen zu lassen.

7. Chakra - Stirnzentrum

› Hier schwingt die Energie von Intuition, Verbindung zum Feinstofflichen, Vision und Erkenntnis.

› Es befindet sich oberhalb der Nasenwurzel etwa in Stirnmitte.

› Es ist das Kontrollzentrum unseres Geistes, Sitz unserer Intelligenz und Weisheit. Das Stirnzentrum ist ein Schlüsselchakra für die geistige Entwicklung, die Selbsterkenntnis und den Zugang zu höheren Bewusstseinsebenen. Es unterstützt uns darin, über die physische Realität hinaus zu blicken und tiefere Wahrheiten zu erkennen, indem es die Kraft der Intuition und der spirituellen Einsicht stärkt.

8. Chakra - Kronenzentrum

> › Hier schwingt die Energie der Verbindung zur Spiritualität, zum Göttlichen und zum Einheitsbewusstsein.
> › Es befindet sich am Scheitel des Kopfes, am höchsten Punkt des Schädels.
> › Das Kronenzentrum ist das höchste, im physischen Körper selbst gelegene Energiezentrum und ermöglicht die energetische Verbindung zum Universum und der Erkenntnis, dass alles eins ist.

Die Entwicklung über die Chakren verlief nicht nur von Leben zu Leben, sondern auch in den Lebenszyklen selbst wurden die Themen der Chakren wieder und wieder in verschiedenen Facetten durchlebt und verfeinert.

Die Seele ist bestrebt, ihre Herausforderungen auf immer höheren Ebenen zu meistern, bis dadurch die Energiefelder, die ihr zugehörig sind, zunehmend feiner schwingen und die Energiekörper, mit denen sie sich umkleidet (bspw. Ätherkörper, Gefühlskörper, Gedankenkörper, Lichtkörper), immer mehr in harmonischen Austausch mit der göttlichen Ordnung treten können.

Jede Seele hat Lichtmomente, in denen sie in Kontakt mit dem Göttlichen kommt. Diese Momente geben ihr ein Gefühl für die Richtung, in die sie sich entwickeln kann. Die Erinnerungen daran bleiben für die Ewigkeit und führen sie.

Karma ist die Spiegelung unseres derzeitigen Seins-Zustandes, die uns hilft, unseren Seelenweg hin zum Einheitsbewusstsein zu lenken. Es wird immer ein energetischer Ausgleich geschaffen, indem man das, was man tief im Innern denkt und im Äußeren tut, auf irgendeiner Ebene zurückbekommt.

Die Seelenbewusstseine lernen so mit Hilfe des Karmas, mit den verschiedenen Herausforderungen auf dem Weg zur Bewusstwerdung umzugehen. Die Seele strebt aufgrund der teilweise unangenehmen Erfahrungen ihrer Spiegelungen über kurz oder lang danach, mit allem, was ist, in Harmonie zu kommen. Mit der Zeit spürt sie immer deutlicher, ob sich etwas stimmig anfühlt oder eben nicht.

Irgendwann ist die Seele dann in der Lage, Veränderungen über ihr ICH BIN-Bewusstsein zu schaffen und braucht dazu keine karmischen Spiegelungen mehr.

Es gibt noch wesentlich mehr Chakren als die acht hier Geschilderten und das Leben ist weitaus komplexer, als dass es in ein System gepackt werden könnte. Bestimmte Entwicklungen sind auch anderen Chakren als den Hauptchakren zuzuordnen.

Gerade in der heutigen Zeit werden mehr und mehr Chakren erspürt, weil es immer mehr Seelen gibt, die schon einen langen Weg der bewussten Existenz hinter sich haben und in der Lage sind, sie wahrzunehmen.

Aber weil ich Entsprechungen in den von mir am deutlichsten erinnerten Inkarnationen zu den Themen der im Körper befindlichen Hauptchakren erkenne und dies interessant finde, werde ich im weiteren Verlauf der Kapitel damit arbeiten. Dies soll lediglich der Strukturierung des Erlebten dienen. Deshalb ist diese Einordnung nur ein winziger Teil der Gesamtheit und vereinfacht dargestellt.

Die ineinandergreifenden Aspekte, warum und mit welchem Konzept eine Seele wieder inkarniert, sind zu einem Teil bewusst entschieden und zum anderen Teil vom gigantischen Feld der Wunder gesteuert - in einem perfekten Zusammenspiel von bewussten und unbewussten Kräften.

I. Chakra
Wurzelzentrum
Sicherheit, Erdung und Urvertrauen

Mit meiner ersten Inkarnation als Mensch begann meine Entwicklung im Wurzelzentrum. Auch lernte ich das Erdelement in seiner manifesten Form sowie in seiner energetischen Ausdrucksweise kennen.

Das Wurzelzentrum ist das Energiefeld, in dem die Fähigkeit schwingt, das, was wir zum Überleben brauchen, für uns zu beanspruchen. Von Inkarnation zu Inkarnation lernen wir, wie dies immer achtsamer und liebevoller geschehen kann.

15. *Steinzeitmann*
Ich nehme, was ich will

Es war so weit, ich inkarnierte zum ersten Mal in einem menschlichen Körper.

Die instinktive Wahrnehmung, die ich aus meinen vorherigen Inkarnationen kannte, veränderte sich deutlich. Das lag daran, dass der Energieaustausch über die Chakren zunächst beschränkt war, was mich von manchen intuitiven Fähigkeiten abkoppelte. Dadurch musste ich meinen Verstand mehr gebrauchen. Meine beweglichen Hände befähigten mich dazu, Erkenntnisse in die Tat umzusetzen. Mit diesen neuen Voraussetzungen löste ich mich von einer überwiegend instinktiven Existenz.

Ich hatte einen männlichen Körper erschaffen. Wir lebten in einer kleinen Gruppe zusammen im Wald und bauten uns Behausungen, indem wir Stöcke an einen Baum lehnend so zusammenstellten, dass sie von seinem Stamm und einem seiner starken Äste gehalten wurden. Darin wurden Zweige eingewebt und als nächstes Reisig. Das Ganze wurde mit Farnen, Blättern und Moos ausgestopft. Wenn die Konstruktion den Regen nicht mehr abhielt, wurde das Grün ausgetauscht, solange es welches gab.

Ich erinnere mich sehr gut daran, dass ich diese Tätigkeit nicht gerne mochte, sie war kniffelig und forderte Geduld. Meine Hände waren grob, und es machte mir Mühe. Doch egal wie, jeder hatte sich um seine Behausung selbst zu kümmern.

Wir waren in Felle gekleidet. Die Winter zu erleben war grausam. Einige überlebten sie nicht. Das Leben verlief sehr triebgesteuert. Ich war immer und überall bereit, mich zu paaren, was ich auch häufig tat - mit wem auch immer, wann auch immer, wo auch immer. Es kümmerte niemanden. Ich war kräftig und nahm mir, was meine niederen Sinne verlangten, ob die Frau wollte oder nicht. Da hatte ich kein Mitgefühl. Am Anfang meiner Inkarnationsreise als Mensch handelte ich in dem Gefühl: „Ich will, und ich will es jetzt! Koste es, was es wolle."

In all meinen anderen Verkörperungen hatte ich mich mehr in Verbindung mit der Umwelt gefühlt, als in dieser Form meiner menschlichen Existenz. Ich konnte in meinen ersten Inkarnationen einfach nicht so viel empfinden. Meine Chakren würden erst nach und nach von bewusster Liebe durchdrungen werden, wodurch sich meine Fähigkeit mitzufühlen entwickeln würde.

Um mit der Liebe, die jeder in sich hat, in Kontakt zu kommen, lag noch ein langer Entwicklungsweg vor mir.

Da ich mich, wie schon erwähnt, daran erinnere, auch während meiner Inkarnationskette als Mensch zwischen verschiedenen Existenzformen hin und her gewechselt zu haben, darf ich sagen, dass ein Tier in seiner emotionalen Entwicklung weiter sein kann als ein Mensch, der noch am Anfang seiner Entwicklung steht.

Obwohl ein Tier in seine naturgegebenen Instinkte eingewoben ist, ist das, was unabhängig davon in ihm vorgeht, durchaus komplexer, als manch einer sich das vorstellt.

Es gibt aber verschiedene Seelenwege. Nicht jede Seele taucht so tief in die Erdinkarnationen ein wie meine. Meine Seele ist eine „Forscherseele". Es interessieren mich viele Dinge und ich möchte ihnen auf den Grund gehen.

Erdenseelen haben auf ihrem Seelenweg jeweils andere Sterne bewohnt (davon berichte ich später) und haben somit unterschiedliche Sternenwege hinter sich. Es gibt eine Vielzahl unterschiedlicher Wege, in das Erdendasein einzusteigen, aber dennoch viele ähnliche Seelenwege. Ich bin nicht die einzige Seele, die die Erde so sehr liebt, dass sie es genau wissen und ihre Entwicklung mit einer rudimentären Funktionsweise der Chakren beginnt.

Als der Mensch-Mann der ich war, hatte ich zwar beweglichere Greifwerkzeuge und eine erhöhte Kombinationsfähigkeit, aber noch keine Herzensqualitäten.

Ich war in der Lage, mir zu überlegen, wie etwas Praktisches besser gehandhabt werden konnte, um diese Erkenntnis entweder zur eigenen Weiterentwicklung zu nutzen oder mit der Gruppe zu teilen und für den gemeinsamen Fortschritt einzubringen.

Aber meine emotionalen Qualitäten und meine Bereitschaft, mich für die Gemeinschaft einzusetzen, hatten Grenzen. An erster Stelle ging es ums pure Überleben. Ich hatte ein großes Ego, das Recht haben und Macht ausüben wollte, bei Bedarf auch gewaltsam. Ich war ein Rohling.

Und trotzdem war da eine Frau, die sich mit mir zusammentun wollte, um mit mir zu hausen. Das war sehr praktisch. Denn dadurch war etwas Wärme in der Hütte garantiert. Doch meine Sinne waren nicht fähig, Liebe zu spüren, und ich begriff das Anliegen dieser Frau nicht, meinem Herzen nahekommen zu wollen. Mein Bruder war da etwas feinfühliger.

Er mochte diese Frau gerne. Lebhaft erinnere ich mich an diesen entscheidenden Augenblick: Wir standen vor der Behausung und meine Frau versuchte mir mitzuteilen, dass sie nicht mit mir zusammen sein könne, wenn ich nicht rücksichtsvoller würde. Dabei schaute sie mich intensiv an und legte ihre Hand auf meine Brust. Ihre Worte und Gefühle waberten wie Schübe von etwas an mich heran, das mir unangenehm war.

Nicht weil sie vorwurfsvoll gewesen wären - im Gegenteil, diese weiche Wärme wollte etwas in mir berühren, das nicht da war. Es fühlte sich an, als würde sie mir ein Puzzleteil reichen, das ich integrieren sollte, dafür aber keinen Platz fand. Eine Stimme in mir fragte: "Was soll das jetzt? Was will sie schon wieder?" Und ich stieß sie von mir weg. Auch wenn ich erkannte, dass es ihr aus irgendeinem Grunde wichtig sein musste - ich hatte keinen Zugang zu dem, was sie meinte und es interessierte mich auch nicht.

Daraufhin zog sie aus meiner Behausung aus, zu meinem Bruder, der nicht ganz so grob mit ihr umsprang.

Als ich starb, hinterließ ich einige Kinder.

In diesem Leben hatte ich nur eines im Sinn gehabt: mein Ding durchzuziehen. Da hatte ich als Menschenseele noch einiges zu lernen...

Und das merkte ich auch, als ich meinen Körper verließ, denn das war nicht sehr angenehm.

Als meine Kräfte endgültig schwanden, wurde ich mit einem lauten Brummton in die Erde hineingezogen. Immer tiefer. Währenddessen wurde es unangenehm heiß.

In einer Art Feuer begann ich heulende Laute, Rufen, Stöhnen und Wehklagen zu hören. Es roch widerlich nach einer Mischung aus Körperflüssigkeiten und Schwefel. Überall um mich herum sah ich Menschen, die es miteinander trieben. Aber eben nicht in Liebe. Ich sah alle möglichen Entartungen und Vergewaltigungen.

Verzerrte Gesichter erschienen wie Fratzen vor meinem geistigen Auge, die Blicke voller Besessenheit und Irrsinn. Mein Geist war verwirrt.

Die Hitze, die Kreaturen um mich herum, die Laute, das Brummen, der Gestank... und nicht zu wissen, wie ich da rauskomme; es war ein schreckliches Gefühl. Und gleichzeitig spürte ich eine innere Leere.

Doch das blieb nicht ewig so! Das Feuer war nicht umsonst da. Es klärte meine verwirrten Gedanken und Gefühle, sodass ich mit der Zeit Zugang zu meiner Intuition erhielt und erkannte, dass das, was ich da erlebte, der Ausdruck von jenen Gedanken und Gefühlen sein musste, die mein Leben geprägt hatten.

Sobald ich diese Einsicht zuließ, kam ich zwar nicht direkt ins Licht, aber immerhin bewegte sich meine Seele nach oben und es begann, sich angenehmer anzufühlen.

Auch sagte mir meine Intuition, dass dieser Ort, an dem ich mich befand, ebenso von anderen Menschen und ihren Gedanken und Gefühlen mitgeschaffen worden war. Und dass jeder seine ganz persönliche Erfahrung mit dieser Erfahrungsebene, die wir heutzutage Hölle nennen, macht, weil jedes Leben ein Unikat ist.

Je weiter ich nach oben glitt, umso wohler fühlte ich mich. Währenddessen kam mir in den Sinn, dass meine Partnerin vielleicht Dinge wusste, von denen ich noch keine Vorstellung hatte und dass es womöglich etwas gab, das ich noch lernen könne. In mir keimte eine Ahnung auf davon, dass mir etwas Wichtiges fehlte, was das Leben schöner machen würde.

Engel und vorangegangene Seelen umfingen mich, und ich erinnerte mich wieder daran, wo ich ursprünglich hergekommen war. Dann sank ich in den Schlaf der Seele und nahm nicht mehr viel wahr.

Meine Seele ruhte sich erstmal aus.

Seelenerkenntnis

Es gibt für meine Entwicklung noch „Luft nach oben".

Die Hölle ist ein besonderer Ort, der der Erkenntnis und der Fortentwicklung der Seele dient.

Die Schöpfung bietet mir alle Hilfen, die ich für meine Entfaltung brauche.

Das besondere Seelengeschenk

Am Anfang der Entwicklung als Mensch zu stehen und noch Hunderte von Inkarnationen vor mir zu haben, in denen ich von Grund auf lernen darf, zu lieben. Ich kann mich austoben, ausprobieren und wählen, wie ich mit den mir gegebenen und von mir gewählten Voraussetzungen umgehen möchte. Innerhalb dieser bin ich frei, in meinen Entscheidungen das JETZT zu gestalten. Eine spannende Reise liegt vor mir.

Geschenk in diesem Leben

Ich bin in der glücklichen Lage, die Möglichkeiten und Empfindungen der ersten gelebten Leben mit denen von späteren Leben sowie mit den feinstofflichen Welten, die die menschlichen Angelegenheiten regeln, vergleichen zu können. Das gibt mir ein großes Vertrauen in die Menschheit und ihre Entwicklungsmöglichkeiten.

Ich sehe Menschen und ihr Tun nicht als sinnlos und ungerecht an, sondern ich kann nachempfinden, dass es Inkarnationen gibt, in denen man meint, Krieg führen zu müssen oder sich auf brutale Weise holen zu müssen, was man braucht.

Ich weiß, dass auch diese Menschen irgendwann in ihrem Herzen ankommen, weil sie eine natürliche Korrektur erfahren, die höheren Gesetzmäßigkeiten unterliegt und die zur richtigen Zeit am richtigen Ort stattfinden wird.

Ich habe keine Angst vor der Hölle oder dem Fegefeuer, weil ich sie als eine feinstoffliche Kraft erfahren habe, die behütet ist und Segen bringt.

Ein weiteres Geschenk ist das Wissen, dass es am Ende nur die Liebe gibt.

16. Die Hölle

Ein Ort besonderer göttlicher Gnade

Aus dieser Hölle war ich also herausgekommen.

Es sollten erst einmal noch weitere ähnliche Erfahrungen folgen, bis ich so weit war, mehr und mehr Liebe in meine Gedanken, Worte und Taten fließen zu lassen. So, wie jede Entkörperung anders verlief, war auch jede „Hölle" eine andere.

Ich kann mich an verschiedene Höllen erinnern. In manchen war es heiß, in manchen kalt. In manchen waren viele andere Wesen mit mir, in anderen wiederum fühlte ich mich allein meinem Inneren ausgesetzt. Oder ich landete in Zwischenwelten, nicht ganz Hölle, aber auch nicht wirklich Himmel - diesem Gefühl der absoluten Annahme, Liebe und Geborgenheit.

Zwischen meinen mannigfaltigen Toden habe ich die Hölle als einen Ort erlebt, an dem ich mich in einem Erlebnisraum wiederfand, der tief empfundene emotionale Zustände widerspiegelte. Deshalb kann ich sagen: Man kommt aus der Hölle immer raus!

Irgendwann wurden die Begriffe ewige Hölle und ewiges Fegefeuer geprägt; das Ewig bezieht sich jedoch nicht darauf, dass man sich dort ewig befindet, sondern, dass dieser Ort ewig da ist, solange es Schöpfung gibt, die Unterstützung bei der Bewusstseinsentwicklung beansprucht.

In der Hölle sind transformierende Kräfte und Lichtwesen tätig, die die Einsicht fördern. Es gibt keinen Stillstand, sodass alles irgendwann vorüber ist, auch eine höllische Erfahrung.

Die Schöpfung hat ihre perfekten Entfaltungshilfen und ist darauf ausgerichtet, weiter zu gehen, denn das ist ja der Plan: in die nächste Inkarnation zu schlüpfen und mehr Erfahrungen zu sammeln. Mit der Entwicklung meiner Seele wurden die Ebenen, in die ich nach dem Ableben hineingeholt wurde, immer lichtvoller.

Die Hölle ist nicht ein Ort ewiger Verdammnis und des Herausfallens aus der göttlichen Gnade, sondern ein Ort der Bewusstseinstransformation, der, je nachdem wo wir uns befinden, durch das feinstoffliche Feuerelement unterstützt wird. Es transformiert alles, was uns daran hindert, ins Liebeslicht zu gehen.

Die Hölle ist ein Ort, an dem höchste göttliche Gnade waltet.

Die Hölle nach dem Entkörpern wird zwar intensiv erlebt und

kann sehr unangenehm sein, aber auch im Leben kann man eine Art Hölle erfahren.

In der feinstofflichen Hölle und in den Zwischenreichen sind unsere Erlebnisse jedoch bei entsprechender Erkenntnis von einem zum anderen Augenblick wandelbar. Im irdischen Leben dagegen brauchen manche Dinge Zeit. Im menschlichen Leben finden wir zu den Kräften der Transformation oftmals keinen Zugang und alles wirkt so aussichtslos.

Die irdische Hölle kann manchmal als noch schlimmer empfunden werden als die eigentliche Hölle, die wir ohne unseren Körper erleben.

17. Regenwurm
Heilsamer Ausgleich

Nach dieser ersten menschlichen Inkarnation sollte ich eine tierische, meine Bewusstseinsfelder harmonisierende Verkörperung erleben, die mich zur Ruhe kommen ließ. Ich wurde ein Regenwurm.

Durch diese Inkarnation kehrte Friede in mich ein. Auch in den feinstofflichen Welten erlebte ich Frieden, ja, aber es geht meiner Erfahrung nach auch darum, Verletzungen, die man irgendwo, irgendwann, auf irgendeiner Ebene erfahren hat, auf derselben Ebene als geheilt erleben zu wollen.

Das bedeutet, dass es für Menschen wichtig ist, ihre Verletzungen zusätzlich über erdgebundene Heilungserfahrungen zu integrieren, sodass einem Wesen die Heilung ganzheitlich auf allen Ebenen, die die inkarnierte Seele ausmachen, gespiegelt wird. Dadurch werden alle Ebenen als geheilt erfahren, sei es körperlich, emotional, geistig oder spirituell.

Ich nahm mich als das Tier, das ich war, nun etwas anders wahr als in meinen vorherigen tierischen Inkarnationen, denn nun hatte ich meine erste menschliche Inkarnation in meinem Seelengedächtnis-Gepäck.

Ich genoss, mit dem Hintergrund der als Mensch gemachten Erfahrung, besonders die Ausgewogenheit meines Gefühlslebens. Denn die Erinnerung an mein früheres Menschenleben schwang wie die Erinnerung an einen Traum in mir weiter.

Ich war nicht so sehr ins Vergessen eingetaucht wie in meinen bisherigen Verkörperungen, denn es ging darum, eine Wandlung des in meiner Wahrnehmung wirkenden Bewusstseins zu schaffen.

Das aktive, von sexuellen Trieben gesteuerte Leben, das ich zuvor geführt hatte, konnte über ausgleichende Eindrücke und Empfindungen in dieser irdischen Inkarnation als Wurm verarbeitet werden. Es war heilsam, vom wunderbaren Element Erde vollkommen umgeben und in ihm geborgen zu sein. Es war heilsam, nicht von menschlichen Trieben dominiert zu sein.

Die unbewusst gesteuerte Peristaltik veranlasste ein ganz natürliches Sich-Ausdehnen und Zusammenziehen meines Körpers, sodass ich mich in der Erde vorwärtsschieben konnte, ohne darüber nachdenken zu müssen. Die rhythmischen, den gesamten Körper erfassenden Bewegungen wirkten auf mein Gemüt harmonisierend. Ich war ein friedliches Wesen ohne große Zerstörungskraft.

Hier konnte ich mich hingeben, dienen und keinen Schaden anrichten. Ich erholte mich von meinem menschlichen Ego und konnte mein Sein einfach nur genießen.

Es war friedlich, es war einfach, und es war heilsam, dieses Leben.

Seelenerkenntnis:

Wenn ich vorher ein Mensch war und dann ein Tier werde, fließen die zuvor gemachten menschlichen Erfahrungen meiner Seele als mehr oder weniger bewusste Eindrücke in meine Wahrnehmung ein.

In einem materiellen Körper gemachte disharmonische Erfahrungen können durch das Bewohnen eines neuen, sich anders verhaltenden Körpers heilsame Impulse bekommen.

Die Dimension der Natur ist ein die feinstofflichen Ebenen ergänzender, wertvoller Heilungsraum für Seelenerfahrungen.

Das besondere Seelengeschenk:

Meine als Mensch gemachten Erfahrungen wurden harmonisiert.

Geschenk in diesem Leben:

Die sanften Bewegungen eines Wurms zu erleben und wie sich seine innere Ruhe, eingebettet in das wohltuende Erdelement, anfühlt, ist eine ganz andere Ruhe als die in Menschengestalt oder die in den feinstofflichen Welten.

Ich begreife Heilung dadurch auch in einem reinkarnationsübergreifenden Zusammenhang. Unser System möchte seine Harmonisierung ebenso hier auf der Erde erleben, wo die Disharmonie entstanden ist. Deshalb sehe ich die Natur nicht nur als ein Geschenk und als Ausdrucksform der Schöpfung. Durch die unterschiedlichen Eigenschaften ihrer Erscheinungsformen schafft die Natur Raum für heilsame Erfahrungen auf dem Entwicklungsweg einer Seele, indem diese sich in neue Verkörperungen und dadurch veränderte spezifische Qualitäten des Erlebens hineinbegeben kann.

18. Steinzeitfrau
Verlogen und gemein

Danach inkarnierte ich, ebenfalls in der Steinzeit, in einem Frauenkörper und nahm die Dinge von der Seite des anderen Geschlechtes aus wahr: Was es bedeutet, einen Körper zu haben, der nicht so robust ist wie ein Männerkörper, der Schmerzen empfindet, wenn die Brüste wachsen, wenn die Regel kommt, wenn ein Kind geboren wird. Unbewusst, in meiner Seelenwahrnehmung, glich ich diese Erfahrung mit derjenigen in einem Männerkörper ab und verstand jetzt so einiges besser.

Jedoch blieb ich triebhaft und schlicht in meinem Denken und handelte weiterhin gewissenlos. Ich benahm mich falsch und hinterhältig, ich schürte Intrigen. Ich verhielt mich zwar nicht körperlich brutal, dafür aber manipulativ – mit den entsprechend höllischen Folgen nach meinem Ableben.

Als ich entkörperte, glitt ich wieder von einem Brummen begleitet in die Erde hinein. Diesmal kamen aus der Ferne höhnisch lachende Frauengestalten auf mich zu, bis ihre Gesichter ganz groß vor mir erschienen. Es zeigten sich mir gleichzeitig mehrere Sequenzen von Umständen, in denen mich umgarnende Frauen mir Versprechungen machten, wie zum Beispiel über Zusammenhalt, Stillschweigen oder Loyalität.

Gleichzeitig konnte ich die Zukunft sehen und wie sie das Gesagte mit einem süffisanten Grinsen wieder brachen und sich gegenteilig zu dem vorher Gesagten verhielten. (Es ist in diesem Zustand des Bewusstseins möglich, mehrere Ereignis-Ebenen gleichzeitig wahrzunehmen. Das Jetzt und die Zukunft waren in diesem Augenblick eins).

Diese Bilder entsprachen dem, was ich zuvor selbst in die Welt gebracht hatte. So war ich in meinem letzten Leben gewesen.

Erinnerungsfetzen stiegen in mein Bewusstsein, verzerrt und quälend. Ich beschloss, meinen Charakter zu verbessern. Denn als ich begriff, welche Auswirkungen mein Betragen hatte, wurde mir klar, dass ich, wenn ich mich weiter so verhalten würde, in einen unangenehmen Kreislauf geraten würde.

Ich bekam Eindrücke davon, wie sich das in Zukunft anfühlen würde. Es würde keine Stimmung von Freundlichkeit, Geborgenheit und Nähe aufkommen können zwischen mir und meinen Erdengeschwistern. Sowohl sie als auch ich würden sich im Umgang miteinander stets unsicher fühlen und auf der Hut sein müssen. Ich entschied, diese Falschheit hinter mir zu lassen, auch wenn es viele Leben dauern sollte.

So schnell geht das mit der Seelenentwicklung nämlich nicht, denn ein Thema hat unterschiedlichste Facetten und Ebenen, in denen negative Muster entstehen und wirken, die mit verschiedenen Erfahrungsebenen verbunden sind, die alle aufgearbeitet und durchdrungen werden wollen, so dass sich eine ganzheitliche Fortentwicklung ergibt. Im Falle der Falschheit war es u.a. nötig, an Themen wie Vertrauen, Nähe und dem Aushalten von Verbindlichkeit zu arbeiten.

Diese Themen wiederum bringen eine Vielzahl an neuen Erfahrungen und brauchen neue Entscheidungen, um in ihrer Gänze durchdrungen zu werden und um in Verbindung mit den Grundthemen jedes Chakras frei schwingen zu können.

Hier ein Beispiel anhand meines Themas Vertrauen und Nähe.

Im Bereich des *Wurzelzentrums*: Vertrauen in das Konzept Nähe und Verbindlichkeit gewinnen.

Sakrales Zentrum: Nähe und Verbindlichkeit körperlich aushalten können, einschließlich aller Empfindungen, die dabei entstehen. Die bisher unbekannten Gefühle dazu integrieren.

Sonnengeflecht: Das Bedürfnis, jemanden zu manipulieren, um die eigenen Ziele zu erreichen, zugunsten von Nähe und Verbindlichkeit aufgeben. Denn diese benötigen Respekt, um in einem Gefühl der Sicherheit entstehen zu können.

Auf der Herzebene: Entsprechend liebevolles Vorgehen innerhalb dieses Themas erlernen. Liebevolle Gefühle generieren, auch wenn das Gegenüber sich so verhält, dass man in Ablehnung verweilen könnte.

Halszentrum: Lernen, sich wahrhaftig und verbindlich auszudrücken und erfahren, wie ein Gegenüber darauf reagiert.

Stirnzentrum: Sich bewusst für Gedanken der Verbundenheit und des Vertrauens zu entscheiden, auch wenn ein innerer Anteil am liebsten davonlaufen würde.

Kronenzentrum: Lernen, eine höhere Instanz in die Regelung der zwischenmenschlichen Angelegenheiten zu integrieren, wie zum Beispiel Gott, das Universum, die Engel, die Geistführer, die Seele des anderen und dadurch der Erfahrung von Wundern Raum geben.

Dieser Prozess kann sich über viele Leben hinziehen.

Als ich mich entschied, das bisherige Verhalten hinter mir zu lassen, fand meine Seele wieder aus der Hölle heraus und ich fiel erneut in den Schlaf im Feld der Wunder. Eine einsichtsvolle Lebensrückschau sollte erst später die Erfahrung der Hölle ersetzen. Und auch die Art der Lebensrückschau veränderte sich von Exkarnation zu Exkarnation.

Im darauffolgenden Leben, wieder als Mann, lernte ich langsam, Emotionen wahrzunehmen und auf sie zu reagieren. Ich nahm eine Frau nicht mehr, wie und wann ich wollte, und auch sonst machte ich einiges anders. Aber trotzdem ging es in den folgenden

Inkarnationen immer noch darum, eine Basis für den Umgang miteinander zu erlernen.

Das Entdecken der faszinierenden Geheimnisse menschlicher Entwicklung hatte ja gerade erst begonnen.

Seelenerkenntnis
Wenn ich mich entschieden habe, etwas zu verändern, kann es mehrere Leben dauern, bis ich das Thema auf allen Ebenen durchdrungen und gemeistert habe.

Das besondere Seelengeschenk
Ein weiteres Leben.

Geschenk in diesem Leben
Weil ich mich erinnere, dass ich damals nicht anders handeln konnte, weil ich es einfach noch nicht besser wusste, habe ich Geduld und Mitgefühl mit Menschen, die sich nicht wahrhaftig verhalten, und Verständnis dafür, dass Persönlichkeitsentwicklung Zeit braucht.

19. Erdreichbewusstsein
Die Schöpfung nährt sich selbst

Die in menschlicher Gestalt gemachten Erfahrungen fügten sich meinem Seelengedächtnis hinzu. Meine Seele, in welcher Form sie sich auch entfaltete, gewann nach und nach eine erweiterte Perspektive.

Ich begriff intuitiv mehr von dem, was um mich herum vorging und konnte, meiner Seelenentwicklung entsprechend, mehr Informationen aus dem Feld sinnvoll für mich umwandeln, obwohl ich den Gesetzmäßigkeiten meiner jeweiligen Verkörperung unterlag. Auch wenn ich weiterhin die vorherigen Inkarnationen weitestgehend vergaß, veränderte sich mein Grundgefühl von Inkarnation zu Inkarnation. Die Erlebnisse meiner Seele waren ja nicht ausgelöscht, sondern nur in den Hintergrund getreten. Sie waren in meinem Seelenerfahrungsspeicher abgelegt und formten von dort aus mein Bewusstsein und meinen Bezug zur Umwelt.

Seid Ihr schonmal einem Tier begegnet, von dem Ihr das Gefühl hattet, es weiß genau, wie es Euch gerade geht und was es tun muss, um Euch z.B. zu trösten? Dass es Euch versteht und Euch zuhört? Dass es sich „menschlich" verhält, während andere Gesellen der gleichen Spezies weniger vermenschlicht wirken? Dann seid Ihr einer Seele begegnet, die schon länger unterwegs ist und deren eigene Erfahrungen auf ihren Selbstausdruck und ihre Verbindung zu allem was ist, wirken.

Um mich von meinen herausfordernden menschlichen Erfahrungen auszuruhen und das Gefühl von Vertrauen in einem materiellen Kontext zu erfahren, zog ich mit meinem Seelenbewusstsein in ein Stück Erdreich ein und bewohnte einen Bereich von ca. 20 cm Durchmesser. Die Erde an diesem Ort war feucht, gehaltvoll, locker und gleichzeitig prall. Es fühlte sich ruhig dort an und unendlich geborgen.

Die Masse, die die Erde selbst ausmachte, bewegte sich nicht, aber die Kleinstlebewesen, die friedlich in diesem Stück Lebensraum koexistierten, brachten Bewegung hinein. Auch der Regen.

Auch konnte ich die Vegetation auf mir und um mich herum wahrnehmen. Und hätte jemand mich liebevoll in seine Hände genommen oder umgegraben, ich hätte auch das realisiert.

Es war ein Gefühl von: Die Schöpfung sorgt aus sich selbst, für sich selbst. Es ist alles perfekt eingerichtet, damit gedeihen kann, was auch immer will, was auch immer muss. Fülle ist da, alles ist gut. Ich bin, was ich bin.

Es fühlte sich gut an, der Existenz auf diese Weise Raum zu geben und ich genoss es, nichts anderes zu tun als mich wahrzunehmen und mich als Erde zu erleben. Einfach da sein und das Leben findet statt... ohne Anstrengung... ohne Einmischung... ohne mein Karma beeinflussende Entscheidungen zu treffen... ohne irgendetwas tun zu müssen... ohne aktive Fortbewegung, Nahrungssuche oder sonstiges.... Erholsam und wundervoll, dieses Sein in Geborgenheit und Liebe. Es führte mich wieder einen Schritt weiter in der Heilung der Verletzungen, die ich mir und anderen durch das Hineinbegeben in das Gefühl des Getrennt-Seins zugefügt hatte...

... eine unermesslich beruhigende Erfahrung.

Seelenerkenntnis
Jedes Fleckchen Erde hat sein eigenes Bewusstsein.

Das besondere Seelengeschenk
Durch die Erfahrung, Erde zu sein, erfolgte eine Harmonisierung der Bewusstseine, die in den vorangegangenen Verkörperungen sehr aktiv waren. Ich konnte in diesem passiven Zustand ein tiefes Gefühl von Vertrauen kennenlernen.

Geschenk in diesem Leben
Die Ruhe und Freude, die ich in der Erinnerung an diesen Daseinszustand verspüre.

2. Chakra
Sakralzentrum
Kreativität, Lebendigkeit, Lebensfreude

Meine Entwicklung ging weiter über das Sakralzentrum. Es ist das Zentrum, in dem wir lernen, uns an unseren physischen und emotionalen Erfahrungen zu erfreuen.

Nun begannen für mich Erfahrungen mit dem Wasserelement auf verschiedenen Ebenen. Als das Wasser selbst konnte ich auch die energetische und ätherische Wirkung dieses Elementes kennenlernen.

Von nun an begann ich, mich intensiv mit dem Körper auseinanderzusetzen. Es ging darum, zu fühlen, zu entdecken, zu lernen, Lebensfreude zu erfahren, Kreativität und Sinnlichkeit zu erleben sowie den Körper und den Umgang mit seinem Energiefluss zu erkunden.

20. Meeresbewusstsein
Transzendentale Verbindung

Wasser ist ein lebendiger Informationsträger.

Masuro Emoto hat diese Erkenntnis mit seinen Forschungen und Bildern zugänglich gemacht.

Das Meer nimmt, zumeist ungestört, die Strahlungen des Universums und der Erde auf. Tag und Nacht. Das heißt, Meerwasser ist aufgeladen mit der energetischen Information der Erde, der Planeten, der Sterne, der Elemente, der feinstofflichen Welten, des Universums, der Unendlichkeit und es speichert diese Informationsenergie.

Kommen wir in Kontakt mit ungestört aufgeladenem Wasser, überträgt sich eine besondere Information, die uns mit unserem Ursprung verbindet.

Ich war Teil des Meeresbewusstseins und sah mit meinem Seelenauge. Aus jetziger Sicht kann ich mich an eine Wahrnehmung von schätzungsweise ein bis zwei Quadratkilometern und ca. 20 Metern Tiefe erinnern.

Mit meinem Seelenauge konnte ich rundherum und auch in mich hineinsehen, aber mein Blick war meist fasziniert zum Strand oder zum Himmel gerichtet. Ich hatte umfassende Empfindungen und war mir meiner selbst und meiner Verbindung zu allem bewusst.

Unentwegt brandete ich an den Strand. Er war schmal, denn unweit dahinter ragten Kreidefelsen auf. Ich spülte vor und zurück, immer und immer wieder. Es war schön, ein bewusster Teil des Meeres zu sein.

Als solcher empfand ich eine transzendente Verbindung zu meiner Umgebung und erlebte mich mit dem Kosmos verwoben, rhythmisch wogend, eingebettet in das Gefühl zeitloser Ewigkeit und räumlicher Unendlichkeit.

Ich fühlte mich auf einer tiefen, spirituellen Ebene verbunden mit allem, was um mich herum existierte. Ich selbst war nicht sehr tief, eher ein Bodden als das wilde Meer. Aber ich hatte ein Gespür für die Größe und Weite aller Meere dieses Planeten, mit denen ich auf eine Art verwoben war.

Die Natur, die das Meer umsäumte, die Strände, die Wälder, die Klippen, all das war mir bewusst, während ich im Erleben meiner rhythmischen Bewegung aufging.

Ich fühlte, wie eine Urkraft mich nach vorne zum Strand schob und wieder nach hinten zog. Die Gezeiten wirkten auf mich, auch wenn ich ihren Einflüssen nur schwach unterworfen war.

An jedem Ort meiner selbst fühlte ich mich anders an und doch fühlte ich mich als eins. Die verschiedenen Wärmeschichten waren nahtlos ineinander übergehende Facetten meiner selbst und bildeten ein Ganzes.

Auch fühlte ich die Lebewesen, die ich in mir beherbergte. Die Tiere, die Pflanzen, die Muscheln und Steine, Holz und Blätter oder was sonst noch in mir Heimat fand.

Ich spürte, in welchen Mustern alle Teilchen meiner Wassermasse sich bewegten und wie diese sich, je nach Strömungsverhalten, veränderten. Regen oder Nebel, Sonne oder Schnee, jede Wetterlage löste andere Empfindungen in meinem Meeresbewusstseinskörper aus und durchdrang mich zur Gänze.

Die Erde mit ihrem sich stetig andersartig formenden Sand unter mir, die Luft, die sich je nach Wetterlage unterschiedlich feucht anfühlte, der mal sanft, mal stark wehende Wind, die unablässig wandernde Sonne, der zart scheinende Mond, die Sterne mit ihren verschiedenartigen Impulsen, die Weite des Alls, der Himmel, der je nach Witterung von Wolken verhangen oder klar und blau war, boten mir ununterbrochen neue, genussvolle Eindrücke.

Ich schwelgte in einem vollkommenen und niemals eintönigen Zusammenspiel mit den Elementen.

Im Sommer fühlte sich das Wellengeschehen eher verspielt an. Bei Sturm war ich dicht und wild, wirbelte den kleinen Sandstrand auf und nahm mit mir, was sich durch die Kraft des Wassers löste.

Bei Eiseskälte erstarrte ein Teil von mir und kam bei Erwärmung wieder in Bewegung. Ich liebte den Anblick von Schnee, der sich sanft auf den Strand und seine Formen legte, und auch die Eiszapfen, die sich an hervorstehenden Wurzeln und Vorsprüngen bildeten.

Hin und wieder gingen Menschen am Wassersaum entlang, aber dies war in diesem Jahrhundert kein Ort, an dem man voller Behagen am Strand seine Freizeit gestaltete.

Während ich unablässig ans Ufer wogte, genoss ich es, den Wechsel der Jahreszeiten zu erleben. Es faszinierte mich, welch abwechslungsreiche und bezaubernde Formen unter der Einwirkung meines stetig in Bewegung befindlichen Wellenkörpers, dem Einfluss der Elemente sowie der Temperaturen entstanden.

Das Besondere daran war, wie ich die Eindrücke der Schönheit der wilden Natur, die sich von Tag zu Tag, von Stunde zu Stunde, ja von Augenblick zu Augenblick in mir, um mich herum und durch mich veränderte, voller Verzauberung in mich aufnahm.

Ungefähr 15-20 Jahre genoss ich das von metaphysischen Kräften durchdrungene, tief empfundene und bewegte, rhythmische Sein, bis meine Seele weiterzog.

Es war so herrlich und zutiefst erfüllend!

Seelenerkenntnis
Ein Meeresbewusstseins nimmt das Sein spirituell und genussreich wahr.

Das besondere Seelengeschenk
Die tiefe Verbundenheit mit den Elementen und dem Kosmos auf diese Weise zu erfahren.
Das Rhythmisch-bewegt-Werden und durch die Eigenheiten der mich ausmachenden Substanz eine Fülle von bezaubernden Sinneseindrücken und transzendentalen Wahrnehmungen zu haben.

Geschenk in diesem Leben
Die Art und Weise, wie ich sowohl meine damalige Verbindung zur Umgebung als auch mein tiefes Meeresbewusstsein in mir wachrufen kann - wunderschöne, spirituelle und transzendente Empfindungen, die mich jedes Mal aufs Neue begeistern und die ich von ganzem Herzen liebe.
Ich bin dankbar für die Erinnerungen an diese tiefgreifenden Wahrnehmungen.

21. Urwaldjunge
Ins Gleichgewicht kommen

Über einige Leben hinweg hatte ich nun gelernt, gewissenhafter mit meiner Umgebung umzugehen. Jetzt war ich bereit für eine neue Stufe der Erfahrungen. Deshalb durfte diesmal bei mir etwas anders sein, als bei den anderen um mich herum.

Ich war nicht im Gleichgewicht. Schon das Krabbeln funktionierte nicht so, wie es sollte, und als ich anfangen wollte zu laufen, wurde es noch deutlicher: Mein Gleichgewichtssinn war gestört.

Es gelang mir nicht, stehen zu bleiben, immer wieder fiel ich hin. Meine Eltern, mit denen ich im Dschungel, in einem kleinen Dorf aus einfachen Hütten lebte, gaben mir zwar zu essen und ein Dach über dem Kopf, aber als sie merkten, dass ihre Bemühungen, mir das Laufen beizubringen, scheiterten, ließen sie mich innerlich los.

Sie schämten sich für mich. Deshalb saß oder krabbelte ich tagein, tagaus allein vor der Hütte herum oder probierte, aufzustehen und mich zu bewegen. Ich hatte einen starken Willen. Dadurch schaffte ich es mit der Zeit, in den Stand zu kommen, und irgendwann, mühsam einen Fuß vor den anderen zu setzen.

Bei jedem Schritt schaukelte ich wie ein Schiff bei Sturm auf hoher See. Es gelangen nur ein, zwei Schrittchen, bis ich wieder umkippte und auf der Erde lag. Mein Körper änderte beim Fallen seine Richtung, ohne dass ich es kontrollieren konnte; er machte, was er wollte.

Je größer ich wurde, umso mehr tat ich mir beim Fallen weh. Das blieb so, auch, als ich älter wurde. Aber irgendwann schaffte ich es, mich beim Fallen so zusammenzuziehen, dass ich, sobald ich umzufallen begann, Arme, Beine und Kopf einzog, damit die Glieder geschützt waren.

Nicht selten kullerte ich jemandem vor die Füße.

Die meiste Zeit des Tages verweilte ich allein irgendwo sitzend oder stolperte durchs Dorf. Denn auch ich wollte etwas erleben.

Dabei kam ich an den Hütten der Dorfbewohner vorbei, die draußen ihre Tätigkeiten verrichteten. Sie flochten Körbe oder anderes, stellten nützliche Sachen und Schmuck her, formten Fladen oder saßen einfach nur da und beobachteten mich.

Mit Mitgefühl, abschätzig oder sie machten sich lustig – aber meistens ignorierten sie mich. Niemand hatte den Impuls mir zu helfen. Ich sprach nicht viel und sie auch nicht. Im Dorf war ich einfach „das fallende Kind", mehr nicht.

Je größer ich wurde, umso besser gelang es mir, sogar zwei, drei aufeinanderfolgende Schritte zu machen, ohne zu stürzen, denn ich hatte eine Technik entwickelt: Ich begann meinen Körper ganz gezielt zu beobachten und machte bewusst eine Pause, wenn das Wanken überhandnahm.

Dann blieb ich taumelnd stehen, um mich zu sammeln, atmete tief durch und nahm Kontakt zu meiner Mitte auf. Erst wenn ich diese spürte, setzte ich wieder einen Fuß nach vorne. Das bewahrte mich zwar nicht gänzlich davor, zu fallen, aber ich fiel nicht mehr so oft. So wackelte und fiel ich einige Jahre lang durch das Dorf, während die anderen Kinder der Gemeinschaft sich zu lustigen oder abenteuerlichen Spielen sammelten, bei denen ich nicht mit-machen konnte.

Keiner bekundete ein Interesse daran, mich auf irgendeine Art und Weise einzubinden oder zu fördern, auch meine Eltern nicht.

Es war nicht, wie man es sich bei einer kleinen Gemeinschaft vor-stellen könnte, so, dass ich integriert wurde - nicht einmal von den Kindern. Meine Eltern gaben mir zu essen, und das war es.

Ich bekam Geschwister, die gesund waren und die sich frei in der Gemeinschaft bewegen konnten. Ihnen wurde mehr Aufmerksamkeit geschenkt. Bald hatte ich von alldem genug.

Mit acht oder neun Jahren beschloss ich, allein klarzukommen. Ich wollte nicht mehr missachtet leben in einer Gemeinschaft, in der ich so vor mich hin existierte und niemand daran dachte, mir Zuwendung zu schenken, und zog los.

Im Morgengrauen machte ich mich auf den Weg, weg vom Dorf,

tief in den Dschungel hinein. Es war nicht einfach, vorwärtszukommen, denn bisher hatte ich mich nur auf dem platt getretenen, erdigen Dorfboden bewegt. Immer wieder fiel ich hin... ins Gebüsch, auf abgebrochene Äste, auf Steine. Es war sehr mühsam, mich durch das Dickicht zu kämpfen. Aber ich war so fest entschlossen, diese Ignoranz hinter mir zu lassen, dass ich die Schmerzen meines Körpers in Kauf nahm. Bis ich weit genug entfernt war, war er zerschunden.

Keiner suchte ernsthaft nach mir. Ich spürte, dass meine Eltern und auch die Dorfbewohner froh waren, den „fallenden Jungen" los zu sein. Ein sich entwickelnder guter Instinkt ermöglichte es mir, zu überleben.

Ich blieb an einem Platz am Fluss. Das Wasser war klar, ich konnte es trinken. Der Bewuchs des Bodens war dicht. Ich glättete ein schmales Stück und legte große Blätter darauf, was einige Zeit in Anspruch nahm und neue Wunden mit sich brachte. Dorthin bettete ich mich zum Schlafen. Es war umständlich, für mein Essen zu sorgen, es brauchte große Geduld. Vorzugsweise aß ich blaue, schmackhafte Beeren.

Allein auf mich gestellt zu sein war besser, als ein Leben lang mit Menschen zusammen zu bleiben, denen ich egal war.

Sobald ich mich daran gewöhnt hatte, meinen Tag auf meine Weise zu gestalten, begann ich, an mir zu arbeiten. Ich dachte mir Gleichgewichtsübungen aus: Ein Bein langsam so hoch wie möglich anheben und versuchen, es ebenso langsam abzusetzen. Das andere Bein langsam anheben, absetzen. Dabei im Geiste wachsam dem Gefühl des Wankens entgegensteuern. Dies tat ich über eine innere Anweisung und hohe Konzentration.

Ich schulte meine Augen, etwas zu fixieren und nicht so schnell meinen Wackelbewegungen nachzugeben. Dann versuchte ich, dabei so lange wie möglich stehen zu bleiben und so wenig wie möglich zu wanken... Und trotzdem: immer wieder umfallen, aufstehen, weitermachen. 10, 20, 100 Mal... geschafft! Das Schwanken wurde weniger, mein Geist gewöhnte sich daran, gegenzusteuern und mein Körper begann mit der Zeit, ihm zu gehorchen.

Ich übte, Schritt für Schritt aufrecht und in meiner Mitte zu bleiben. Aufs Äußerste konzentriert.

Als Steigerung suchte ich mir kleine Hindernisse und übte, über sie hinwegzusteigen. Mein Körper tat zunehmend, was ich von ihm wollte. Die Beeren trugen dazu bei, ihm Kraft zu geben.

Als weitere Herausforderung krabbelte ich auf Baumstämme, die auf der Erde lagen und versuchte, auf dem Stamm zum Stehen zu kommen, 10, 20, 100 Mal... geschafft!

Dann lernte ich, auf ihnen zu laufen. Langsam ein Bein heben, dem immer noch leise vorhandenen Gefühl des Wankens entgegensteuern, das andere Bein heben. Oft fiel ich herunter, das tat manchmal sehr weh. Ich gab nicht auf, beschleunigte sogar mein Tempo. Es ging immer besser.

Während ich dies alles erlernte, wurde mein Körper größer und kräftiger. Eine neue Herausforderung fand ich an einer Stelle am Fluss, an dem das Ufer anstieg und ein umgefallener Baumstamm ihn wie eine Brücke überquerte. Die abschüssigen Ufer ließen ihn knapp zwei Meter über dem nicht sehr tiefen Wasser schweben.

Ich wollte lernen, den Fluss zu überqueren, ohne herunterzufallen. Einmal landete ich wie auf einem Pferd sitzend, die Beine links und rechts herabhängend, auf meinen Eiern... Das tat sowas von weh!

Diese Erfahrung erhöhte meine Konzentration und Achtsamkeit noch mehr, denn ich hatte mir in den Kopf gesetzt, diese Herausforderung unbedingt zu meistern, aber so einen Schmerz wollte ich nicht noch einmal erleben.

Immer öfter kam ich unbeschadet hinüber.

Die Arbeit an mir veränderte auch mein Inneres und ich fühlte mich immer selbstsicherer und fröhlicher. Ich genoss die Zeit in der Natur mit mir selbst. Gerne saß ich auf dem Baumstamm und sinnierte. Ich kann mich gut daran erinnern, wie die Beine meines immer größer werdenden Körpers mit der Zeit nach und nach ein kleines Stückchen weiter zum fließenden Wasser unter mir reichten.

Ich wuchs zu einem kräftigen, behänden jungen Mann heran, der es genoss, mit seinem drahtigen und beweglichen Körper vergnügt durch den Dschungel zu streifen. Ich war mit meinem Körper eins geworden. Das Gefühl von „Ich habe es geschafft" und die so gewonnene Freiheit waren außerordentlich zufriedenstellend. Etliche Jahre lebte ich allein im Dschungel, bis ich sanft entkörperte.

In meinen nächsten Inkarnationen würde ich die Freude an meinem Körper Stück für Stück vertiefen.

Seelenerkenntnis

Was vordergründig „schlecht" scheint, hat aus der Seelensicht einen Sinn.

Das besondere Seelengeschenk

Dass ich allein lebte und nichts anderes hatte als die ungestörte intensive Verbindung zur Natur und zu meinem Körper, war sehr wertvoll, denn ich konnte mich in einer neuen Art und Weise mit mir, meinem Körper und meiner Umgebung auseinandersetzen und verschmelzen.

Dadurch, dass ich immer wieder hinfiel und über meinen menschlichen Körper einen wiederkehrenden Kontakt zum Boden unseres wunderbaren Planeten bekam, entwickelte ich eine neue Facette der Beziehung zu ihm.

Geschenk in diesem Leben

Die Erinnerung an den Erfolg durch meine Selbstdisziplin lässt mich auch in diesem Leben mit meinem Körper und seiner Gehbehinderung diszipliniert umgehen, weil ich aus Erfahrung weiß, dass es sich lohnt.

22. Afrikanische Schönheit
Anmut und Leichtigkeit

Ich war ein gut gebautes, gesundes, nahezu schwarzhäutiges Mädchen mit dichten schwarzen Locken.

Schon früh prägte mich die Umwelt durch die bewundernde Anerkennung meiner Schönheit. Meine Eltern behandelten mich gut und mit Respekt. Wir hatten wenig Sorgen. So entwickelte ich ein ausgeglichenes und selbstbewusstes Naturell.

Die Frauen waren für die Wasserversorgung zuständig. Dazu trugen sie Tonkrüge auf ihrem Kopf zum Brunnen. Ein Gefäß, das an einem Seil hinuntergelassen wurde, brachte das Wasser nach oben, das sie dann in ihre Krüge füllten. Die schweren Behälter transportierten sie, auch auf dem Kopf, wieder nach Hause.

Von meinem Dorf mit den Hütten aus Lehm war es ein Stückchen Weg bis zum Brunnen. Der tägliche Gang dorthin war für meine Mutter eine Quelle des Austausches mit den anderen Frauen. Manchmal durfte ich mit ihr gehen.

Während sie gemeinsam Wasser schöpften und ein wenig verweilten, tratschten und lachten sie oder sprachen über ihre alltäglichen Sorgen. Einige Frauen gingen gemeinsam oder trafen sich dort, meist zur selben Zeit. Ich spürte ihre unausgesprochene Übereinkunft, die Dinge nicht zu schwer zu nehmen. Sie gingen solidarisch miteinander um. Es war eine Atmosphäre der geborgenen Gelassenheit. Nach dem Motto „Das Gras wächst nicht schneller, wenn man daran zieht", ließen sie manche Eskapaden ihrer Männer mit weisem Ausharren sich von selbst erledigen.

Wenn aber bei einem Austausch der Frauen beschlossen wurde, dass ein Mann sein Verhalten ändern solle, hatte diese Frau die mitfühlende Unterstützung der anderen im Rücken. Die Dorffrauen beobachteten in diesem Fall den Lauf der Dinge mit besonderem Interesse.

So tat sich manch eine leichter, ihrem Mann die Meinung zu sagen. Auch meine Mutter kam ab und zu bestärkt nach Hause und sprach Klartext. Und ich merkte dann, dass sie dadurch, dass sie sich nicht allein fühlte, souverän an die Sache heranging, und dass mein Vater wusste, dass bald das ganze Dorf Bescheid wissen würde, wenn er sich vollkommen querstellen würde.

In diesem Dorf hatten nicht nur die Männer das Sagen, dafür sorgte die Solidarität der Frauen untereinander. So gelang es beiden, sich in einem guten Kräftegleichgewicht aufeinander zuzubewegen.

Irgendwann war ich stark genug, selbst mit Wasser gefüllte Tontöpfe zu tragen. Die Haltung, die ich einnehmen musste, um so einen Krug sicher zu balancieren, fiel mir nicht schwer. Meinen Körper aufrecht in ruhigem Gleichgewicht zu halten hatte ich in meiner vorherigen Inkarnation zur Genüge gelernt, sodass ich sehr schnell ein Gefühl für einen harmonischen Bewegungsablauf bekam. Dadurch entstand auch eine innerliche Aufrichtung und ich reifte zu einer attraktiven und selbstbewussten Frau heran.

Mein Gang war anmutig und fließend. Während ich achtsam schritt, empfand ich Würde und Zentriertheit. Mein Körper besaß natürlicherweise eine gute Spannung, sodass es mir leichtfiel, so zu gehen. Ich liebte es, meinen Körper zu bewegen. Ich genoss das Gefühl der trockenen, heißen Erde und des Staubes unter meinen Füßen sowie die Gewänder, die meinen Körper umhüllten und mich bei jeder Bewegung meine Rundungen spüren ließen.

Unsere Gewänder hatten bunte Farben, die die Augen erfreuten. Ich fühlte mich in dieser Inkarnation besonders unbeschwert und wohl in meiner Haut. Ich hatte Gefallen an diesem täglichen Gang zum Brunnen. Zuerst als Kind, und nun als heranreifende Frau, die hier und da wertvolle Tipps für ihre Entwicklung bekam. Wir waren ein schöner Anblick in unseren leuchtenden Kleidern.

Dann kam der Tag, an dem ich verheiratet wurde und meine Erfahrungen sich veränderten. Später der Tag, an dem meine Mutter nicht mehr mit zum Brunnen gehen konnte. Da ergab es sich, dass ich mit zwei Frauen meines Alters eine tiefere Freundschaft schloss und wir uns fortan gemeinsam auf den Weg machten. Wir führten intensive Gespräche und tauschten uns über unsere intimsten Gedanken und Gefühle aus.

Nach vielen Monaten begann eine von ihnen, schlecht über mich zu reden. Das schmerzte mich. Ich verstand die Welt nicht mehr, da es für mich wie aus heiterem Himmel kam. Es halfen kein Gespräch und keine Vermittlung dabei, die Harmonie wieder herzustellen. So zerfiel diese Gemeinschaft.

Ich zog meine Konsequenzen und verschob meine Wasserzeit. Von da an bevorzugte ich es, allein zu gehen. Erst fühlte ich mich einsam und allgemein nicht mehr zugehörig. Mein Gefühl zu der solidarischen Gemeinschaft der Frauen hatte sich verändert.

Dies war der Zeitpunkt in meinem Leben, an dem ich mich bewusst einer höheren Macht zuwandte und begann, mit ihr Gespräche zu führen. Zuvor hatte ich über dergleichen nicht nachgedacht, da mein Leben bis dahin sehr leicht und schön gewesen war. Das war die erste Inkarnation, in der eine bewusste Zuwendung zu einer höheren Macht stattfand.

Ich stellte mir vor, dass ich eine Art himmlische Eltern hätte, bei denen ich mich ausweinen konnte. Meine Gespräche mit ihnen waren etwas einseitig, denn ich lud lediglich meine Sorgen und Gedanken bei ihnen ab.

Da ich nun zu anderen Zeiten zum Brunnen ging, traf ich auf Frauen, mit denen ich lange Zeit nicht viel zu tun gehabt hatte. Ich plauderte mit allen, die mit mir gingen. Aber so tief wie zuvor ließ ich mich nicht mehr ein. Ich begann es zu lieben, allein zu gehen und meine Gedanken schweifen zu lassen. Es sei denn, ich brauchte Rat, dann öffnete ich mich jenen, bei denen ich mich sicher fühlte.

Später bekam ich eine Tochter und dann einen Sohn. Ihr brachte ich das Wasserholen bei. Meine Ehe war nicht spektakulär, die Gefühle zu meinem Mann mäßig tief. Die herkömmlichen Herausforderungen meisterte ich mit einem guten Fundament aus Selbstbewusstsein, Vertrauen und dem Austausch mit den anderen Frauen.

Als mein Körper älter wurde, füllte ich den Krug nicht mehr so voll. Irgendwann ging auch ich nicht mehr zum Brunnen. Aber ich fühlte mich weiterhin würdevoll. Das Sterben geschah sanft.

Es war ein leichtes Leben gewesen, in dem ich nur wenige Herausforderungen gehabt und mich in meinem Körper wohl gefühlt hatte.

Seelenerkenntnis

Es fühlt sich wundervoll an, einen Körper zu haben, der schön, gesund und geschmeidig ist, aber um ein inneres Gespür für die Umgebung zu erhalten, braucht es noch weitere Sinne.

Das besondere Seelengeschenk
Ich erlebte die andere Seite von Gemeinheit, wie ich sie in meiner
Inkarnation als Steinzeitfrau selbst initiiert hatte. Da ich in meiner
Seelenentwicklung schon ein Stückchen weiter war, konnte mir dieses
Erleben den beginnenden Zugang zu einer höheren Macht eröffnen.

Geschenk in diesem Leben
Ich kann mich in der Erinnerung an das Schreiten voller Würde und
Anmut verankern, auch, wenn ich in diesem Leben zwei ungleich lange
Beine habe und hinke.

23. Indische Tempeltänzerin
Mit dem Körperausdruck dienen

Wir wohnten in einem Dorf in Indien. Ich war wieder ein Mädchen geworden und konnte fühlen, dass meine Eltern mich liebten.

Als ich etwa zwei Jahre alt war, bekam ich ein Schwesterchen und auch dieses wurde sehr geliebt. Behütet wuchsen wir auf, spielten mit den anderen Kindern des Dorfes und hatten eine unbeschwerte Kindheit.

Diese endete abrupt, als ich etwa fünf Jahre alt war. Schon ein paar Tage lang ging im Dorf etwas Besonderes vor sich. Während wir Kinder spielten, legten die Erwachsenen eine außerordentliche Betriebsamkeit an den Tag. Es wurden die Hütten gekehrt, die besten Nahrungsmittel herbeigeschafft und auch draußen aufgeräumt. Das wollte etwas heißen. Doch wir waren noch klein und kümmerten uns nicht darum.

Die Geschäftigkeit zog sich hin bis zu dem besagten Tag. An diesem machten sich die Dorfbewohner hübsch und legten ihre edelsten Kleider an. Auch wir Kinder wurden fein gemacht. Meine Mutter trug einen tiefroten Sari, mit Goldfäden bestickt. Sie war wunderschön. Ich verstand nicht, was das zu bedeuten hatte, war es doch anders als an gewöhnlich zelebrierten feierlichen Tagen.

Es war etwas Ausgefallenes. Vor manchen Häusern wurde ein Teppich ausgelegt. Bei uns ein roter. Ich ahnte nicht, was auf mich zukommen sollte. Ein Mann kam ins Dorf, der bedeutungsvoll und heilig zu sein schien. Da, wo kleine Mädchen wohnten, machte er halt. Die Dorfbewohner sammelten sich vor dem Haus und er ließ sich die Kinder vorführen. Während die Menge ihnen zusah, mussten sie auf- und abgehen, sich drehen und lächeln.

Ich begriff nicht. Bis dieser Jemand, ein Priester, zu unserem Haus kam. Derweil mein Vater drinnen saß und gar nicht so fröhlich schien wie sonst, stand ich mit meiner festlich gekleideten Mutter schüchtern und ahnungslos im Eingang unserer Hütte.

Ein Pulk von Menschen hatte sich nun auch vor unserem Haus gebildet und beäugte interessiert, was sich ereignen würde. Meine Mutter hieß mich, über den Teppich zu gehen. Ich war zögerlich, doch sie bedeutete mir mit einer entschiedenen Geste, hinauszugehen. Der Priester schaute mir mit forschendem Blick dabei zu, wie ich scheu einen Fuß vor den nächsten setzte. Er forderte mich auf, mich in einer bestimmten Weise zu bewegen, und beobachtete mich dabei prüfend. Ich tat ihm den Gefallen und drehte mich mit meinen kurzen Beinchen trippelnd im Kreis.

Von dem Priester ging eine autoritäre Wichtigkeit aus, so dass ich es nicht wagte, etwas anderes zu tun, als was er mir sagte, obwohl es mir unangenehm war, so im Mittelpunkt zu stehen und von allen Seiten angestarrt zu werden.

Nachdem er bei den vorangegangenen Hütten mit dem, was er gesehen hatte, wohl nicht zufrieden gewesen war, begann sich sein Gesichtsausdruck nun aufzuhellen. Irgendetwas daran war mir nicht geheuer.

Mein Vater kam aus der Hütte hervor und der Mann sprach mit meinen Eltern. Meine Mutter hatte, wie es schien, schon vorsorglich und heimlich, ohne dass wir Kinder es mitbekommen hatten, ein Bündel für mich gepackt.

Ich erfüllte die Kriterien einer zukünftigen Tempeltänzerin.

Von diesem Moment an, als der Priester bestimmte, dass ich ihm in seinen Tempel folgen sollte, galt ich als etwas Heiliges. Als eine Auserwählte.

Ich fühlte mich aber gar nicht so. Ich empfand mich als ganz normal. Es gab „Ohhs" und „Ahhs" von den Umstehenden. Freudige, bewundernde, neidische. Plötzlich war ich nicht mehr ein Mensch wie alle anderen, sondern weit von ihnen entfernt. Sie stellten mich von jenem Augenblick an auf einen Sockel, auf dem ich fortan ziemlich einsam war.

Mein Vater war traurig, das spürte ich. Meine Mutter war eher stolz, dass ihre Tochter auserwählt war. Sie hatte ja noch eine. Darum war es nicht ganz so dramatisch für sie. Aber mein Vater, der emotionaler war, weinte. Das hatte ich sonst nie bei ihm gesehen.

Ich wurde vom Fleck weg mitgenommen, in die Tanzschule des Tempels hinein. Von diesem Augenblick an war ich meinem Dorf, meiner Familie, meiner Schwester und meinen Freunden entrissen und kam, soweit ich mich erinnere, niemals wieder zurück.

Es begann eine Zeit von hoher Disziplin und hartem körperlichem Training.

Die meisten Tänzerinnen waren schon um einiges älter, ich fühlte mich allein. Aber da ich an der Sache nichts ändern konnte, ließ ich mich vom Ehrgeiz ergreifen, das Beste aus der Situation zu machen.

Mit der Zeit waren wir eine Handvoll neuer junger Schülerinnen und wurden gemeinsam unterrichtet, aber ich spürte bald, dass die anderen in ihrem Leben nicht so viel Liebe erfahren hatten wie ich. Sie konnten trotz ihrer jungen Jahre gehässig sein und nahmen das Üben anfangs nicht so ernst. Wir fanden wenig Zugang zueinander, und so übte ich lieber allein vor mich hin, als mich mit ihnen zu beschäftigen.

Nun, da wir alle als heilig auf ein Podest erhoben waren, wollte ich dieser Aufgabe so gut wie möglich gerecht werden. Dies schien für mich der einzige Weg, den Gefühlen der Trauer und Einsamkeit zu begegnen, die immer wieder mein Herz beschlichen. Und so wuchs ich im Tempel heran. Es gab keine männlichen Tempeltänzer.

Wir Frauen hatten einen hohen Status und wurden verehrt. Dies war aber nicht in jedem Tempel so. Wir hörten später, als wir älter waren, von anderen Tänzerinnen, die außerdem Liebesdienste verrichteten. Unser Tempel war anders. Streng und gehoben.

Unter den älteren Tänzerinnen herrschte Konkurrenz, jede wollte die beste Tänzerin sein. Wer das erreichte, hatte die Aussicht, gänzlich von seinem Karma erlöst zu sein... so glaubte man. Es war mir in diesem Leben aber egal, ob ich nochmal wiederkommen würde oder nicht, denn so schlecht war mein Leben ja nicht.

Man ging allerdings nicht zimperlich mit uns um. Wir sollten einerseits die Vollkommenheit verkörpern und unser Leben den Göttern widmen. Andererseits mussten wir dem Körper viel abverlangen, so dass die Entwicklung großer innerer Stärke vonnöten war, um dabei so sanftmütig zu bleiben, dass unsere Anmut die Menschen berühren konnte.

Wir sollten die Tanzschritte perfekt beherrschen, den Körper dehnen, die Bedeutung der verschiedenen Hand-, Fuß- und

Körperstellungen verinnerlichen, geschmeidig sein und eine Einheit mit der Musik und den anderen Tänzerinnen bilden. Und wir begannen zu fühlen, dass wir den Körper als hochsensibles Energieleitungs-System benutzen konnten. Jeder Millimeter an Bewegung oder auch nur die Verlagerung der Aufmerksamkeit an eine Stelle zog eine Veränderung in unseren Empfindungen mit sich.

Wenn ich diesem inneren Leitsystem folgte, konnte ich die Verschmelzung mit einem erhebenden Energiefluss erreichen. Dies zu erspüren und zu nutzen ermöglichte uns, ein absolut harmonisches Ineinanderfließen der Bewegungen zu erleben, wodurch sich ein hochschwingendes Energiefeld um uns herum und zu den Zuschauern hin aufbaute.

Wir wurden verehrt als die Mittlerinnen zwischen den Göttern und den Menschen und unsere Aufgabe war es, dem Publikum mit unseren Leibern heilige Geschichten zu erzählen. Und diese wollten in Perfektion verkörpert und dargestellt werden. Ich erinnere mich besonders daran, wie ehrgeizig ich begann, meine Finger zu dehnen.

Wenn man Zeigefinger und Mittelfinger in einen rechten Winkel zur Handfläche bringt, kann man in der Regel den Ringfinger nicht gerade nach oben strecken. Ich dehnte und dehnte, bis es mir endlich gelang. Ich erinnere mich gut an den Moment, an dem ich meine kleine Hand anschaute und sich ein freudiges Erfolgsgefühl einstellte. Jeder Gewinn an Biegsamkeit und an Kraft waren der Vollendung dienlich.

Irgendwann war es so weit, und die „Neuen" durften bei den Auftritten mit dabei sein. Wir Anfängerinnen tanzten am Rande, die Haupttänzerinnen in der Mitte. Unsere Darbietungen fanden an verschiedenen Orten statt. Offenbar waren wir ein reicher und anerkannter Tempel, denn wir hatten bei unseren Auftritten meist

10 bis 20 Musiker dabei, die manchmal sogar eigens für uns komponierte Musik spielten.

Sie saßen bei manchen Vorführungen mit dem Rücken zu den Zuschauern, in einem Halbkreis angeordnet uns zugewandt. Teilweise waren sie auf einer Höhe mit uns, manchmal hatten wir sogar eine Bühne und die Musiker saßen davor.

Es bestand eine gefühlte, unsichtbare Wand zwischen den Tänzerinnen und den Musikern. Diese zu durchbrechen würde heißen, schlechtes Karma auf sich zu ziehen und die heilige Reinheit zu verlieren. Deshalb waren Blickkontakte dezent und heimlich. Vom Status her standen wir Tänzerinnen über dem der Musiker. Sie hatten unserer Anmut und Heiligkeit zu dienen und diese mit ihrer Darbietung bestmöglich zu unterstützen.

Ein etwas älterer Musiker, er spielte eine Sarangi, schloss mich in sein Herz. Dies spürte ich an der Wärme, die von ihm zu mir strömte, und an der Art, wie er meinen Blick suchte. Auch wenn wir in keiner Weise Kontakt zu Männern haben und unsere Erhabenheit nicht verlieren durften, so wurden wir Tänzerinnen doch das ein oder andere Mal von einem Mann oder Musiker angehimmelt.

Nicht selten wanderten, trotz aller Verbote, heiße Blicke hin und her. Dergleichen zu erwidern lag mir nicht, ich hatte mich mittlerweile vollkommen in den Dienst des heiligen Tanzes gestellt. Doch dieser Musiker hatte ein zartes, feines Herz.

Wenn wir unsere Kunst aufführten, waren unsere Sinne in besonderer Weise geöffnet. Göttliche Liebe durchdrang mich, und ich konnte die Herzen der Menschen spüren. Dieser Mann war bescheiden, still und gutmütig, sein Herz war rein.

Und er spielte hingebungsvoll. Ich fühlte in manchen Momenten, wie er nur für mich spielte. Wir tauschten heimliche, verständnisvolle, sanfte Blicke. Ich empfand mich, wenn er da war, väterlich von ihm gesehen und das tat mir gut.

Irgendwann kam die Zeit und ich rückte auf in die Position der Lehrerin und Haupttänzerin. Mein Umgang mit den Schülerinnen war milde und dennoch streng. Ich hatte großes Mitgefühl mit den kleinen Mädchen, die ebenso wie ich ihren Familien entrissen worden waren.

Mein Sarangi-Spieler starb, während ich auf dem Höhepunkt meiner Laufbahn war. Er fehlte mir. Doch ich gewöhnte mich daran, mich nunmehr von meiner eigenen Stärke, die ich mittlerweile entwickelt hatte, getragen zu fühlen, und von den Momenten des „Von-Liebe-durchströmt-Seins", wenn ich tanzte.

Ich hatte Indien gern und als ich entkörperte, beschloss ich, wiederzukommen.

Seelenerkenntnis
Es gibt einen Energiefluss in meinem Körper, der durch Bewegung ins Fließen gebracht werden kann und der sich im Raum verströmt.

Das besondere Seelengeschenk
Das wundervolle Gefühl, in Verbindung mit einer heiligen Substanz zu sein, die sich durch mich hindurchbewegt.

Geschenk in diesem Leben
Ich habe das Gespür für Energien und wie sie in meinem Körper fließen und sich bewegen lassen in meine jetzige Inkarnation mitgenommen.

Auch kann ich wahrnehmen, dass ich in meinem jetzigen Leben das „Von-göttlicher-Liebe-durchströmt-werden" körperlich noch wesentlich intensiver empfinde als damals, da mittlerweile meine Energiezentren eine Schwingungserhöhung erfahren haben.

24. Indischer Yogi
Falsche Fährte

Ich inkarnierte also wieder in Indien, aber diesmal als Mann, was mir ganz andere Möglichkeiten der Selbstbestimmung bot.

Schon früh fing ich damit an, mich für Yoga zu interessieren und es zu üben. In unserer Nähe gab es eine Höhle nahe einem Wasserfall, der sich in ein natürliches Becken ergoss. Dort lebte ein Yogi davon, dass er Fragen beantwortete, die die Menschen ihm stellten. Sie brachten ihm Essen und Schalen mit Reis als Ehrerbietung für seine heilige Präsenz.

Ich besuchte ihn oft, und er wurde mein Lehrer. Da ich mich gut machte, fragte er mich, ob ich seine Nachfolge antreten wolle, denn es war seit Generationen Tradition, dass ein als heilig verehrter Yogi in dieser Höhle lebte.

Ich war gerade im heiratsfähigen Alter und meine Eltern hatten eine nette Frau für mich ausgesucht, die zu ehelichen sich unsere recht wohlhabenden Familien wünschten. Ich traf diese entzückende Frau ein paarmal und wir waren uns sympathisch. Nun stand ich vor der Wahl: Ein Leben mit einer intelligenten, bildhübschen und herzlichen Frau (ich hatte begonnen, sie tiefer in mein Herz zu schließen), Kinder, Familie, angenehmer Luxus mit mehreren Bediensteten - oder aber ein einsames, karges Leben ohne Besitz, mit einem strengen Programm an Körperübungen, Verzicht und Selbstbeherrschung.

Da ich aufgrund unseres Reichtums ein eigenes Zimmer besaß, konnte ich mich dorthin zurückziehen, meditieren und in Ruhe eine Entscheidung treffen. Ich stellte mir ein Leben mit dieser Frau vor und ließ die Eindrücke auf mich wirken. Dann stellte ich mir ein Leben an der Seite meines Yogis vor und ließ diese Eindrücke auf mich wirken. Ich wog die Vor- und Nachteile ab, ich rang mit mir. Irgendwann setzte sich meine Seele durch. Nach langen Stunden der Innenschau folgte ich der - vor meiner Geburt in den feinstofflichen Welten - getroffenen Entscheidung, mich auch in diesem Leben dem Körper und der Erkundung bewusster Lenkung von Energien zu widmen. Ich wurde ein Yogi.

Meiner „fast"-Ehefrau brach es das Herz, da sie sich zwischenzeitlich sehr in mich verliebt hatte. Ich hatte mir aber die Entscheidung nicht leicht gemacht.

Es hieß in unserer Kultur, dass man durch den Weg des Yogi von jeglichem Karma erlöst würde und, wenn man alles richtig machte, aus dem Rad der Wiedergeburt und dem damit einhergehenden Leid aussteigen könne.

Die Aussicht, durch meinen Yogi-Weg in andere, weniger herausfordernde Welten aufsteigen zu können, fand ich in dieser Inkarnation erstrebenswerter, als ein normales Leben zu führen.

Also blieb ich standhaft - trotz der Einwände meines Vaters und der Erwartungen beider Familien an mich - und ließ den Luxus von heute auf morgen hinter mir. Ein Baum in der Nähe meines Gurus wurde mein neues Zuhause. Ich besaß nichts weiter als eine Matte, einen weißen Leinenschurz und eine Reisschüssel. Aber damit kam ich gut klar. Ich hatte mir zum Ziel gesetzt, ein würdiger Nachfolger zu werden.

Während wir asketisch lebten, lehrte mein Meister mich sein Yogawissen. Unsere Schurze wuschen wir alle paar Wochen im Seebecken des Wasserfalls, derweil waren wir nackt. Während die Schurze zum Trocknen in der Sonne lagen, meditierten wir. Hauptsächlich ernährten wir uns von der Nahrung, die die Menschen uns brachten.

Als wir auf den Tod zu sprechen kamen, lehrte mich mein Guru etwas, das mich nicht mehr losließ:

Der Schlüssel, um nicht mehr inkarnieren zu müssen, sei, auf eine besondere Weise zu exkarnieren. Wenn man es schaffen würde, nicht wie bisher über den Brustraum den Körper zu verlassen, sondern über das an der Schädeldecke befindliche Kronenzentrum, dann wäre es so weit - man sei von seinem Karma erlöst und müsse nicht mehr wiederkommen.

Dies war in unserer Kultur ein allgemeines Ziel. Die Befreiung vom Kreislauf des Karma wurde als Zustand des Friedens und der ewigen Glückseligkeit angesehen und das Ende des Karmas bedeutete das Ende der Wiedergeburten und die Erlangung eines Zustands von ewiger Freiheit und Glückseligkeit.

Von da an setzte ich alles daran, den Weg dahin zu ebnen. So wurde ich ein noch ehrgeizigerer Yogi und tat konsequent und diszipliniert alles, was mein Meister mir beibrachte, insbesondere Atemübungen, um die Kundalini zu erwecken. Ich hatte mir so sehr in den Kopf gesetzt, über das Kronenzentrum zu entkörpern, dass ich meine Kundalinipraxis in den Mittelpunkt stellte und immer wieder übte, die Energie kraftvoll nach oben und von dort aus dem Kronenzentrum hinaus schießen zu lassen. Als dies zum ersten Mal mit voller Vehemenz gelang, freute ich mich sehr.

Dann kam mein Guru in die Phase, in der er sich auf seine Entkörperung vorbereitete und es wurde Woche um Woche ruhiger zwischen uns zweien.

Er empfing keine Ratsuchenden mehr, aß nichts und seine Aufmerksamkeit konzentrierte sich zunehmend auf den Ätherkörper und darauf, den physischen Leib ohne Widerstand zu verlassen. Tagelang saß er schon regungslos im Yogasitz in seiner Höhle, als es, von ein paar sanften Atemzügen begleitet, vollkommen still wurde. Er saß selig lächelnd aufgerichtet.

Ein paar junge Männer halfen mir, seinen Leib zu transportieren und zu verbrennen.

Nun war ich der Guru, zog in die Höhle ein und führte die Tradition der Beantwortung von Fragen aus der Bevölkerung fort. Ein junger Mann kam des Öfteren zu mir und stellte Fragen wie z.B.: „Was soll ich machen, wenn meine Frau nicht tun will, was ich will, ich sie aber nicht mit Gewalt züchtigen will?" Was ich damals als Antwort gab, daran kann ich mich nicht mehr entsinnen. Meine Unterweisungen schienen aber zu funktionieren.

Er schenkte mir eines Tages zum Dank einen neuen Schurz. Das Geschenk brachte mich in Bedrängnis. Nicht wegen der Geste an sich, sondern weil ich gewohnt war, so gut wie nichts zu besitzen. Und damit zufrieden war.

Jetzt hatte ich einen zweiten weißen Schurz aus gutem Stoff. Und um den musste ich mich kümmern. Ich hatte mich zu entscheiden, welchen ich tragen wollte: den alten, liebgewonnenen, etwas zerschlissenen, oder den neuen, etwas kratzigen.

Wenn er nur so da rumlag, erfüllte er seinen Zweck nicht. Also trug ich erst den einen, und wenn der gewaschen war, legte ich den anderen an. So meditierte ich derweil nicht mehr nackt, sondern eben mit dem anderen Schurz.

Der neue wurde mit der Zeit geschmeidiger. Ich sehe noch vor mir, wie ich den zusammengefalteten Schurz auf den Höhlenboden legte (wo er Platz wegnahm).

Allein schon durch die Tatsache, dass ich ein weiteres Utensil besaß, fühlte ich mich beschwert, wenn es auch nur so ein einfacher Schurz war.

Ich gab ihn trotzdem nicht weg, da ich keinen Abnehmer dafür hatte. (Ich war in dieser Hinsicht bei weitem nicht so erleuchtet, wie es schien.)

Als ich mich auf den Weg machte, mich auf das Sterben vorzubereiten, entschied auch ich, nicht mehr für Fragen zur Verfügung zu stehen, sondern mich nur noch der Kundalinipraxis hinzugeben. Ich hatte bis dahin keinen eigenen Schüler ausgebildet, aber ich wusste, dass ein anderer Guru nach mir einziehen konnte. Diesmal einer, der von einem anderen Yogi ausgebildet worden war.

Dann kam der Festtag: Ich entkörperte durch das Kronenzentrum.

Aber, welch Verwunderung: Ich kam nicht, wie erwartet, in den Zustand, den ich angestrebt hatte, und von dem aus ich nie wieder würde inkarnieren „müssen".

Ich sah auf mein Leben und erkannte meinen Irrtum: Das Entkörpern durch das Kronenzentrum bedeutete lange nicht das Ende meines Inkarnationszyklusses. Ich hatte beim Streben nach Erlösung etwas Wichtiges vernachlässigt: eine Form der Herzensweichheit.

Des Weiteren nahm ich die energetischen Verdichtungen wahr, die durch meinen yogischen Ehrgeiz entstanden waren, und dass ich noch viel zu lernen hatte. Als der Schleier des Vergessens sich lüftete, erinnerte ich mich wieder an die Freude, die meine Seele daran hat, irdische Herausforderungen zu meistern.

Ich ließ das Ziel, den Inkarnationszyklus beenden zu wollen, fallen.

Seelenerkenntnis

Ich steige nicht aus dem Rad des Karma aus, weil ich mich als der Mensch, der ich gerade bin, so sehr nach meiner geistigen Heimat sehne und die Welt, wie sie sich für mich darstellt, nicht mehr ertragen kann oder will, sondern ich steige dann aus, wenn meine Seele alles erfahren hat, was sie erfahren will und vielleicht auch erst dann, wenn ich es gelernt habe, die Liebe der Heimat hier auf die Erde zu holen.

Für mich liegt die Erfüllung nicht darin, nie wieder zu inkarnieren, sondern darin, meine Seele innerhalb materieller Erscheinungsformen auszudrücken und mir noch herausforderndere Umstände zu schaffen, um innerhalb dieser innigliche und liebevolle Verbindungen eingehen zu lernen.

Das besondere Seelengeschenk

Die Freiheit, in einem gesunden Körper meine Yogapraxis entwickeln zu können und, ohne Familie oder sonstige schwere Verpflichtungen nur für mich da sein zu können. Ich hatte materiell gesehen nichts, zeitlich und gesundheitlich aber alles.

Geschenk in diesem Leben

Meine Erinnerung an diesen vollkommen reinen und beweglichen Körper und an die Atem- und Kundaliniübungen, so dass ich auch in diesem Leben einen guten Bezug dazu habe, die Kundalinikraft in meinem Körper spüren zu können.

Zu wissen, dass es nicht mein Ziel ist, nicht mehr wiederkommen zu müssen, sondern mich an dem Ort, wo ich bin, mit der Quelle des Lichtes zu verbinden und meinen Teil dazu beizutragen, das Hier und Jetzt zu einem Paradies werden zu lassen. Egal unter welchen Umständen.

Das gigantische Geschenk schätzen zu können, einen irdischen Körper zu haben und Erfahrungen hier auf diesem wunderschönen Planeten machen zu dürfen und zu wissen: Je mehr es mir gelingt, mich dem Leben hinzugeben, umso mehr kann ich es genießen. In anderen Welten und Dimensionen bin ich später wieder lange genug, denn: Ich bin ja in der Ewigkeit zu Hause.

25. Bachwirbel
Ich genieße die Durchlässigkeit

Um einen Ausgleich für meinen übermäßigen Ehrgeiz zu schaffen, zog mein Seelenbewusstsein in den Wasserstrudel eines kleinen Baches ein, der durch eine Anhäufung von Steinen entstand.

Es war ein lustiges Gefühl, so vor sich hin zu strudeln. Das Wasser war meist klar und frisch, und so fühlte auch ich mich. Außerdem spürte ich, wie mein Sein dazu beitrug, die Umgebung rein und vital zu halten.

Unablässig nahm ich eine andere Gestalt an, während ich doch grundsätzlich in meiner Wahrnehmung ruhig und zentriert der Strudel blieb. Wenn es viel Wasser im Fluss gab, war ich voluminös, wenn weniger floss, nahmen meine Ausmaße etwas ab.

Ich konnte spüren, wie die Dinge, die sich durch mich hindurchbewegten, meine Form veränderten.

Mal waren es Hölzchen (die hatten einen besonders großen Einfluss auf meine Formgebung, besonders, wenn sie eine Weile zwischen den Steinen stecken blieben), mal waren es Blätter, mal kleine Fischchen.

Alles glitt durch mich hindurch oder blieb eine Weile, bis die Wassermassen es weiter drängten.

Mein Seelenaugen-Blick nahm rundherum ca. zehn Meter deutlich wahr.

Ich fühlte mich verbunden mit den Steinen, die mich ausmachten, und auch mit den Gräsern, Büschen und Bäumen, die mich umgaben.

Ich genoss es, im Fluss zu sein, bis ich wieder einmal weiterzog.

Seelenerkenntnis

Einen Bachwirbel zu bewohnen kann die geistige Fixierung aus einer vorhergehenden Inkarnation lockern.

Das besondere Seelengeschenk

Das schöne Gefühl der Leichtigkeit und Unbeschwertheit, des Einfach-Seins in einer neuen, interessanten, sich stetig wandelnden Form.

Die auf quirlige und gleichzeitig zentrierte Bachwirbel-Art empfundene Verbundenheit mit der Umgebung.

Geschenk in diesem Leben

Die sich stetig neu formenden Bewegungen und die Wahrnehmung der Reinheit, Frische und Unbeschwertheit meines Bachwirbelkörpers in mir wachrufen zu können.

Die Erinnerung an das Gefühl, „Etwas durch mich hindurchgleiten zu lassen" in mir zu tragen, unterstützt mich darin, nicht unnötig festzuhalten.

26. *Fisch*
Sterben für den Nachwuchs

Dann erkundete ich das fließende Wasser aus einer weiteren Perspektive: Ich wurde eine Art Lachs. Doch diesmal fühlte sich auch das Fisch-Sein anders an als zu der Zeit, als ich noch im Meer lebte, ohne vorher jemals menschliche Inkarnationen erlebt zu haben.

Diese Erinnerung schreibe ich in der Zeitform Gegenwart:

Mein Bewusstsein hat neue Rezeptoren für die Umgebung, es erkennt die Materie, die mich umgibt, wie in einer Ahnung um die menschliche Bedeutungsebene erweitert.

Den Unterschied nehme ich mit meinen Seelenrezeptoren wahr, die die Umgebung mit den bisher von der Seele erfahrenen Eindrücken verknüpfen.

Ich fühle, wie ich Laich bin, dann zu einer Kaulquappe heranwachse, schließlich zu einem kleinen Fischlein. Nach einer ganzen Weile, mein Körper ist schon recht groß, lasse ich mich von der Strömung ans Meer bringen, das für eine Zeitlang, wieder einmal, mein Zuhause sein wird. Ich erkenne es als eine lange zurückliegende Heimat.

Irgendwann ist es so weit und ich selbst habe kleine Eierchen in mir. Mein Instinkt weiß, was zu tun ist, und ich mache mich auf die lange Reise, entgegen der Strömung, den Fluss hinauf, dahin zurück, wo ich ursprünglich herkomme. Ich nehme wahr, wie die Steine, die Algen und alles, was sich im Fluss befindet, unter mir hinweggleiten. Ebenso den Himmel und die Ufer. Doch diesmal ist das Gleiten anders: Ich schwimme nicht, wie in meinen bisherigen Fischinkarnationen, im Meer hin und her, sondern nur noch aufwärts, gegen den Strom.

Ich spüre meinen jungen Fischkörper, wie er sich schlängelt, wie das Wasser an ihm vorbeigleitet und wie er arbeitet. Meine Muskeln sind höchst aktiv. Während der langen Reise wachse ich weiter und mein Muskelgewebe bildet sich noch kräftiger aus, obwohl ich keine Nahrung zu mir nehme. Dies alles ist mir bewusst.

Viele Tage bin ich unterwegs. Es kostet enorme Kraft, mich ausschließlich entgegen der Strömung fortzubewegen. Tief im Innern weiß ich, dass ich immer weiter zu schwimmen habe, wie anstrengend es auch sein mag. Dann endlich bin ich angekommen und lege meine Eier ab. Nahezu entkräftet trete ich den Heimweg ins Meer an.

Auf dem Rückweg geht es leicht. Ich kann mich treiben lassen und sehe das Umfeld in umgekehrter Reihenfolge an mir vorübergleiten. Nun, da ich gelaicht habe, nehme ich die Umgebung noch intensiver wahr als bei meiner ersten Reise flussabwärts, damals, als ich ein junger Fisch war und noch das Gefühl hatte, eine wichtige Aufgabe vor mir zu haben.

Nicht nur mein Körper hat sich in der Zeit das Aufwärtsschwimmens verändert, sondern auch meine Wahrnehmung. Ich bin froh, als ich ankomme.

Noch etwa drei Mal in meinem Leben werde ich die Reise antreten...

... Die letzte endet da, wo ich - endgültig erschöpft - den Laich liegen lasse.

Seelenerkenntnis
Wenn ich schon einmal ein Mensch war, habe ich einen anderen Bezug zu den Dingen, die mein Tierkörper wahrnimmt, als wenn dies nicht der Fall war.

Das besondere Seelengeschenk
Das schöne Gefühl beim Schwimmschlängeln.
Den Unterschied genossen zu haben zwischen dem Schwimmen im Meer und dem im fließenden, klaren Wasser.

Geschenk in diesem Leben
Ich liebe die Erinnerung an das Gefühl der Bewegung im Wasser und wie die Dinge an mir vorbeiglitten.

27. Bastet-Priesterin

Mein Nein kostet das Leben

Als junges Mädchen kam ich in den Tempel der Priesterinnen der Katzengöttin Bastet. Wir lebten einen Kult, der dem Körper sehr viel Beachtung schenkte, und lernten spirituelle wie auch körperliche Techniken zur Heilung wie Massagen, Kräuterkunde und Magie. Auch tanzten wir gerne.

Von den älteren Priesterinnen wurde ich dazu bestimmt, unser Wissen einem anderen Land zu überbringen und mit einer Gruppe von ca. 70 Menschen überzusiedeln. Dabei waren Köche, Handwerker, Tänzerinnen, Musiker, Frauen und Männer. Eine bunte Mischung.

Ich war die jüngste ausgebildete Priesterin und somit kräftig genug, den Ortswechsel und die wochenlange Reise durchzustehen. Mir oblag die oberste geistliche Verantwortung für die gesamte Karawane. Fünf kräftige Männer wurden mir an die Seite gestellt, die den Trupp während der Reise organisatorisch begleiten und uns beschützen sollten. Sie trugen die weltliche Verantwortung.

Als wir einander vorgestellt wurden, spürte ich vom ersten Moment an den faszinierten, durchdringenden Blick ihres Anführers auf mir ruhen. In seinen feurigen Augen, die mich aus dem dunkel gegerbten Gesicht intensiv taxierten, glühte Begehrlichkeit. Er trug einen Schnauzbart und ein um den Kopf gebundenes grünes Leintuch gegen die Sonne.

Seine Grobheit und sein ungehobeltes Verhalten stießen mich ab. Ich war es gewohnt, mit feinsten Sinnen zu arbeiten. Dieser Mann hatte keine Manieren und war nicht so an körperlicher Reinheit interessiert, wie wir es im Tempel gewohnt waren. Wir waren sehr gegensätzlich. Ich respektierte ihn als Begleiter und war dankbar für seine Unterstützung. Aber nichts an ihm und seinen Männern reizte mich, das oberste Gebot unserer Priesterinnenschaft zu brechen: der Göttin zu dienen und keusch zu sein.

Es war anstrengend, unter diesen Bedingungen die Planung und die Reise durchzuführen. Der Anführer versuchte, wo er konnte, mir nahezukommen. Er missachtete meine Grenzen, indem er anzügliche Gesten machte und mir bei jeder sich ergebenden Gelegenheit auflauerte. Mein unnahbarer Stolz schien ihn zu reizen.

Zum Glück hatten die anderen Männer kein Interesse an mir und die Mitreisenden der Karawane hatten großen Respekt vor meiner Priesterinnenwürde. Ich fühlte mich dem Anführer gegenüber von Anfang an zwiegespalten: Einerseits gaben die Männer uns Schutz und Halt, andererseits musste ich immer auf der Hut sein, ihm nicht in die Fänge zu geraten, um mich nicht seinem intensiven körperlichen Verlangen auszusetzen.

Je länger die Reise dauerte, umso mehr wuchs seine Entschlossenheit, mich zu erobern. Pferde zogen uns in von Kutschern gelenkten, mit Tüchern bespannten Wagen durch die karge Landschaft. Die Gespanne waren so groß, dass Liegen darin Platz hatten. Doch nicht alle aus der Karawane hatten, so wie ich, einen eigenen Wagen. Manche liefen neben den vollgepackten Wagen und Tieren her und schliefen in Zelten.

Wir mussten viele Lebensmittel transportieren und allerlei anderes, das wir zum Umsiedeln brauchten. Wir zogen immer so früh wie möglich los, damit wir in den Mittagsstunden Rast machen konnten. Es war alles bis ins Detail geplant: wann wir an welcher Wasserstelle rasten und nächtigen würden, wie weit wir an jedem Tag vorwärtszukommen hatten.

Wenn eine Wasserstelle unerwarteterweise versiegt war, gerieten wir in Bedrängnis und es kam vor, dass wir noch in der Nacht weiterziehen mussten, bis wir vor Erschöpfung umfielen. Aber wir hatten Glück und erreichten immer rechtzeitig einen Wasserplatz.

Nur selten ließ jemand sein Leben, weil sein Körper der Strapaze nicht standhielt. Manchmal konnten wir denjenigen unter Steinen oder im Sand begraben, aber hin und wieder mussten wir ihn liegen und den Tieren überlassen, weil wir unser eigenes Leben durch die Verzögerung und die körperliche Anstrengung aufs Spiel setzen würden.

Wenn wir nicht unterwegs waren, verbrachte ich meine Zeit damit, rituelle Praktiken zu vollziehen, während die anderen bei Tanz und Gesang feierten und sich Geschichten erzählten. Wochenlang gab es kaum Zwischenfälle wie gebrochene Speichen, kranke Menschen oder Tiere.

Doch dann änderte sich die Lage. Eine Seuche brach aus und die Menschen bekamen Ausschläge und Fieber. Ich war die einzige ausgebildete Heilerin. Manche der Mitreisenden brachten Grundwissen mit und ich konnte sie anleiten, mir zur Hand zu gehen. Zuerst war es uns noch möglich, die Patienten gut zu versorgen, aber irgendwann wurden es zu viele.

Fiebersenkende Umschläge, Bittertränke und die Heilenergie so zu lenken, wie ich es gelernt hatte, half nicht jedem. Die Menschen begannen zu sterben. Es kamen immer neue Kranke hinzu. Ich gab mein Äußerstes, um zu helfen und die Lage unter Kontrolle zu bringen.

Trotz dieser Situation hielt der Anführer es nicht für nötig, seine Nachstellungen zu unterlassen und mir etwas Ruhe zu gönnen... Er hatte nun, da ich unter den Leuten beschäftigt war, vermehrt Gelegenheit, mich abzupassen. Die Situation zehrte an meinen Kräften, ich fühlte mich schuldig an jedem, den ich nicht retten konnte. Ich geriet immer mehr unter Stress.

Dieser steigerte sich noch, weil ich mit dem zudringlichen Verhalten des Anführers nicht umgehen konnte. Es begann sich mehr und mehr eine Anspannung zwischen uns aufzubauen und ich war angestrengt bemüht, ihm nicht allein zu begegnen.

Täglich bedurfte es neuer Umstrukturierung, um vorwärts zu kommen, da immer mehr Menschen erkrankten. Die Karawane bewegte sich darum nur langsam vorwärts und es wurde immer schwieriger, unsere Wasserquellen rechtzeitig zu erreichen. Ich hatte es bequemer als die anderen, weil mein Wagen groß genug war, sodass ich mich während der Fahrt auf meiner Pritsche ausstrecken konnte. Des Morgens, nach dem Aufbruch, verweilte ich dort eine Zeitlang, bis es wärmer wurde. Dann stieg ich aus, um die Pferde in der Wärme nicht mit meinem Gewicht zu belasten.

Eines Tages, als wir vielleicht eine Stunde unterwegs gewesen waren, gab es einen plötzlichen Rumms. Ich richtete mich auf meiner Liege auf. Jemand war auf das Trittbrett meines Wagens gesprungen. Der Vorhang wurde geöffnet und ich sah in die vor wahnsinnigem Verlangen sprühenden Augen des Anführers. In seinem Blick lagen einen Moment lang gleichzeitig eine Frage und eine Bitte nach körperlicher Nähe.

Doch als ich mich diesem Blick innerlich verschloss, kletterte er hinein. Sein ganzer Körper drückte den unbezähmbaren Willen aus, mich ihm hier und jetzt zu unterwerfen. Während er sich auf mich zu bewegte, erhob ich mich in den Stand und zischte: „Mich bekommst du nicht." Ich breitete die Arme aus, und während er sich mir näherte, fing der Wagen zu wanken an. In dem Moment, als er mir ganz nahekam, tat ich einen Schritt zur Seite.

Dadurch begann der Wagen zu kippen. Wir fuhren just in diesem Augenblick an einem Hang entlang. Der Wagen stürzte zur

Seite, den Abhang hinunter. Kutscher, Pferde und Wagen wurden allesamt mitgerissen und überschlugen sich. Der Kutscher, der Anführer und ich entkörperten auf der Stelle - wir hatten uns das Genick gebrochen.

Wir Tote schauten von oben auf die Szenerie, sahen die entsetzen Gesichter der sich am Hang sammelnden Menschen und wie sie nach unten kletterten, um nach uns zu sehen und feststellten, dass keiner von uns mehr am Leben war. Auch ein Pferd war sofort gestorben, das andere musste erstochen werden.

Die anderen Entkörperten entfernten sich vom Ort des Geschehens, während ich noch eine Weile in der Nähe blieb und beobachtete, wie die Überlebenden mich, da ich die Priesterin war, nicht einfach liegen ließen, sondern mit letzter Kraft gewissenhaft unter einem Steinhaufen begruben, um die Götter nicht zu verstimmen. Nachdem sie sich innerlich von mir verabschiedet hatten, zogen sie weiter.

Dann begann auch ich aufzusteigen. In meiner Lebensrückschau sah ich schöne Momente meiner Ausbildung zur Heilerin und der Gemeinsamkeit mit den anderen Priesterinnen. Ich sah die vielen Kranken und Toten und wie ich ihnen versucht hatte zu helfen. Einerseits zeigte sich mir, dass alles innerhalb der göttlichen Ordnung seinen Platz hatte, andererseits behielt ich das Gefühl des Versagt-Habens bei.

Ich war der Überzeugung, meiner Aufgabe als Priesterin und Heilerin nicht gerecht worden zu sein. Außerdem erkannte ich, dass ich zwar den Umgang mit feinstofflichen Energien erlernt hatte, jedoch nicht, wie ich damit umgehen konnte, wenn starke sexuelle Kraft mein Energiesystem beeinflussen würde.

Liebevoll wurde ich von meinen vorangegangenen Eltern abgeholt. Ein paar Monate noch schaute ich immer wieder nach den Überlebenden und sah, dass ein Teil der Karawane ans Ziel kam und ein neues Leben begann.

Ein anderer Teil machte sich nach einiger Zeit auf eigene Faust wieder auf den Rückweg zu der Umgebung, die sie verlassen hatten, weil sie ihre alte Heimat vermissten.

Ab jetzt kehrte ich nicht mehr mit meiner Aufmerksamkeit zu ihnen zurück.

Seelenerkenntnis

Damit meine Heilkraft in allen Lebenslagen frei fließen kann, habe ich zu lernen, die sexuellen Energien und ihren vielfältigen Ausdruck im Weltlichen anzunehmen und in Liebe zu beherrschen, weil sonst ein Teil der Schöpfung abgelehnt wird.

Das besondere Seelengeschenk

Heilpraktiken erlernt zu haben, die ich unauslöschlich in mir trage und in diesem Leben intuitiv anwende.

Geschenk in diesem Leben

Als Priesterin war ich nicht geschult, mit sexuellen Energien umzugehen. Es hatten sich Schuldgefühle entwickelt, weil ich mein Leben gelassen und meine Aufgabe nicht zu Ende geführt hatte, da ich dem Anführer und seinen Bedürfnissen nicht anders begegnen konnte, als mich von ihnen bedrängt zu fühlen. Außerdem fühlte ich mich schuldig, weil ich nicht alle Kranken heilen konnte. Es blieb insgesamt das Gefühl, versagt zu haben. Dieses hat sich weder durch meine Lebensrückschau noch in den feinstofflichen Welten noch in den kommenden Inkarnationen endgültig aufgelöst.

Ich würde diese Schuldgefühle erst in der aktuellen Inkarnation bearbeiten und endgültige Heilung erfahren.

In meinem aktuellen Leben konnte ich mich von Beginn an unter hervor-
ragenden Bedingungen mit meinen Schuldgefühlen und dem Thema Heilung
auseinandersetzen. Mittlerweile habe ich gelernt, dass, auch wenn ich in guter
Absicht wirke und Heilenergie bereitstellen kann, es nicht heißt, dass ich das
Schicksal des zu Heilenden in der Hand habe, sondern dass die Seele und die
feinstofflichen Helfer in Verbindung mit der göttlichen Ordnung entscheiden,
was mit dieser Heilkraft geschieht und auf welcher Ebene sie verwendet wird.

Und ich konnte in diesem Leben Frieden schließen mit dem Ausdruck der
schöpferischen Liebe als sexuelle Kraft.

28. Eiche
Stabiler Stand und langes Leben

Wer jemals die ätherische Ausstrahlung eines Baumes gespürt hat, weiß, welch geduldige Wesen sie sind. Sie schauen unter Umständen einige hundert Jahre mit ihren Augen in die Welt, wodurch ihnen ein verhältnismäßig langer Zeitraum für die Entwicklung von Erfahrungsweisheit zur Verfügung steht. Diese Weisheit kommt zu jener hinzu, die bereits durch die Erlebnisse ihres Seelenwegs gewachsen ist. Ein sensitiver Mensch kann eine solche Baumpersönlichkeit durchaus wahrnehmen.

Da ein Baum Schmerzen anders empfindet als ein Mensch – weniger direkt und intensiv – kann sein Wesen besondere Wertungsfreiheit und Ruhe ausstrahlen. Deshalb kann die Kommunikation mit einem Baum, besonders mit einem alten, von einem Menschen als verständnisvoll und unterstützend wahrge-nommen werden. Ich, als das Baumwesen, das ich einst war, habe mich über jegliche liebevolle Zuwendung gefreut und sie in meinem ewigen Seelengedächtnis gespeichert.

Während mein Same zu reifen begann, zog ich hinein. Zuerst war ich weich und fühlte mich als homogene Substanz. Mit voranschreitender Zellteilung bildeten sich unterschiedliche Beschaffenheiten aus. Mein Inneres hatte eine weniger dichte Struktur als die äußere Zellschicht. Diese formte sich im Laufe der Entwicklung zu einer schützenden Schale.

Mein Baum und ich waren über einen Fruchtbecher verbunden, dessen Form sich, entsprechend meines Wachstums, ausweitete und zunehmend verhärtete. Abwechselnd wanderte mein Bewusstsein von der reifenden Frucht zurück ins Nichts und Alles, um dann wieder in die Frucht hineinzugleiten. Das Wahrnehmen der sich völlig unterschiedlich entwickelnden Festigkeiten meiner Seelenbehausung empfand ich in dieser Inkarnation als eine besonders bewusstseinsschulende Entdeckungsreise.

Wenn ich wieder von der Weite des Nichts und Alles in die Wahrnehmung der beiden, sich deutlich voneinander unterscheidenden Teile meiner Behausung eintauchte, forderte es von mir nebst einer Neuorientierung und der Wahrnehmung der sich bis dahin veränderten Größe der Frucht, die Integration des Gefühls, das sich durch die unterschiedlichen Beschaffenheiten und ihre polaren Funktionen ergab.

Mein Sameninneres empfand ich als den weiblich-mütterlichen Aspekt meines Seinsausdrucks und die mich umgebende Schale machte mir die Notwendigkeit des Schutzes bewusst. Ich fühlte: wenn das Zarte ohne Schutz ist, kann es nicht gedeihen.

Ich erkannte, dass die anfängliche Weichheit meines Inneren seine Ergänzung, die Festigkeit, brauchte, um sich nicht aufzulösen. In dem weiblichen Aspekt fühlte ich mich lieblich und sanft. Mein Bewusstsein wirbelte darin ohne erkennbare Struktur in Form von willkürlich scheinenden Lemniskaten raumgreifend umher, mit jedem Wachstumsschub ein wenig ausladender. Die Bewegungen schienen chaotisch, alles war möglich.

Mein Fruchtkelch schwang im väterlich männlichen Aspekt. In ihm fühlte ich mich ausgerichtet. Es gab kein Wirbeln, sondern ein in kleinen Lemniskaten pulsierendes Schwingen meines Bewusstseins. Es fühlte sich weniger frei, mehr „organisiert" an.

Durch die geordnete Struktur der Bewegungen meines Bewusstseins innerhalb des Fruchtkelches entstand ein Gefühl von auf Ordnung basierender Stärke.

Es war eine erfüllende und herausfordernde Beschäftigung, mit meiner Wahrnehmung im Spannungsfeld der unterschiedlichen Texturen zwischen Fruchtkelch und Frucht sowie dem Nichts und Alles hin und her zu wandern.

Ich empfand es als zufällig, wann mein Erleben vom Fruchtinnern in den Fruchtkelch und wieder heraus wechselte, aber das war es sicherlich nicht. Ich konnte die Ordnung dahinter nur nicht wahrnehmen. Mit der Zeit entstand in mir ein intuitives Verständnis dafür, dass die Form auf das Bewusstsein wirkt und dass Bewegung Bewusstsein und Formen schafft.

Es kam der Zeitpunkt, an dem der Radius der Lemniskaten, auf denen meine Wahrnehmung im Fruchtinnern umher sauste, sich nicht weiter vergrößerte. Ich war ausgereift.

Da ließen wir uns los, mein Baum und ich. Während ich mich im freien Fall befand, ergriff mich eine Leichtigkeit. Ich genoss das Schweben, das in einem jähen Aufprall endete. Dieser hinterließ in mir die eindrückliche Erkenntnis, wie sehr Mutter Erde mich lieben musste, dass sie mich mit solch einer Intensität zu sich zog.

Die Wucht, mit der ich auf der Erde ankam, aktivierte

augenblicklich bestimmte Lebenskräfte, und eine neue Energie begann sich ihren Weg zu suchen. Sie leitete eine nächste Entwicklungsstufe ein. Während mein Baum mich bisher sicher getragen und mit allem versorgt hatte, was ich brauchte, war es nun an mir, mit meinem Fruchtkörper den Kontakt zum Erdelement aufzunehmen.

Vollkommen neue Eindrücke ergossen sich in mein Sein. Ich fühlte das Fluidum des Erdreichs und wie sich mein Fruchtkörper, von dieser neuen Energie gelenkt, mit ihm verband. Verstärkt nahm ich die Energie der Zwischenreiche wahr.

Ich fühlte die Devas der Umgebung und nun auch meine eigene, meine Entwicklung begleitende Baumdeva. (Eine Deva ist das feinstoffliche Wesen, das die Matrix der Pflanze bildet. Es stellt die Verbindung zu dem im Feld der Wunder entstandenen Selbstausdruck der Pflanze her. Auch bildet es die feinstoffliche Brücke zu den in der Pflanze verankerten Wirk- und Heilkräften.)

Ihre formgebende Energie, die mein Wachstum nach der Matrix der Spezies „Eiche" durchdrang, ließ mich geborgen, behütetet und begleitet fühlen.

Meine Schale brach auf und die in mir befindliche Urkraft bahnte sich sicher ihren Weg. Die entstehenden Wurzeln wussten ganz von selbst, wie sie ins Erdreich zu dringen hatten.

Während sie austrieben, wuchs mein kleiner Baumkörper und begann sich nach oben zu strecken. Die Elemente und ihre Tätigkeiten lösten in mir mannigfaltige Empfindungen aus. Ich spürte, wie sich bei Kühle und Regen meine Zellen zusammenzogen und mir dadurch mehr Festigkeit gaben. Bei Wärme und Licht wurde ich weiter, und meine Zellen begannen zu pulsieren. Regen, Wind und Sonne wirkten nunmehr ohne den Schutz der Schale auf meinen zarten Spross.

Ich nahm fünf Ebenen wahr:

1. Die das Wachstum vollziehen lassende, innere Ur-Energie.

2. Die feinstoffliche Ebene mit ihren Wesen wie Devas und Elfen.

3. Meine physische Umgebung.

4. Meinen Baumkörper und seine Empfindungen.

5. Mein beobachtendes, denkendes „Baum-Ich", das alles Materielle mit einem Rundumblick wahrnehmen konnte.

Während ich mich entwickelte, nahm ich mich und meine Umgebung aus diesen Ebenen heraus wahr, wurde eins mit dem Platz, an dem ich stand und lernte ihn kennen.

Als junges Pflänzchen war ich damit beschäftigt, mich beim Wachsen gleichzeitig zu spüren und zu beobachten und meine stetigen, wachstumsbedingten Veränderungen sowie meine Anpassungen an die Witterungsverhältnisse zu integrieren.

Als junger Baum, dessen Körper nun kräftiger war, begann ich, meine Aufmerksamkeit mit Interesse nach außen zu richten.

Um mich herum geschah so einiges, während durch meinen Baumkörper wie von selbst die Lebenskräfte strömten, mal Blätter, mal Frucht entstehen ließen und alles zur rechten Zeit wieder abwarfen.

Gleichzeitig mit mir waren hier und da ein paar Baumgeschwister gewachsen. Sie alle wichen der Hand des Menschen, mitsamt meinem Mutterbaum.

Um mich herum wurde eine Weide für eine Art Kühe geschaffen. Ich erfreute mich an diesen gemütlichen, gutmütigen Wesen. Mit der Zeit kannte ich sie alle, samt ihren Eigenheiten. Die dazugehörigen Menschen kamen regelmäßig und kümmerten sich um das Vieh. Ich konnte wahrnehmen, wie sie im Laufe der Jahre alt und gebrechlich wurden.

Es gab eine Zeit, in der sie nicht mehr täglich die Wiese betraten, und wenn, dann spürte ich ihre leidenden Körper. Als sie nicht mehr kamen, wusste ich, dass sie gestorben waren. Irgendjemand holte die Tiere fort und das Grasland war für eine Zeit ungenutzt.

Es wurde ruhig. Nur die Vegetation, Feen, Elfen und andere Naturwesen belebten den Platz. Ich nahm sie als wirkende Kräfte wahr, die jedoch ihren eigenen Erlebnisraum hatten.

Das heißt, es war etwa, wie wenn ich als Mensch in der Nähe eines Sees wohne. Er ist da, unbewusst kann ich seine Präsenz wahrnehmen, er macht etwas mit mir und meinem Körper (z.B. höhere Luftfeuchtigkeit, Wetterbeeinflussung). Wenn ich mit ihm in Kontakt gehe, dann ruht meine Aufmerksamkeit auf ihm und ich bin offen für seine Informationen.

Gehe ich mit ihm in Interaktion (Spaziergang, schwimmen gehen), dann haben wir ein gemeinsames Erlebnisfeld, aber wenn ich wieder zu Hause bin, dann sind andere Dinge vordergründig in meinem Bewusstsein.

So in etwa habe ich die Präsenz der Naturwesen empfunden, mal bewusst, mal unbewusst. Diese Wesen haben vielfältige Aufgaben im gesamten Naturgeschehen. Sie durchdringen die Natur und unterstützen ihre Entfaltung. Sie verankern, dort wo sie herrschen, Aspekte der feinstofflichen Welt und durchdringen den Lebensraum, in dem sie schwingen. Sie unterstützen die Pflanzen in ihren Wirkungsweisen. Sie sind, zusammen mit der physisch sichtbaren Natur, die Kräfte, die einen Platz magisch wirken lassen.

Die Jahreszeiten kamen und gingen. Meine Wurzeln, mein Stamm und meine Krone wurden groß und mächtig. Die Erdenkraft und die kosmischen Kräfte verliehen mir enorme Stärke. Die Stabilität, die mir mein starker Baumstamm gab, bewirkte, dass ich mich unbeirrt als verlässliche Baumpersönlichkeit fühlte. In mir ruhend, nicht leicht zu erschüttern.

Ich wurde zum Hüter des Platzes und unablässig strömten majestätische Würde, Ruhe und Frieden, Milde und Güte durch mein liebendes Baumherz hindurch.

In weiteren Jahren kamen Menschen und brachten ihre Schafe und in manchen Jahren Ziegen. Diese knabberten an meiner Rinde und liebten mein Laub. Ich mochte das Geknabbere nicht so gerne. Mir waren die Kühe und Schafe angenehmer. Sie waren ruhigere, friedlichere Gesellen.

Es gab Zyklen, in denen es lebhaft war um mich herum und andere, in denen es ruhig war. Es gab Zeiten, in denen mich ein Zaun umgab und Zeiten, in denen die Zäune verfielen.

Ab und an spazierten Menschen vorbei. Manchmal trafen sich Liebespaare unter meiner Baumkrone. Ich lernte sie kennen. Sie versprachen sich ihre Liebe, liebkosten sich, unterhielten sich oder stritten. Dann wiederum blieben sie fort und ich vermisste sie. Nach einiger Zeit kamen neue Paare.

Auch manch Einsamer kam vorbei und lehnte sich an meinen Stamm. Mal traurig sehnend, Trost suchend, mal freudig dankbar für mein Sein. Einige wenig, andere sehr bewegt von der Schönheit der Natur. Manche meine Ausstrahlung bewusst, andere sie unbewusst wahrnehmend. Ich konnte die Lebensumstände eines jeden, der sich mir näherte, erfassen.

Die Erkenntnisse entnahm ich dem energetischen Feld, welches die Lebewesen umgibt und das sämtliche Informationen bereitstellt. Für einen Abschnitt meines Lebens wurden sie mir vertraut und zu einem Teil meiner Baumseelenerinnerung und meines weiten Baumherzens.

Mehrere Jahrhunderte erfreute ich mich an meinem Sein, bis ich spürte, dass es Zeit wurde, zu gehen. Meine Lebenskräfte ließen nach, der mich versorgende Energiestrom wurde schwächer, und langsam verfiel mein Körper.

Es schmerzte nicht, ich trauerte nicht. Es war gut so, denn ich war lange genug ein Baum gewesen und meine Seele wollte weiterziehen.

Als sämtliches Leben aus mir gewichen war, ging ich zufrieden wieder ein ins Nichts und Alles.

Seelenerkenntnis
Meine Körperform hat einen enormen Einfluss auf meine Selbstwahrnehmung.

Das besondere Seelengeschenk
Es war ein besonders langes, friedvolles, ruhiges und liebevolles Leben mit vielschichtigen Eindrücken und Wahrnehmungen.

Geschenk in diesem Leben
Wenn ich in mein Leben als Baum hineinspüre, dann kann ich wahrnehmen, wie sehr mein starker Stamm dazu beigetragen hatte, mich stabil zu fühlen. Dies kann ich gut auf meinen menschlichen Körper übertragen und verstehen, wie wichtig es für mein Wohlgefühl ist, ihn fit zu halten und zu kräftigen.

Mich an diese über Jahrhunderte in Ruhe und Gelassenheit gesammelten Erfahrungen zu erinnern, Jahr für Jahr einfach da zu sein und wertfrei wahrzunehmen, ist wie Balsam für meine Seele.

3. Chakra
Sonnengeflecht
Selbstwert, Selbstachtung, Selbstvertrauen

Der Erfahrungsweg meiner Seele unterlag dem Einfluss verschiedenster Aspekte. Ich erkundete die Themen der Chakren aus verschiedenen Blickwinkeln und entwickelte mich in ihnen. Dadurch begannen meine Chakren in höheren Frequenzen zu schwingen.

In meiner Seelenentwicklung ging es auch darum, gegensätzliche Pole zu erleben.

Dazu schaltete meine Seele, je nach Erfordernis, manche Fähigkeiten, die schon in der Vergangenheit erlernt wurden, zu meinem jeweils neuen Leben dazu oder ließ sie in den Hintergrund treten, sodass unterschiedliche Persönlichkeiten und Charaktereigenschaften entstehen konnten, je nachdem, was wichtig war, um die besten Voraussetzungen für einen ganzheitlichen Seelenentwicklungsweg zu schaffen.

Zudem spielte die Aufarbeitung von Karma eine Rolle.

Wenn ich mich in irgendeiner Form an einem Lebewesen schuldig gemacht hatte, bekam ich die Chance, dies wieder auszugleichen, indem ich in einem anderen Leben dieser oder einer anderen Seele etwas Gutes tat.

Nun hatte ich Grundlagen des menschlichen Zusammenseins erlernt und mich eingehend mit dem Körper befasst. Außerdem hatte ich Zugang zu feinstofflichen Kräften bekommen.

In den folgenden Inkarnationen würde es um die Entwicklung des Selbst gehen. Dazu würde ich u.a. die Themen Macht und Ohnmacht, Armut und Fülle auf neuen Ebenen durchlaufen.

In einigen Leben hatte ich die Freiheit, zu wählen und Entscheidungen zu treffen oder sogar über andere bestimmen zu können, in anderen hingegen erlebte ich das Gegenteil und fühlte mich ohnmächtig und ausgeliefert.

Auch das Herzzentrum würde nach und nach erwachen, sodass sich im weiteren Verlauf der Inkarnationen Macht und Liebe würden vereinen können.

29. Unterernährtes Kind
Liebevolle Verbundenheit

Der Boden war so trocken, dass er Risse aufwies. Ich war in karger Landschaft, im Körper eines Jungen inkarniert. Meine Mutter saß im Schneidersitz auf dem Boden, während ich in ihrem Schoß, an ihren dürren Körper geschmiegt, halb saß, halb lag. Wir wechselten nur selten die Position. Hin und wieder hob sie meinen Kopf mit ihren mageren Armen an und säugte mich an ihren hängenden Brüsten, aus denen gerade so viel Milch floss, dass mein Körper leben konnte.

Sie war knochig und schwach. Wir saßen von morgens bis abends so miteinander da, während die Sonne unsere dunklen Körper erhitzte. Es gab kein Dach über unseren Köpfen, nichts. Wenn wir unsere Notdurft verrichten mussten, bewegte sich meine Mutter mühsam etwas weiter fort. Das war die einzige Tätigkeit, die sie in Bewegung versetzte. Ich war zu schwach, um zu laufen.

Meine Mutter kehrte den etliche Meter entfernten, wenigen dürftigen Behausungen meist den Rücken zu und blickte in die Weite. Eine Frau brachte uns immer wieder etwas Wasser. Irgendwo, tief in meinem Innern, nahm ich, wie am Ende eines langen Tunnels, ihre Motivation wahr: eine Mischung aus schlechtem Gewissen und Verantwortungsbewusstsein, gepaart mit einem kleinen, sich gerade im Erwachen befindlichen Fünkchen Nächstenliebe.

Noch zwei andere Frauen versorgten uns mit dem Nötigsten. Manchmal kam ein Mann, von dem ich spürte, dass es mein Vater sein musste, obwohl er mir so gut wie keine Aufmerksamkeit schenkte. Es war, als bedeutete ich ihm nichts. Er tauchte alle paar Tage auf, um meiner Mutter eine Handvoll Essen zu bringen. Dabei fühlte es sich so an, als habe er noch andere Frauen zu versorgen. Auch dies war ein Hauch von Ahnung, den ich wie aus weiter Ferne wahrnahm.

Die übrige Zeit waren wir auf uns allein gestellt. Selten ging jemand an uns vorbei, nur wenige sprachen mit uns. Von manchen schwang uns Abschätzigkeit entgegen. Wir wurden behandelt wie Aussätzige, es fühlte sich so an, als ob wir aus irgendeinem Grund ausgestoßen waren. Die meisten dachten, ich würde ihre innere Haltung zu uns nicht mitbekommen, aber es war durchaus nicht so, dass nichts zu mir durchdrang.

Im Gegenteil, in meiner Apathie und Bewegungslosigkeit war es genau das, was ich recht deutlich wahrnahm - denn meine Seele war ja anwesend. Es fühlte sich nur alles so weit weg an. Unter stetigem Hungergefühl wurde ich, nah an den Leib meiner Mutter geschmiegt, immer größer. In meinem Gewahrsein gab es vorrangig ihre Umarmung, meinen hungernden Körper und die brennende Sonne. Und trotzdem empfand ich in meinem Innern den Willen zu leben.

Das Fühlen meines vor Hunger schmerzenden Körpers löste sich in Wellen ab mit einem Gefühl der Betäubung und einer daraus entstehenden Empfindung von Weite. Dadurch befand ich mich abwechselnd in einem Zustand der Begrenztheit und der Unbegrenztheit.

Um uns herum war nur trockener Boden und dann lange nichts. Der Platz strahlte durch seine Ödnis etwas aus, das mich unabgelenkt bei mir sein ließ. Die Stunden verrannen eintönig.

Wenn uns jemand ansprach, was selten geschah, konnte ich nicht reagieren. Ich war apathisch. Zu kraftlos, um mit irgendetwas näher in Kontakt zu treten. An Tagen, an denen meine Mutter mehr zu essen bekam und dadurch gehaltvollere Milch floss, hatte ich so viel Körperkraft, dass ich meinen Kopf leicht heben und mich ein wenig umschauen konnte. Ließ die Kraft nach, verfiel ich wieder in einen halb bewussten Zustand.

Einmal nahm ich wahr, wie mein Vater sich mir zuwandte und mir über die krausen Haare strich. Es floss keine Liebe, aber immerhin etwas Zuwendung von ihm zu mir. Dies war der in meinem von Hunger geprägten Leben am tiefsten empfundene Moment mit ihm.

Immer wieder überkamen mich starke Schmerzen und ich fühlte mich so elend und so vollkommen ohnmächtig, etwas gegen meine Situation unternehmen zu können, dass ich am liebsten nicht mehr leben wollte. In mir rangen das Gefühl der Sinnlosigkeit meiner Existenz und dem daraus entstehenden Wunsch, dem Schmerz zu entrinnen und zu sterben, mit dem Bedürfnis meiner Seele, dieses Leben zu erfahren.

Bevor ich gänzlich verzweifeln konnte, holte sie mich immer wieder rechtzeitig in das Erleben von Losgelöstheit hinein.

Meiner Mutter wird es ähnlich ergangen sein, aber sie hielt mich geduldig in ihren Armen. Es war das Gefühl der Verbundenheit mit meiner Mutter, das sich mir dadurch tief einprägte. Dieser Umstand ließ mich nicht einfach sterben, sondern veranlasste die Lebenskraft, weiter ihr Werk zu tun.

Ich entwickelte mich, bis ich ungefähr vier Jahre alt war. Dann jedoch ließ meine Seele los und mein Körper erschlaffte gänzlich. Noch während ich, von meiner Mutter umarmt, entkörperte, beschloss ich, dass die nächste Inkarnation in üppiger Fülle stattfinden solle. Flüchtig sah ich von oben auf den leblosen Körper im Schoß meiner Mutter und fühlte, wie sie einerseits traurig, andererseits erleichtert war, nicht mehr für mich sorgen zu müssen.

Dann schwebte ich, von wundervollen, harmonischen Klängen begleitet, in das mich mit unendlich liebender Sanftheit empfangende Licht und erinnerte mich daran, woher ich gekommen war.

Ein unermessliches Begreifen des vollkommenen Lebens in allem nahm in mir Raum.

Seelenerkenntnis
Wie widrig die Umstände auch sein mögen: Der Wille meiner Seele, etwas zu erleben, lenkt den Fluss meiner Lebenskraft.

Das besondere Seelengeschenk
Die Umarmung meiner Mutter war ein hingebungsvoller Ausdruck von verlässlicher Liebe. Ich fühlte mich ihr auf allen Ebenen tief verbunden und in ihrer Nähe geborgen.

Das war es, was ich lernen wollte: Liebe, Nähe und Verbundenheit zu leben.

Des Weiteren hatte meine Seele die Möglichkeit geschaffen, aus einer neuen Perspektive einen Aspekt des Sonnengeflechtes zu beleuchten: die Erfahrung von Ohnmacht.

Geschenk in diesem Leben
Zu wissen, dass auch ein Leben, das unbegreiflich schwer und schmerzhaft ist, von der Seele wohlbedachte Geschenke birgt.

30. Mächtiger Graf
Ich fresse bis zum Umfallen

Die folgende Inkarnation ließ meine Seele nun das Gegenteil von Ohnmacht und Armut beleuchten, sodass es geschah, wie ich bei meiner Entkörperung beschlossen hatte: Ich wurde in die Fülle hineingeboren.

Fülle der Natur, Fülle des Leibes, Fülle an Geld, Fülle an Einfluss, Fülle an Frauen, Fülle an Nahrung, Fülle an Menschen, die von mir abhängig waren. Ich besaß Macht. Aber da ich ja erst am Anfang meiner menschlichen Inkarnationsreise war, bestand noch keine Fülle an Liebe in mir, die ich geben und empfangen konnte. Auch mein Chakrensystem war immer noch, relativ gesehen, am Anfang seiner Entwicklung. Ich wurde zu einem höheren Verwalter in einem üppigen, gesegneten Land, in dem es Nahrung im Überfluss gab – ich wurde ein Graf.

Zu meinen Aufgaben gehörten das Eintreiben von Steuern sowie das Ausüben von Entscheidungsgewalt in Zusammenkünften mit anderen Würdenträgern. Ich war alles andere als ein umgänglicher Zeitgenosse. Meine zahlreichen Bediensteten kommandierte ich herum, ich war jähzornig und unberechenbar. Selten stellte man mich zufrieden.

Ich konnte mich selbst nicht leiden und gab mich der Völlerei hin. Der Tisch wurde täglich reichlich gedeckt. Meine Köche und Köchinnen gaben ihr Bestes. Obwohl sie die köstlichsten Speisen kreierten, waren sie meiner Gunst nicht sicher. Ich war launisch. Was ich am Tag zuvor befohlen hatte, war mir am anderen Tag nicht mehr recht. Eine Soße schmeckte nicht so wie erwartet? Ein Wein, der mir nicht mundete? Außer mir vor Wut schmiss ich das Geschirr auf den Boden und schaute mit Genugtuung zu, wie mein Personal emsig buckelnd wieder für Ordnung sorgte.

Die Köche warf ich entweder hinaus oder ich ließ sie bestrafen und in den Kerker werfen. Menschen waren austauschbar. Täglich speiste ich an meiner großen Tafel mit einer Vielzahl an Tellern und Schüsseln voller leckerster Gerichte. Fleisch, Gemüse, Suppen, Soßen, Obst, Gebäck, Wein... Ich liebte gebratene Wachteln. Und ich fraß und fraß und fraß. Zwischendurch tat ich mich wichtig und bestimmte launisch und herrschsüchtig irgendwelche Dinge, an die ich mich später, wenn es mir nicht mehr passte, nicht mehr erinnern wollte.

Hauptsächlich sehe ich mich im edlen Speisezimmer, an der großen, reich gedeckten Tafel, mit meiner Familie drumherum.

Wenn meine Frau (von der ich wie selbstverständlich Loyalität erwartete, ohne selbst viel dafür zu tun) verstarb, ersetzte ich sie umgehend durch eine andere. Meine Frauen versuchten, mich abzuhalten vom Übermaß, sie versuchten, mich zu besänftigen. Die eine mit Strenge, die andere mit Liebreiz, aber nichts half. Ich wurde fetter und fetter.

Es kam, wie es kommen musste: Während des Essens - es gab meine bevorzugten Wachteln - versagten meine Organe. Ich kippte seitlich vom Stuhl und mein Körper sackte leblos auf den Boden.

Abgesehen davon, dass die Anwesenden - meine Frau, mehrere Kinder, drei oder vier Bedienstete - sich erschraken, löste dieses Ereignis in keinem Anwesenden und keinem, der davon erfuhr, große Traurigkeit aus. „Es musste ja so kommen," sagte man sich. „Jetzt sind wir ihn endlich los," dachten sich manche.

Allein meine derzeitige junge Frau hatte ein klein wenig für mich übrig. Aber auch ihre Trauer hielt sich in Grenzen. Meine Kinder hatten nie viel von mir gehabt.

Dies alles nahm ich nur flüchtig wahr, denn ich war auf direktem Weg in die Zwischenreiche, wo ich einfach weiter fraß. Es gab keine Lebensrückschau, kein Licht. Das Verhungern hatte mich direkt in die himmlischen Reiche gebracht (ich hatte in dem Zustand der Apathie wenig Karma schaffende Informationsfelder ins Leben gerufen), das Fressen nicht. Es war diesmal nicht wirklich eine Hölle, denn es ging mir ja vorerst gut.

Während ich im Universum schwebte, flog mir jede beliebige Speise zu, die ich wünschte. Ohne Unterlass stopfte ich einfach weiter gierig in mich hinein, was ich kriegen konnte. Hier ging es zügig, und zu meckern gab es kein bisschen. Es kam immer exakt das, was mich im Augenblick zufrieden stellte. Außer Fressen und Saufen gab es für mich nichts, was es wert war, wahrgenommen zu werden. Dies ging eine ganze Weile so.

Doch irgendwann kam ich zur Besinnung. Ich fragte mich, ob ich ewig so weitermachen wolle. Ich begann, etwas zu vermissen. Die unablässige Befriedigung der Gelüste wurde reizlos. Ich sehnte mich nach einem Ausweg. Da muss es doch mehr geben?

In dem Augenblick, als ich mir diese Frage stellte, sich also mein Bewusstsein öffnete und ich bereit war, die innere Leere wahrzunehmen, schwebte ich ins Licht.

Bevor ich in die nächste Stufe der Entwicklung eintrat, wurde Resümee gezogen. Geistführer und Engel sowie Seelen, die mich in diesem Leben begleitet hatten, kamen zusammen und wir tauschten uns in liebevoller Wertschätzung und Wohlwollen miteinander aus.

Da in diesen Ebenen kein Schleier mehr besteht zwischen dem, was man sieht und dem, was der Kern einer Seele ist, nimmt man die Seele so wahr, wie sie wirklich ist: rein und voller Liebe.

Es herrscht ein Erkennen, das allumfassend und vollkommen wertfrei die Essenz der Seele begreift, egal, was sie in ihren Inkarnationen auch getan hat. Man verurteilt ein Kind, das Laufen lernt, ja auch nicht dafür, dass es hinfällt, weil man weiß, dass es dazugehört, entsprechende Phasen zu durchlaufen.

Der Mut, so tief in die Illusion der Trennung einzutauchen, um die Seelenentwicklung voranzutreiben und Erfahrungen in das Feld des Nichts und Alles einzubringen, wird im Kontext der Seelen und des großen Ganzen als höchst verehrungswürdig betrachtet – unabhängig davon, wie die Erscheinung der Seele auf Erden war und wie sie gehandelt hat.

Es stehen unendlich viele Hilfen bereit, die Seele auf ihrem Weg dahin zu unterstützen, die Liebe, die sie ist ausdrücken zu können.

Anhand dieser Erörterungen plante ich meine weitere Entwicklung.

Seelenerkenntnis
Die innere Bereitschaft zur Veränderung bringt mich zum Licht, von wo auch immer ich mich befinde.

Das besondere Seelengeschenk
Ich habe erlebt, wie es ist, weitreichende Macht zu haben und in Fülle zu leben.

Geschenk in diesem Leben
Dadurch, dass ich mich an diese Inkarnation erinnere, habe ich großes Mitgefühl für jähzornige Menschen.
Ich kann beleibte Menschen, die unter ihrem Gewicht leiden, verstehen.
Ich habe eine Erinnerung an materiellen Wohlstand und wie es ist, eine Machtposition innezuhaben. Durch die damalige Erfahrung kann ich nachfühlen, wie Menschen daran gehindert werden, Herzenswärme zu entwickeln, wenn sie ihre Macht über jemanden ausspielen; weil sie ihn dann nicht als Seele, sondern als Mittel zum Zweck sehen.
Dadurch, dass ich mich erinnere, wie ich meine Macht damals nicht weise nutzte, habe ich in diesem Leben feine Antennen dafür, wann ein Kräfteverhältnis unausgewogen zu werden droht und ziehe die entsprechenden Konsequenzen.

31. Regentropfen
Immer wieder Liebe zu Gaia

Es war wieder Zeit, eine angenehme Harmonisierungsinkarnation zu erleben und so befand ich mich nach einem kurzen Schlaf der Seele plötzlich in einer Masse, die neblige Schwaden aus verschiedenen Weiß - und Grautönen bildete. Im Moment war ich Energie, doch bald würde ich die Form eines Tropfens annehmen.
Aber noch war es nicht so weit.

Einen winzigen Augenblick existierte ich lediglich als ein energetisches Feld. Während ich mich orientierte, fingen Moleküle an, sich in diesem Feld einzufinden. Ein paar allerkleinste Feuchtigkeitspartikel begannen, sich zusammenzuschließen.

Dadurch wurde es mir möglich, meine abenteuerliche Reise anzutreten. Sogleich wurde ich von einem Luftstrom erfasst. Er transportierte mich durch verschieden temperierte Wolkensphären, die sich in ihrer Helligkeit unterschieden. In manchen verweilte ich kürzer, in anderen länger, um jedes Mal erneut von einer Strömung erfasst und in eine andere Sphäre weitergetrieben zu werden.

Es war ein Rausch an Empfindungen und Eindrücken, bis ich in eine besonders kalte Sphäre gelangte. Dort kam ich zur Ruhe und beobachtete, wie etwas bis dahin Ungewöhnliches mit mir geschah.

Meine Form begann fest und dann wieder flüssig zu werden. Dieses Hin und Her geschah eine Weile lang. Die Veränderungen beobachtend wartete ich gespannt, was als Nächstes passieren würde.

Es fühlte sich ungewohnt an, immer wieder zu erstarren, nachdem ich bis dahin ja schon recht abenteuerlich unterwegs gewesen war. Dann wurde es noch kälter und ich erlebte, wie sich aus meinen Molekülen ein geometrisches Gebilde formte, das fest blieb.

Ich war zu einem Eiskristall geworden. In dieser Ausformung empfand ich Stabilität und Ruhe. Aber auch etwas anderes, Besonderes geschah.

Das Licht, das sich in meinem Eiskörper brach, löste in mir verschiedenartige Empfindungen aus. Damit meine ich nicht nur das für physische Augen sichtbare Licht, sondern Licht verschiedenster Frequenzen, ähnlich dem, das ich als Seelenfunke durchtanzte. Es wirkte aufgeladen mit dem Ur-Wissen des Schöpfergeistes in mir.

Durch die Struktur, die ich angenommen hatte, fühlte ich mich mit Dimensionen verbunden, die ich mit meinen Seelenrezeptoren auf einer tiefen Ebene erfassen konnte.

Meine Aufmerksamkeit pendelte von der Wahrnehmung meiner äußeren Umgebung hin zu einer Art Trance. In dieser wechselten sich, ähnlich wie ich es immer wieder in den Phasen des Erschaffens eines neuen Körpers auf meinem Seelenweg erlebe, Farben, geometrische Strukturen, Eindrücke und Empfindungen ab, durch die ich mich mit den hinter meinem Sein liegenden Wirkkräften tief verbunden fühlte. Ich war zu einem lebendigen Mandala geworden.

Dies war für mich ein zutiefst spirituelles Erlebnis. Ich spürte, wie über die geometrische Ausformung meines Seelenkleides ein Informationsaustausch von der Weisheit des großen Ganzen, wo alles Wissen existiert, hin zu meiner Seele stattfand.

Diesmal jedoch tauschten sich diese Informationen in einer mir bisher unbekannten Art und Weise aus. Meine spezielle Schneeflockensymmetrie bildete einen ihr ganz eigenen Sender und Empfänger.

Ich wechselte stetig und sanft von dem tranceartigen Zustand zu einer Wahrnehmung des Außen und wieder zurück, und jedes Mal kam ich in Kontakt mit anderen Feldern, die mir, wie in einem tiefen Traum, etwas über meine Seelenessenz und meinen Seelenweg übermittelten, das ich nicht bewusst verstand.

Dieser voller Wunder scheinende Zugang zur Unendlichkeit zeigte mir wieder einmal den unermesslichen Facettenreichtum der Existenz.

Nach einer Zeit als Schneeflocke verflüssigte ich mich wieder und wurde in weitere Bereiche katapultiert. Nach und nach bildete ich eine immer schwerer werdende Masse. Und dann war es so weit. Es war wieder einmal Zeit, zu regnen.

Ich hatte hin und wieder Tropfen wahrgenommen, die aus der Wolke herausgefallen waren. Jetzt spürte ich, wie meine eigene Form sich zu verändern begann und ich mich nach unten hin auswölbte. Diesmal war ich dabei!

Ich wusste, dass ich nun die bisherige Erfahrungswelt verlassen würde. Nach einer Weile begann ich, durch die Wolkenschwaden hindurchzugleiten. Andere Tropfen waren ebenso dabei, sich aus der Wolkenschicht zu lösen.

Im freien Fall konnte ich wahrnehmen, wie das mich umgebende Klima sich veränderte. Und plötzlich sah ich die Erde. Ihr Anblick öffnete sich mir überwältigend schön vor meinem Seelenauge.

Da war er wieder, mein geliebter Planet Gaia, auf dem ich schon so viel erlebt hatte. Für den Bruchteil einer Sekunde wurde mir bewusst, wie sehr ich diese Erde liebte, und was für ein denkwürdiger Augenblick es war, ihrer nun in diesem flüchtigen Seelenkleid gewahr werden zu dürfen.

Während Mutter Erde mich zu sich zog, erlebte ich eine Flut von Bildern. Zeitgleich spürte ich mich selbst und nahm die anderen Tropfen um mich herum wahr. Wir näherten uns einem See. Sein Wasser, das aufgeladen war von Lebensenergie und seinen über Jahre gemachten Erfahrungen, das Schilf, das Ufer, die Tiere, alles um mich herum nahm ich unauslöschlich als den Moment wahr, in dem ich mich für einen winzigen, magischen Augenblick in diesem einzigartigen Kleid wieder auf die Erde und von ihr wegbegab.

Als ich landete, zog der Aufprall meines Tropfenkleides Kreise, die sich mit denen der anderen Regentropfen mengten.

Während meine Teilchen in das See-Bewusstsein übergingen, entschwebte meine Seele voller Leichtigkeit ins Nichts und Alles.

Seelenerkenntnis
Ich liebe Gaia und bin dankbar für jede Verkörperung, die ich bisher auf ihr erfahren durfte.

Das besondere Seelengeschenk
Es waren wunderschöne transzendentale, spirituelle Erfahrungen mit unendlich vielen neuen Eindrücken und Empfindungen gewesen, deren Tiefe und Bedeutung für mein Seelenerleben sich hier nur ansatzweise wiedergeben lassen.

Geschenk in diesem Leben
Die Erinnerungen an mein Dasein als Schneeflocke beinhalten Wahrnehmungen und Empfindungen, die mit denen eines menschlichen Körpers nicht vergleichbar sind. Diese in meinem Seelengedächtnis zu haben und wachrufen zu können, lässt mich nie vergessen, wie unermesslich die Zusammenhänge zwischen allem, was ist, sind.

32. Folter
Wie komme ich da raus?

Nun war ich wiederhergestellt für ein neues Abenteuer.

Nachdem ich als Graf mit meinen Bestrafungen nicht zimperlich gewesen war, schuf ich mir eine Ausgleich-Inkarnation, das heißt: Im folgenden Leben sollte ich selbst auf eine Art erfahren, wie es ist, wenn Macht über ein Lebewesen ausgeübt wird und es dadurch zu Tode kommt.

Ich war ein rebellischer Student und setzte mich mit

philosophischen und religiösen sowie gesellschaftlichen Fragen auseinander. Mit den Zuständen in Kirche und Gesellschaft war ich nicht zufrieden und wiegelte meine Mitstudenten, die sich ebenso Veränderung wünschten, auf.

Wir verteilten Schriften und organisierten aufrührerische Treffen. Immer mehr schlossen sich mir an. Nach etlichen Warnungen der Staatsmacht, auf die ich mit noch mehr Aktivität reagiert hatte, war ich zum wiederholten Mal festgenommen worden. Bisher sollten es nur Abschreckungen sein und ich war wieder freigelassen worden. Doch diesmal wurde es ernst. Man sperrte mich endgültig weg.

Das dunkle, kalte, feuchte Verlies war bestückt mit Folterinstrumenten. Ich wurde auf eine Streckbank geschnallt. Stricke hielten meine Handgelenke und Knöchel fest. Rechts von mir befanden sich zwei große Kurbeln, die gegenläufig bewegt werden konnten. Dadurch gab man Zug auf die Extremitäten.

An jeder Kurbel stand ein muskulöser Mann, der mit einer bis zu den Wangen reichenden, nach oben spitz zulaufenden Lederkapuze vermummt war. Einer war älter, der andere etliche Jahre jünger. Sie drehten langsam an den Griffen, sodass mein Körper nach und nach auseinandergezogen wurde. Das waren höllische Schmerzen.

Am ersten Tag versuchte ich flehentlich, mit meinen Peinigern in Augenkontakt zu kommen. Ich hoffte, mich ihrer Seele zu nähern, so dass sie vielleicht Erbarmen fühlen und mich laufen lassen würden. Zuerst erreichte ich die Augen des Älteren, am Fußende Stehenden.

In ihnen las ich Unnahbarkeit und Kälte. Er war abgestumpft. Dann erhaschte ich die Augen des Jüngeren und sah in ihnen seine eigene große Pein. Es war schlimm für ihn, diese Aufgabe auszuführen.

Beide vermieden es, mir erneut in die Augen zu schauen, obwohl ich in den ersten Stunden, als ich noch Kraft dazu hatte, nicht locker ließ - der Ältere konsequent und routiniert, der Jüngere, noch unerfahren. Er ließ anfangs erneut einen kurzen Blickkontakt zu.

Ich spürte, wie dieser ihn in schwere innere Gefühlskämpfe stürzte und er sich deshalb zwang, mich nicht mehr anzuschauen.

An der Fußseite der Streckbank konnte ich auf ein kleines, vergittertes Fenster schauen. Durch dieses versuchte ich mit meinem Geist hinauszufliegen und mich aus meinem Körper zu lösen. Aber das ging nicht.

Mein Körper litt unsägliche Qualen, und ich wusste nicht, wie ich ihnen entkommen sollte. Ich versuchte zu beten, aber meine Angst vor immer stärker werdenden Schmerzen nahm mein gesamtes Denken und Fühlen so sehr ein, dass meine Bemühungen im Nichts zu verpuffen schienen.

Es gelang mir einfach nicht, die Intensität an Hingabe, Glauben und Vertrauen zu erreichen, die eine Erlösung möglich gemacht hätte. Ich hatte einfach nur blanke Panik.

Die Männer hörten auf zu kurbeln, bevor ich mich ganz aus meinem Körper verabschiedete. Dann wurde ich abgeschnallt und ins Verlies geworfen.

Nach ein, zwei Tagen begann die Prozedur von neuem. Es wurde immer so weit gedreht, dass ich es nur knapp überlebte. Mehrere Tage lang wurde ich gefoltert, bis meine Wirbelsäule in der Mitte zerbrach, da wo eine mit Hölzern gespickte Erhöhung sie nach oben wölbte.

Noch während des Entkörperns entschied ich, von nun an zu lernen, meine Macht nicht mehr zu missbrauchen und nie wieder irgendjemandem absichtlich Qualen zuzufügen, damit keiner jemals durch mich so etwas würde erleben müssen, wie ich es gerade hinter mir hatte.

Als mein Geist seinen Körper aufgab, war ich schnell frei und fähig, die erlittene Qual und meinen Körper loszulassen, ohne in Zwischenreichen mit Angst und Panik hängen zu bleiben. Die just während des Entkörperns getroffene Entscheidung, niemandem mehr absichtlich Leid zufügen zu wollen, hatte ihre Kraft entfaltet und dabei geholfen. Ich nahm die Vollkommenheit und Sinnhaftigkeit meiner Erfahrung wahr und meine Engel empfingen mich liebevoll.

Die körperliche Qual war eine Hölle, die viel schlimmer gewesen war als die mir schon bekannte Hölle nach dem Tod. Die tägliche Angst vor dem, was mich erwartete, die Hilflosigkeit, das Ausgeliefertsein und diese unermesslichen Schmerzen; der menschlichen Hölle konnte ich erst entkommen, als der Körper zerbrochen war.

Trotz der Grausamkeit war diese Inkarnation eine wertvolle Erfahrung und bildete die Grundlage für die wichtige Entscheidung, niemandem mehr absichtlich Gewalt antun zu wollen.

Diese würde mir ermöglichen, meine Chakren weiter zu öffnen und durchlässiger zu werden. Es war eine grundlegende Richtungsanweisung für meine gesamte weitere Entwicklung, denn sie bedeutete, über viele Inkarnationen hinweg daran zu arbeiten, die Gefühle mehr und mehr in Ausgewogenheit zu bringen.

Ich würde lernen müssen, auch unter Stress im Vertrauen und in der Liebe zu bleiben, wenn ich diesem Beschluss treu bleiben wollte. Vorerst würde es mir jedoch nicht so leicht gelingen.

Noch viele Krisen boten sich mir dahingehend als Lehrmeister an - bis in dieses Leben hinein.

Seelenerkenntnis

Wir sind im Dunklen, im Bösen nie alleingelassen, auch wenn wir uns so fühlen. Es gibt immer ein Netz aus den Gesetzmäßigkeiten des Wachstums der Seele und der liebenden göttlichen Ordnung. Dies zeigt sich uns dann, wenn es Zeit ist.

Das besondere Seelengeschenk

Das Gefühl der Erlösung und des Wiedererkennens der Sinnhaftigkeit einer jeden Erfahrung, als ich meinen Körper endgültig loslasse und dabei in die Wahrnehmung der Vollkommenheit aller Dinge eintauche, lässt mich sicher sein, dass jeder zu seiner Zeit erkennt, was für seine Seele wichtig ist.

Geschenk in diesem Leben

Zu wissen, was auch immer in unserem Leben geschehen ist, es wird irgendwann auf den Weg der Heilung gebracht.

Dass ich heutzutage Dankbarkeit, Liebe und Sinnhaftigkeit auch für diese Erfahrung empfinden kann und in so vielen weiteren Leben sowie in der Zeit dazwischen Heilung und Schönes und Gutes erleben durfte.

Immer und immer wieder habe ich die nicht enden wollenden komplexen Dimensionen erlebt und weiß, dass der Schöpfer uns Menschen unendlich dafür liebt, dass wir ein fühlendes Herz und einen Emotionalkörper haben, die uns ermöglichen, Schmerz und Verzweiflung, aber auch tiefe Liebe und Mitgefühl zu empfinden. Ich weiß einfach, dass wir zur richtigen Zeit wieder hergestellt werden. Meine Erfahrung ist, dass alle Seelen am Ende in sein liebendes Herz eintreten und Frieden finden. Deshalb schaue ich voller Vertrauen auf den Weg einer jeden Seele.

Ich bin dankbar, dass ich erlebt habe, wie meine Inkarnationen immer schöner wurden und nach und nach die Grausamkeit meiner Erlebnisse nachließ.

33. Fliege
Ich werde gesehen

Meine Fliegengeschwister und ich schwirrten vorwiegend in der Stube des Bauernhauses herum und bekamen natürlich spitz, wann die Vorbereitungen zum Essen begannen.

An manchen Tagen wurde ein Stück geräucherter Schinken aufgetischt, auf den wir es besonders abgesehen hatten. Unser Lieblingsessen. Manche meiner Geschwister ließen dabei ihr Leben, weil die Bauersleute, ein Ehepaar, ein Sohn und eine Tochter, gerne nach uns klatschten und dabei die eine oder andere erwischten.

So war es mit einem gewissen Gefühl von Risiko verbunden, sich an den Schinken zu wagen, denn die Menschen ließen nicht mit sich spaßen. Aber da Fliegen ja mutige und freche kleine Tierchen sind, nahmen wir keine Rücksicht auf die Abscheu der Menschen. Der Genuss war uns wichtiger.

Wir waren es gewohnt, dass man uns nicht haben wollte und nicht gut behandelte. Ich war ein eher zurückhaltendes Flieglein und vorsichtiger als manch andere. Dadurch hatte ich ein recht langes Fliegenleben. Eines Tages aber setzte ich mich aus Übermut und Langeweile auf den linken Unterarm des Bauern. Er war müßig gestimmt und allein in der Stube. Wie ich da auf seinem Arm Platz nahm (was für mich durchaus mutig war) und unbewusst Abscheu und Vertriebenwerden erwartete, fing er stattdessen an, mich eingehend zu betrachten und in Gedanken mit mir zu sprechen:

„Hallo du kleine Fliege, wie du dich wohl fühlen magst...? Du bist ja eigentlich gar kein so übles Wesen, wenn du nicht gerade auf unserem Essen herumkrabbelst. Was wohl in dir vorgeht?"

Ich spürte, wie ein leiser Strom der Zuneigung zu meinem Fliegenherz floss und genoss den kurzen Augenblick, bis das Band der Aufmerksamkeit zwischen uns dünner wurde und ich weiterflog, die Erfahrung des „Angenommen- und Gesehen- Werdens" in meinem kleinen Herzen mit mir tragend. Ich schwirrte weiter.

Und doch: Dieser Moment, in dem ich mich als das Wesen, das ich war, gesehen fühlte, hatte das Grundgefühl von Ablehnung meiner Spezies deutlich gemildert. Ich durfte erfahren, wie gut es tut, beachtet zu werden -

und wie gut es tut, wenn jemand die Macht, die er über einen hat, nicht ausspielt, sondern stattdessen mit der Seele in Verbindung tritt.

Seelenerkenntnis
Es tut gut, gesehen zu werden, und schon ein winziger Moment der Anerkennung kann heilsam sein und viel bewirken.

Das besondere Seelengeschenk
Ein leichtes Leben mit einer heilsamen Erfahrung.

Geschenk in diesem Leben
Die Erinnerung an mein lebhaftes und furchtloses Wesen und daran, wie meine Flügelchen mich tragen und ich in diesem kleinen Körper zu sehr wendigen und schnellen Bewegungen fähig bin, ist nett.

Zu wissen, dass meine Gedanken und Gefühle, auch gegenüber kleinen Tieren wie Fliegen, eine weitreichende Wirkung haben, bedeutet für mich die Herausforderung, die feinstoffliche Verbindung zu Tieren nicht zu vergessen, auch wenn bei manchen Spezies Gefühle wie Ekel oder Angst hochkommen möchten.

34. Felsbrocken
Beobachten und Sein

Ich zog ein in den Stein, der da lag.

Auf roter, trockener Erde, in einem heißen, kargen Land.

Ein paar Gräser reihten sich um mich herum und andere Felsbrocken lagen vereinzelt in einiger Entfernung. Hier und da stand ein Busch oder ein Baum, ein Stück weit hinter mir war eine große rot-bräunliche Felswand. Ich hatte dieselbe Farbe. Meine längliche, abgerundete Form betrug schätzungsweise 80 cm Länge.

Von außen betrachtet könnte dieses Leben wie ein recht eintöniges Dasein erschienen sein, aber das war es nicht. Ich erlebte viel mit meinem Steinkörper, weil ich das, was mit ihm und um ihn herum geschah, bewusst wahrnahm. Mein Lebensinhalt bestand darin, zu spüren und zu beobachten.

Ich nahm das Wetter wahr, fühlte meinen Steinkörper, die Pflanzen und Tiere. Ich verfolgte die Einstrahlung der Sonne und wie sie im Laufe des Tages verschiedene Bereiche meines Steinkörpers erwärmte, während andere Stellen wieder abkühlten. Dadurch entstand eine dem Lauf der Sonne angepasste innere Empfindungswelle, die sich in der Nacht mit dem Mondlicht veränderte. Ich konnte spüren, wenn sein Licht von Wolken absorbiert wurde.

Besonders liebte ich es, wenn der Vollmond meinen Steinkörper beschien. Dieses Licht war, im Gegensatz zur manchmal sengenden Sonne, auf eine besondere Weise mild und wohltuend.

Mein Steinkörper dehnte sich tagsüber aus und wenn es kalt wurde, zog er sich zusammen. Ich nahm wahr, wie die Erwärmung sich durch den veränderten Verlauf der Sonne täglich minimal anders anfühlte. Ich war ein stiller Beobachter der Jahreszeiten und der Lebenseinflüsse, die auf mich wirkten.

Im Winter wurde es vor allem nachts sehr kalt. Und obwohl es in den Sommern extrem heiß und trocken war, gab es in den Wintern Schnee, Eis und Graupelschauer. In manchen Jahren mehr, in anderen weniger.

Einerseits hatte ich mich und meine Umgebung gleichzeitig im Gewahrsein, andererseits hatte ich meinen 360-Grad-Seelenrundumblick, der mit seiner Aufmerksamkeit rundherum wanderte. Und auch als Stein hatte ich Gedanken. Langsame, wenige, ruhige, freundliche.

Mein Bewusstsein wechselte zwischen der Präsenz im Hier und Jetzt und einer Art Schlummer. Jahre lag ich ungestört da, bis ein paar Menschen auftauchten, die meine Aufmerksamkeit auf sich zogen. Interessiert beobachtete ich, wie sie über den Boden schritten. Sie diskutierten miteinander. Dann sah ich zu, wie sie Bambusstangen heranbrachten, zurechtstutzten, im Rund auf-stellten und ein Dach anbrachten.

Dazu wurde der Bambus oben sternenförmig zusammengefügt und Lehm obendrauf geklatscht. Es entstanden Hütten, in denen sie zu wohnen begannen. So rückte mir das Leben der Menschen nahe, das sich nun in nicht allzu weiter Entfernung abspielte.

So manche Jahreszeiten wechselten, während ich da lag und beobachtete.

Bis irgendwann das Leben der Menschen sich anschickte, noch näher zu kommen. Es wurde unruhig um mich herum. Die Dorfbewohner gingen wieder auf und ab, zählten ihre Schritte und debattierten miteinander. Ich machte mir so meine Gedanken über das, was da geschah. Irgendwas ging vor sich. Warum diese Unruhe? Mit der Zeit begriff ich, dass der mittlerweile flügge gewordene Zuwachs sein eigenes Heim bekommen sollte. Mein Steinkörper lag im Weg, und so wurde ich von einem kräftigen jungen Mann gepackt und davongetragen.

Ich kann mich genau erinnern, dass ich so groß und schwer war, dass er mich nicht einfach in die Hände zu nehmen vermochte, sondern mich mit einigem Kraftaufwand auf seine Arme packte und von unten umschloss.

In dieser Haltung transportierte er mich einige Meter weit weg, nahe zu der großen Felswand hin und ließ mich dort fallen. Die Wucht des Aufpralls durchzuckte mich. Plumps, da lag ich und war meiner gewohnten Umgebung entrissen.

So vieles fühlte sich dort anders an. Ich war nicht mehr von den mir vertrauten Gräsern umringt (man gewöhnt sich ja aneinander), und vermisste erst einmal den mir bekannten Ausblick. Ich spürte, wie die Erwärmung der Sonne nun auf einem ungewohnten Teil meines Steinkörpers begann und ebenso, wie der Schatten der Felswand Einfluss auf mich nahm. Es wurde dadurch insgesamt etwas kühler.

Durch meine neue Ausrichtung fegte auch der Wind anders über meinen Steinkörper als bisher. Ein ganzes Jahr von Licht und Schatten, von Kälte und Wärme und von Pflanzenwuchs erlebte ich nun vollkommen neu. Irgendwann hatte ich mich an den neuen Lauf der Dinge gewöhnt.

Ich blieb noch ein paar Jahre, bis ich meine Behausung einer anderen Seele überließ.

Seelenerkenntnis
Jede Lebensform erlebt Interessantes, auch wenn es von außen nicht so scheint.

Das besondere Seelengeschenk

Eine Lebensform erkunden zu dürfen, die in vollkommener Ruhe wertfrei beobachten und sein kann. Die keine Entwicklungsschmerzen hat und keine deutlichen körperlichen Veränderungen wie Wachstum oder Zerfall. Die weder friert noch schwitzt noch Angst hat oder sonstige Ungemütlichkeiten verspürt, sondern alles, was an ihr und mit ihr geschieht, genießen kann und dennoch so viel erlebt.

Geschenk in diesem Leben

Ich erinnere mich gerne daran, in welcher Weise ich die Natur und Wettereinflüsse und den Wechsel der Jahreszeiten wahrgenommen habe. Und, dass ich trotz Kälte nicht gefroren habe.

4. Chakra
Herzzentrum
Liebe, Mitgefühl, Verbindung

Nun ging es darum, die Liebe in mir zum Schwingen zu bringen. Ich lernte Liebe zu geben und zu empfangen, mich zu kümmern und mein Herz zu öffnen. Empfindungen von Scham, Schuld und Gewissensregungen begannen als Mittel der Selbstregulation meine Entscheidungen zu beeinflussen.

Das Liebeslicht begann meine Chakren mehr und mehr zu durchströmen und zu transformieren. (Die hier gemeinte Transformation bedeutet Blockaden zu beseitigen, wodurch die Energie in den Zentren freier fließen kann). Dadurch erhöhte sich die Frequenz, in der meine Chakren pulsierten.

Ich wurde nach und nach auf höhere Bewusstseinsebenen gehoben und öffnete mich den geistigen Ebenen.

Jedoch würde es noch viele Inkarnationen dauern, bis ich das Eins-Sein mit allem wahrnehmen würde und lernen wollte, dieses bewusst zu verkörpern.

35. Wind
Gewissen?

Mit der Öffnung meines Herzzentrums begann, während meiner Verkörperung als Wind, die Entwicklung eines sensibleren Gewissens.

Natürlich hatte ich in den vorhergehenden Inkarnationen bereits erkannt, dass es stets eine Resonanz auf meine Taten gibt und diese Erkenntnis in meinem ewigen Seelengedächtnis gespeichert.

Ich hatte verstanden, dass ich an mir arbeiten und durch ein faireres Verhalten diese Resonanz verändern konnte. Nun kam etwas Neues hinzu: Ich wollte aus ehrlicher Überzeugung ethisch und moralisch richtig handeln und nicht, um einen persönlichen Vorteil zu erzielen, denn ich hatte begonnen, mich nicht mehr nur für mich selbst, sondern auch für meine Umgebung verantwortlich zu fühlen.

Ich weitete mein achtsames Handeln aus. Mein Gewissen begann, sich in Richtung der höher angeordneten Chakren zu bewegen, an deren Ende die Erkenntnis der Einheit mit allem steht.

Zu einer Zeit war ich ein Wind und wehte über die Erde. Immer wieder rundherum. Während das Land unter mir hinwegglitt, säuselte, rauschte, pfiff, toste, fegte oder wütete ich, je nachdem welche Wetterbedingungen herrschten. Und immer war ich dasselbe Bewusstsein, die Seele in Windgestalt, nur jedes Mal in einem anderen Zustand. Und jeder fühlte sich besonders an.

Ich sah die Orte, Menschen und Dinge, die ich mit meinem Hauch umwehte, mit meinem Seelenauge und nahm ihre Ausstrahlung wahr. Es war sehr interessant, die Erde von dieser Warte aus kennenzulernen.

Während verschiedene Länder unter mir hinwegzogen, begegnete ich vielen Kulturen. Manche Landschaften besuchte ich mehrfach und nahm ihre Veränderungen wahr. Es war jedes Mal ein Erkennen: „Ah, hier war ich schon." Drei eng beieinander stehende Pyramiden hatten es mir angetan, von ihnen ging eine eindrückliche Energie von Kraft, Stärke und Verbindung zum Kosmos aus.

Als noch junger Wind traf ich auf meiner Reise auf einen älteren Wind, und gemeinsam wurden wir zu einem Orkan. Nachdem wir schon eine Weile über das Meer gefegt waren, überquerten wir die Küste und erreichten das Landesinnere. Die Schäden, die wir hinterließen, hielten sich zunächst in Grenzen, bis wir zu einem Dorf aus Bambushütten gelangten.

Einige der dunkelhäutigen Bewohner waren beschäftigt. Sie hatten einen langen Tisch aus aneinandergebundenen Bambusstangen aufgestellt und waren dabei, selbstgefertigte Waren zum Tausch dort bereitzulegen, u.a. Schmuck und Tonkrüge.

Die Bewohner freuten sich auf das bevorstehende Ereignis, das konnte ich wahrnehmen, während wir tosend näherkamen. Jetzt stoben die Menschen auseinander und flüchteten vor der brausenden Gewalt. Wir wirbelten alles durcheinander. Sie verkrochen sich ängstlich, so gut es ging, da, wo sie konnten. Wenig blieb heil. Wir zerstörten die Waren, die Hütten, und Menschen bezahlten mit ihrem Leben.

Da geriet ich junger Wind in einen Gewissenskonflikt... Ich war ja gerne Wind, aber die Menschen taten mir leid... Und so wandte ich mich wehklagend an den älteren Wind und fragte ihn, warum wir denn so zerstörerisch sein mussten.

Er erklärte mir, dass nichts außerhalb der Harmonie des Universums geschehen würde. Auch wenn ich als Wind etwas zerstört hätte, so sei das vollkommen im Sinne der höheren Ordnung.

Die Lebewesen hätten daraus etwas zu lernen, und ihre Seelen wüssten Bescheid, was das sei. Er riet mir: „Warte ab, bis du das nächste Mal wieder über das Dorf wehst. Sieh dir die Menschen genau an und schau, was sich getan hat."

Als ich nach einiger Zeit aufs Neue durch das Dorf wehte, diesmal als sanfter Hauch, hatten einige Menschen mehr Liebe und Hingabe in ihren Herzen. Andere wiederum trugen das Vergangene verbittert mit sich herum. Manchen war klar geworden, wie sehr sie die Verstorbenen geliebt hatten, und sie wendeten sich aufmerksamer den Überlebenden zu. Manche hatten sich von Erwartungen befreit und erkannt, dass schlichte Hingabe an das Leben mit seinen überraschenden Wendungen ein guter Weg für sie sei, um glücklich zu werden. Als ich die Veränderungen wahrnahm, war ich zufrieden.

Es hatte wirklich alles seine Ordnung.

Seelenerkenntnis
Es gehört zum natürlichen Ablauf, sich durch Herausforderungen weiterzuentwickeln.

Das besondere Seelengeschenk
Beim Sausen über Länder, Berge und Täler, Wälder und Meere meinen Windkörper und alles, was er umwehte, zu spüren und dabei Gaia mit meinem Seelenauge zu betrachten, ließ mich den Planeten wieder einmal auf ganz wundervolle neue Art und Weise erleben.

Geschenk in diesem Leben
Auch als Wind hatte ich meine vorangegangenen Inkarnationen, wie meist, scheinbar vergessen. Jedoch hatte ich mein in vielen Inkarnationen

entwickeltes Bewusstsein. Damit über die Erde zu sausen war ein unbeschreiblich schönes Gefühl.

Ich konnte die energetische Ausstrahlung sakraler Bauten (wie z.B. Kirchen und Pyramiden) wahrnehmen und wie unterschiedlich sie auf mich wirkten. Ich konnte spüren, dass die Absichten, mit denen sie errichtet worden waren, Verbindungen zu den feinstofflichen Dimensionen schaffen, durch die ein Austausch von Energien anderer Dimensionen mit der Erde möglich wird. Diese energetische Wirkung mit meinem Windkörper als real existent erfahren zu haben, d.h. sie aus einer wertfreien, nicht menschlichen Perspektive erlebt zu haben, bereichert meine heutige Sichtweise auf Orte, die einen spirituellen Fokus haben.

Die gleichzeitige Veränderung einer Menge an Lebewesen mit meinem Wind-Körper und meinem Wind-Gefühl in einer besonderen Tiefe und Gesamtheit erfasst zu haben, ist ein großes Geschenk und beruht wieder einmal auf einer gänzlich anderen, faszinierenden Art der Wahrnehmung, die sich von der menschlichen unterscheidet.

36. Bluttat
Wut und Folgen

Ich war wieder bereit, ein Mensch zu sein. Mein Körper war groß und kräftig, muskulös und breitschultrig, mein Gang war behäbig und meine Hände glichen Pranken.

Mit meiner Frau und meinen drei Mädchen wohnte ich in einem kleinen Steinhaus in einem Land mit saftig grünen Wiesen und sanften Hügeln. Die Landschaft war von niedrigen Steinmauern und Holzzäunen durchzogen.

Um durch die Tür ins Haus zu kommen, musste ich meinen Rücken krümmen und den Kopf einziehen. Drinnen konnte ich aufrecht stehen, es war jedoch nicht mehr viel Platz bis zur Decke. Geradeaus war das Zimmer der Mädchen, links daneben unser Schlafzimmer und noch weiter links die Kochnische.

Wir bauten Gemüse und etwas Getreide an und hielten Schafe. Meine Frau hatte ein sanftmütiges Wesen. Wir liebten uns sehr. An den Mädchen hatten wir große Freude. Natürlich brachte das einfache Leben viele Herausforderungen mit sich, aber wir waren gläubig und ertrugen, was der Herr uns aufbürdete, mit Demut.

Es war mühsam, das Haus warm zu bekommen, drinnen war es immer etwas feucht. Manche Ernte verdarb durch ungünstige Wetterbedingungen. Holz musste bereitet werden, damit wir heizen und kochen konnten. Die Schafe mussten versorgt werden.

Und da war unser Nachbar, der Halunke. Er nutzte manche Nächte, um uns Schafe zu stehlen. Oder um sich durch eine Veränderung des Zaunverlaufes ein Stück Land einzuverleiben. Jedes Mal, wenn ich eine seiner Missetaten entdeckte, schritt ich über die große Wiese zu seinem Haus und forderte ihn auf, seine Tat wieder rückgängig zu machen.

Er hatte eine garstige Art und tat so, als sei es selbstverständlich, sich etwas nehmen zu dürfen, wenn man das Gefühl hat, der andere habe mehr als man selbst. Aber es war ja nicht so, dass er Hunger litt, er hatte nur eine ebenso garstige Frau und wohl dauernd das Gefühl, es schlechter zu haben als ich.

Die beiden hatten keine Kinder. Irgendwann starb seine Frau, und er war allein. Kurz darauf wurde meine geliebte Frau krank. Sie hustete und hustete, wurde schwächer und schwächer. Der Arzt konnte nichts für sie tun. Sie starb, und ich war mit meinen drei Mädchen allein. Es war eine schwere Zeit für uns, wir trauerten sehr. Meine Tage waren grau, trotz der Kinder. Die Mädchen übernahmen die Aufgaben der Mutter, so gut es ging. Sie taten, was sie konnten.

Bald spielte sich alles etwas ein. Doch ohne meine Frau fehlte mir so viel. Dann erkrankte meine jüngste Tochter und starb. Ungefähr zwei Jahre lebten wir zu dritt, bis auch die älteren beiden Mädchen krank wurden.

Ein paar Wochen versorgte ich sie, so gut ich konnte, aber im Abstand von einem Tag starben beide hintereinander weg. Die Feuchtigkeit und der Husten waren für ihre zarten Körper einfach zu viel.

Ich war tieftraurig und enttäuscht. Ich fühlte mich alleingelassen von meiner Familie, von Gott. Ich hatte sie doch so sehr geliebt. Warum nur mussten sie sterben?

Mein Nachbar sah in dieser Phase der Schwäche seine Chance gekommen, sich nahezu meiner gesamten Schafherde zu bemächtigen. Am Tag zuvor hatte ich meine beiden Mädchen begraben. Am Morgen trat ich aus dem Haus und sah, dass nur noch drei meiner Schafe auf der Weide standen.

Da ballte sich in mir alles zusammen: der Schmerz und die Enttäuschung über den Verlust meiner geliebten Frauen und der angestaute Missmut der letzten Jahre wegen des respektlosen Verhaltens meines Nachbarn. Wutentbrannt stapfte ich zu ihm und rief ihn aus dem Haus. Wie er da so vor mir stand und mich hämisch auslachte, kochte ich über vor Hader, Zorn und Verzweiflung. Mein Herz war so wund von den Verlusten - ich griff zu meinem Messer, das ich immer bei mir trug. Und ehe er es sich versah, rammte ich es ihm mitten ins Herz. Er sackte in sich zusammen, und eine Blutlache ergoss sich über den Boden.

Was dann geschah, war sehr, sehr eindrücklich. Ich sah mich und seinen leblosen Körper wie von seitlich oben und hatte gleichzeitig folgende Erkenntnisse:

1. Ich wurde gewahr, dass das, was ich durch meine Tat loswerden wollte, weiter in mir schwang. Sein Tod hatte mich nicht von meinen Gefühlen erlöst. Die Wut war immer noch da, auch wenn mein Nachbar jetzt nicht mehr lebte, und ich erkannte: Meine Wut ist nur in mir, nichts Äußeres bedingt sie. Ich denke lediglich, dass sie von etwas Äußerem hervorgerufen wird, aber das ist nicht so. Ich rufe sie hervor und nur ich kann dafür sorgen, dass sie sich verändert. Aber das muss in mir geschehen.

2. Mir wurde klar, dass ich jetzt nicht nur allein, sondern einsam war. In meinem Nachbarn hatte ich wenigstens ein Gegenüber gehabt. Da passierte noch etwas. Von jetzt an würde es um mich herum menschenleer sein und still. Wie er da so in seinem Blut lag, begann ich schon, ihn zu vermissen. Und ich spürte, dass er ein Gefährte meines Lebens gewesen war, der Abwechslung und Lebendigkeit in mein Leben gebracht hatte. So schlecht war das Leben mit dem Halunken gar nicht gewesen.

3. In diesem Augenblick schwor ich mir, noch tiefer lieben zu lernen und daran zu arbeiten, in herausfordernden Situationen anders mit meinen Gefühlen umgehen zu können.

Ich begrub ihn unter einem Steinhaufen am Haus neben seiner Frau. Den Nachbarn, die ein paar Kilometer weiter weg wohnten, erzählte ich, ich hätte ihn tot vor dem Haus gefunden und sofort begraben. Keiner fragte weiter nach. In das Haus des Nachbarn zog niemand mehr ein, es verfiel nach und nach. Ich fühlte mich einsam und lebte nur noch ein paar Jahre.

Während ich meinen Körper verließ, beschloss ich, in meinen nächsten Leben alle Herausforderungen anzunehmen, die notwendig waren, um lernen zu können, in der Liebe zu bleiben.

Ich landete übrigens nicht in einer „Hölle", wie man es nach so einer Tat glauben könnte.

Erst einmal schwebte ich durch den mir so wohlbekannten Tunnel und sah am Ende meine geliebte Frau und meine Kinder, die mich zielstrebig in die heiligen Hallen der Heilung führten, während die mir wohlbekannten, alles durchschwingenden Klangharmonien uns begleiteten. Auch sie waren dort eine Weile untergebracht gewesen. Lichtwesen sorgten dafür, dass die Traumata des vergangenen Lebens aufgearbeitet wurden.

Liebevoll schwingende Farben umfingen mich. Ein wundervoller großer Engel beugte sich über meinen feinstofflichen Körper und legte voller Sanftmut seine Lichthände auf mein ätherisches Herz. Eine heilsame Wärme durchströmte mich und aller Schmerz entwich. Zusammen mit mir waren in diesem Heilraum andere aktuell entkörperte Menschenseelen, die ebenso liebevoll umsorgt wurden. Wir lagen auf Liegen aus Licht und durften uns erst einmal ausruhen. Immer wieder kamen Engel und ließen mir Energie in verschiedenster Zusammensetzung zufließen. Mal wurde ich mit Kraft aufgeladen, mal wurde die Traurigkeit geheilt, mal wurden die Folgen der Zornesenergie, die meinen Energiekörper stark beschädigt hatte, ausgeglichen.

So wurde ich voller Hingabe darauf vorbereitet, mich auf eine nächste Inkarnation freuen zu können.

Seelenerkenntnis

Man kann einen jähen Sinneswandel erfahren.

Nicht, was wir getan haben, sondern wie wir im Augenblick des Sterbens im Grunde unseres Herzens sind, bestimmt unseren weiteren Aufenthaltsort.

Das besondere Seelengeschenk

Meine Herzöffnung begann. Ich fühlte mich meinen Frauen so sehr verbunden, dass ich es zuließ, dass sie mein Herz tief berührten.

Die Erkenntnis, dass, auch nachdem meine Wut sich folgenschwer entladen hatte, alle Frustration trotzdem in mir blieb und dass eigentlich mein Herz Zuwendung und Heilung brauchte.

Die Liebe, mit der ich in den feinstofflichen Welten empfangen, umsorgt und geheilt wurde.

Geschenk in diesem Leben

Ich kann gut nachfühlen, dass Menschen sich so sehr verletzt, enttäuscht, alleingelassen und wütend fühlen können, dass sie etwas verletzen oder zerstören, um für ihre Gefühle ein Ventil zu schaffen. Ich verspüre für diese Menschen sehr viel Mitgefühl und Zärtlichkeit.

37. Magd
Ich diene und verarbeite

Nach dem Erlebnis, aus der Haut gefahren zu sein und einen Menschen getötet zu haben, begab ich mich in eine „Verarbeitungs-Inkarnation". Diese schuf mir gute Voraussetzungen dafür, die

Erlebnisse des vorangegangenen Lebens in einer erneuten irdischen Erfahrung, mit irdischen Sinnen, weiter zu verarbeiten und Fähigkeiten auszubilden, die ich für mein Vorhaben, lieben zu können und Konfliktfähigkeit zu erlernen, brauchte.

Ich wurde eine Putzmagd in einem großen Schloss.

Im religiösen Kontext würde man sagen: „Ich tat Buße," aber das wäre nur die halbe Wahrheit. Durch die in diesem neuen Leben geschaffenen Umstände hatte ich die Möglichkeit, Qualitäten zu entwickeln, die ich für meinen Vorsatz brauchte: Neben Hingabe und Demut übte ich auch Geduld und Achtsamkeit.

Meine Aufgabe war es, die Böden zu fegen und zu putzen. Einen Raum nach dem anderen. Irgendwann wurde das Fegen einem jungen Gehilfen übertragen und ich war nur noch für das Schrubben und Wischen der Böden zuständig. In einem Holzeimer mischte ich Seifenlauge. Mit einer Bürste und einem Lumpen scheuerte und schrubbte ich, auf dem Boden kniend, ein Stück nach dem anderen.

Durch die gleichförmigen Bewegungen geriet ich in einen meditativen Bewusstseinszustand, in dem meine Seele wirken konnte, während ich in einem Erdenkörper weilte. Ich ließ mich also durch die wiegenden Hin- und Her-Bewegungen in einen entspannten Zustand gleiten und begann ihn zu lieben. Wenn ein Raum gesäubert war, kam der nächste dran. Und so arbeitete ich mich auf Knien durch das ganze Schloss. Wenn ich fertig war, fing ich von vorne an. Immer wieder das gleiche Ritual: Seifenlauge mischen, schrubben, wischen. Tagein, tagaus. Viel Abwechslung gab es nicht, es sei denn eine Festivität stand an, dann wurde die Reihenfolge der zu säubernden Räume abgeändert, denn besonders der große Ballsaal sollte ja prächtig glänzen.

Die stupide Arbeit machte mir nichts aus, denn ich war zufrieden

damit, die Segnungen der Hingabe zu empfangen. Diese sicker-
ten leise und stetig in mein Gemüt und mein Herz. Irgendwann
bekam ich Gicht. Meine Gelenke wurden knubbelig dick, das
Fassen und Festhalten der Bürste und das Knien fielen mir nicht
mehr so leicht.

Ich ertrug alles hingebungsvoll, bis ich des Nachts in meiner
Kammer, schlafend, meinem Körper sanft entglitt. Es war eine
geruhsame Inkarnation gewesen.

Bei meiner Lebensrückschau war ich zufrieden mit dem, was ich
sah.

Seelenerkenntnis

*Eine einfache menschliche Inkarnation kann erholsam und heilsam
sein.*

*In schlichten Tätigkeiten können bedeutsame Tugenden entwickelt wer-
den.*

Das besondere Seelengeschenk

*Durch das Eingebundensein in feste Strukturen und Hierarchien und
eine Verköstigung für die Bediensteten war mein Leben ruhig und besinn-
lich gewesen. Ich musste mich um wenig sonst kümmern, nur um meine
Arbeit. Dies ließ eine innere Ruhe entstehen, in der ich meine Seele wahrnehmen konnte.*

Geschenk in diesem Leben

*Die Erfahrung, wie meine Einfachheit und Hingabe mein Herz öffne-
ten, weil ich in Ruhe und Stille meiner Seele lauschen konnte und ihr
erlaubt habe, mein Bewusstsein zu verändern, lässt mich auch in diesem
Leben die Stille und die Kommunikation mit meiner Seele sehr schätzen.*

Ich kann in meinem jetzigen Leben zwar immer wieder Ruhe finden und den Zugang zur Stille herstellen, aber da es von wesentlich mehr Verbindungen zu Menschen, Herausforderungen und Turbulenzen geprägt ist, ist diese Ruhe eine andere. Hier, in diesem Leben habe ich intensive Herzensverbindungen, die in mir wirken und mein inneres Erleben beeinflussen. Ich weiß, durch das Leben als Magd, welch eine besondere Ruhequalität man erleben kann, wenn man sich um nichts außer um sich selbst kümmern muss. Wenn weder finanzielle Notwendigkeiten noch haushälterische Organisation, weder gesellschaftliche oder familiäre Verpflichtungen noch körperliche Herausforderungen und auch keine Talente und Gaben, die auf Verwirklichung warten, Impulse senden. Wenn man, wie die Vögel auf dem Feld, einfach sein kann. Und wie wertvoll auch das ist.

38. Besetzung
Ein anderer Körper trägt mich

Im folgenden Leben habe ich mir als Ausgleich zu meinem bodenständigen Leben zuvor eine männliche Inkarnation mit einem hohen Intellekt kreiert und ein menschliches Leben gelebt, in dem ich dem Denkvermögen viel Bedeutung beimaß.

Nichts Wichtiges wollte ich ohne eine Erklärung glauben und mich nicht auf Gefühlsduseleien einlassen. Ich war wohlhabend, knauserig und kauzig. Mitgefühl hatte ich nur selten, oft wusste ich alles besser und vertrat die Meinung, dass die Menschen lediglich mehr ihre Vernunft gebrauchen und sich anstrengen sollten, dann wären sie auch nicht in Not.

Ich sonnte mich in meinem scharfsinnigen Verstand und dem daraus entstandenen Erfolg und dem Wohlstand, den ich mit eigener Kraft geschaffen hatte.

Die als Magd erworbene Geduld steckte ich nun in meine Sammelleidenschaft. Jede schöne Uhr, die ich besaß, jeder edle Frack, jedes meiner wertvollen Möbel waren für mich wie liebenswürdige Freunde, die mir vor Augen führten, wieviel ich erreicht hatte.

Ihnen schenkte ich meine Liebe. Ich holte sie gerne hervor und betrachtete sie voller Stolz und Freude immer wieder. Meine mit kostbaren Gegenständen bestückte Wohnung und mein scharfer Verstand waren wie eine Festung, in der ich mich sicher und geborgen fühlte und die ich um nichts in der Welt verlassen wollte. Auch nicht, als ich entkörperte.

Mein Ableben ging zügig vor sich.

Doch diesmal war der Austritt gänzlich anders als sonst. Ich war schon zu oft gestorben, als dass ich nicht sofort gewusst hätte, dass ich keinen physischen Körper mehr hatte. Aber das ignorierte ich hartnäckig, wie vieles in meinem Leben bis dahin.

Ich war so sehr mit meinem Hab und Gut und meinem Verstand identifiziert, dass ich unter allen Umständen bleiben wollte. Ich war so vernarrt in meine Dinge und hatte so viel Liebe, Energie und Geld in alles hineingesteckt, dass ich nicht davon Abschied nehmen wollte.

Und meine Seele fand eine Lösung, um bleiben zu können: Als ich entkörperte, befand ich mich zunächst schwebend im Raum. Dann bewegte ich mich einen kurzen Augenblick in der Wohnung umher und betrachtete stolz und liebevoll bewundernd all die schönen Dinge, die mir gehörten.

Es dauerte nicht lange und ich schwebte zu meinem Bett zurück.

Dort wurde ich zu einem Energieball. In diesem Zustand sah ich die beiden an meinem Sterbebett Anwesenden, meinen Bruder und meine Schwester, plötzlich anders.

Die beiden freuten sich schon auf das reichhaltige Erbe, das ich, kinderlos, ihnen überlassen würde. Ich nahm ihre Körper nun als farbige Energiefelder wahr, die teilweise von einer Art grauem Nebel umwölkt waren.

Mein Bruder war ein zu Wut und Starrsinn neigender Mensch. Die Felder seines Körpers waren bei den Organen der Leibesmitte feuerrot, an anderen Stellen intensiv gelb und an manchen Stellen von Grau durchsetzt. Ich spürte, dass seine verschiedenen Lebensthemen sich in diesen Feldern widerspiegelten.

Das Rot, von dem eine feurige Energie ausging, war mir nicht angenehm, denn meine Emotionen im gerade vergangenen Leben waren eher zurückhaltend gewesen. Das mit Grau durchwebte Gelb seiner linken Schulter sprach mich jedoch an. Ohne lange zu überlegen, glitt ich hinein.

Ich fühlte mich nun als Teil des Energiefeldes seiner Schulter. Dort konnte ich weiter existieren. Mein „Wirt" nahm mich als kleine Irritation wahr, die seine schon vorhandenen Schmerzen noch verstärkte.

Seine Schulter machte ihm schon länger Probleme. Deshalb war er dort energetisch offen und ich konnte ungehindert eintreten. Er hatte auch sonst einige körperliche Beschwerden. Durch den Eintritt in sein Energiefeld hatte ich die Möglichkeit, noch länger bei meinem Hab und Gut zu bleiben und etwas vom Leben mitzubekommen.

Das war ein vollkommen anderes Erleben, als ich es bis dahin jemals kannte. Einerseits war ich ich selbst und andererseits vollkommen an meinen Bruder gebunden.

Die von mir bewohnte Schulter erfasste ich nebelartig, wie eine sich um mich herum und durch mich hindurchbewegende Substanz aus sich durchwebenden Lichtstrukturen. Wir lebten von nun an zusammen, mein Bruder sein Leben und ich als Energiefeld in seiner Schulter.

Mein Bewusstsein wanderte nicht durch den Körper und merkte auch nicht, was im Rest seines Körpers vor sich ging, sondern beobachtete sein Leben und meine Existenz von dort, wo ich war.

Zunächst einmal war ich zufrieden, weiter in Kontakt mit meinen Schätzen sein zu können, während ich zusah, wie meine Geschwister durch die Wohnung schritten und berieten, was sie mit der Hinterlassenschaft tun wollten.

Dabei bekam ich mit, wie sie den Dingen gegenüberstanden, was sie für sich behalten wollten und was nicht. Ich gewöhnte mich daran, loszulassen. Es war interessant, mitzubekommen, was mit meinen Sachen geschah und bei wem sie in Zukunft unterkommen würden und wie sie ihre Besitzer wechselten. Über manche freute ich mich, anderen wiederum gönnte ich meine geliebten Habseligkeiten nicht.

Als meine Geschwister meinen Haushalt aufgelöst hatten, ging mein Bruder wieder wie gewohnt seinem Leben nach. In der ersten Zeit war ich noch mit Interesse dabei, zu sehen, wie er lebte, denn ich hatte nie viel Kontakt zu ihm gehabt und es war neu für mich, nun sein Leben mitzubekommen.

Mit den Jahren verlor ich jedoch das Interesse daran, in die Welt zu schauen, und döste mehr oder weniger vor mich hin. Auf die Idee, mich zu entfernen, kam ich nicht. Bis er starb. Da hatte ich keinen Halt mehr und merkte selbst, dass es nun Zeit war, diese Erde loszulassen. Wir entkörperten gemeinsam.

Während seine Seele den Körper verließ, sah ich, wie sich noch vier weitere Seelen mit uns zusammen auf den Weg machten. Sie hatten sich in unterschiedlichen Körperbereichen eingenistet und ihn ebenso begleitet. Ich hatte sie bis dahin nicht bemerkt.

Wie Sternschnuppen entwichen wir aus seinem Leib.

Seelenerkenntnis

Ich kann zwar in einem anderen Körper weiterleben, habe aber kein Interesse daran, so etwas nochmal zu wiederholen, denn: Loslassen muss ich irgendwann so oder so, egal wie lange ich es rausziehe. Ich habe lieber mein eigenes Leben.

Das besondere Seelengeschenk

Die Liebe zu meinem Hab und Gut fühlte sich nicht so risikoreich an wie die Liebe zu meinen Frauen ein paar Inkarnationen zuvor. Ich konnte meine Liebe angstlos und hingebungsvoll in die Dinge ergießen und aus der inniglichen Verbindung zu ihnen Freude und Zufriedenheit entwickeln. Das war ein beruhigender weiterer Schritt hin zur Herzöffnung.

Geschenk in diesem Leben

In diesem Leben hilft mir die Erfahrung dabei, mit dem Thema Besetzungen aufgeschlossen umgehen zu können.

Ich erkenne des Weiteren, dass dieser Zustand nicht nur für mich, sondern auch für meinen Bruder eine interessante Facette unserer jeweiligen Entwicklung war.

39. Füchsin

Mutterliebe

Ich war eine Füchsin und liebte das Herumstreifen in der Natur. Mit Gräsern, Sträuchern, Beeren auf Augenhöhe zu sein, ermöglichte mir eine äußerst reizvolle Wahrnehmung.

Mein Körper besaß tänzerische Beweglichkeit. Gefahren erkannte ich schon früh. Durch meine Fähigkeit zu wittern und zu beobachten und durch meine Wendigkeit konnte ich mich bei Bedarf schnell und behände in Sicherheit bringen. Es heißt nicht umsonst, ein Fuchs sei schlau. Mein Denken und Handeln als Füchsin kamen schon recht nahe an das eines Menschen heran.

Nachdem ich tagelang von einem feschen Fuchs umworben worden war, paarten wir uns. Bisher hatte ich in Gesellschaft eines Dachses in meinem Bau gelebt. Dem Dachs wurde es nun zu unruhig, denn ich hatte Junge ausgetragen, fünf an der Zahl, die ich alle lebend zur Welt brachte. Er suchte sich eine andere Bleibe.

In den ersten Wochen waren wir eine kleine glückliche Fuchsfamilie. Als die Jungen ein paar Tage hintereinander mit uns aus dem Bau herausgekommen waren, kehrte der Fuchsvater von einem seiner Streifzüge nicht zurück und ich wurde alleinerziehende Mama.

Eines meiner Kinder war von Geburt an besonders klein und legte auch nicht so schnell an Gewicht zu wie die anderen. Es war in seinem ganzen Verhalten anders. Zarter und empfindlicher. Es wuchs heran zu einem verträumten Mädchen, das gerne vor sich hin trödelte und hinter der Gruppe zurückblieb. Die anderen, ein Mädchen und drei Jungs, waren robuster und wendiger.

Ich liebte es, mit meinen Kindern zu balgen oder ihnen dabei zuzusehen und beobachtete wachsam die Umgebung, damit sie in

Sicherheit waren, während sie spielten. Ich warnte sie früh genug, wenn ich eine Gefahr witterte. Wir verkrochen uns dann schnell in unseren Bau. Meine Kleine jedoch war immer langsamer als die anderen. Während diese schon in der Höhle waren, bummelte sie träumerisch hinterher. Ich ermahnte sie zur Schnelligkeit, aber es half nichts. Sie fand keinen Bezug zur Dringlichkeit, reagierte gemächlich und schien keine Furcht zu haben.

Es kam der Zeitpunkt, an dem ich mich mit meinen Kindern zunehmend von unserer Höhle entfernen konnte. Wir gingen auf Streifzüge und Nahrungssuche und ich zeigte ihnen die wunderschöne weite Natur. Wir spielten auf der Wiese und im Wald und genossen das Miteinander-Sein. Meine Kleine blieb unterwegs unentwegt stehen, schnupperte und versank in ihre eigene Welt. Dazu hatten die anderen keine Lust, sie wollten weiter durch die Gegend schnürlen und balgten sich lieber zwischendurch einmal.

Meine Kleine schien kein Interesse daran zu haben, mit den anderen zusammen zu bleiben. Ich musste sie immer wieder ermahnen, antreiben oder sogar liebevoll tadeln, doch es half nichts. Das erforderte von mir erhöhte Aufmerksamkeit. Des Öfteren musste ich sie mit meiner Schnauze stupsen, um sie überhaupt zum Mitkommen zu bewegen. Hier und da lauerten Gefahren, aber eine ganze Weile ging alles gut.

Bis der Moment kam, in dem meine Kleine nicht mehr zu retten war. Sie hatte sich ein Stück von uns entfernt, und als ich einen Greifvogel gefährlich nah am Himmel sah, warnte ich alle und wir stoben auseinander. Instinktiv versteckten wir uns schnell, wo wir konnten, aber sie war zu langsam und wurde von dem Raubvogel gepackt. Meine Kleine hatte, seit sie auf der Welt war, meine gesteigerte Aufmerksamkeit, Fürsorge und Geduld bekommen. Dadurch war sie mir in besonderer Weise ans Herz gewachsen. Meine anderen

Kinder liebte ich ebenso, aber das Zusammensein mit ihr hatte mehr Intensität gehabt. Das war nicht nur herausfordernd, sondern ebenso bereichernd gewesen.

Zunächst fühlte ich mich leer. Ich vermisste sie sehr und empfand Trauer. Ich sprach zu mir: „Sei den anderen weiterhin eine gute Mutter, sie brauchen dich. Du kannst es nicht ändern. Du musst damit leben." Es dauerte eine ganze Weile, bis das Loch, das in mein Herz gerissen war, nicht mehr ständig schmerzte. Und so streifte ich mit meinen restlichen Kindern durch die Natur und begann mich nach und nach daran zu gewöhnen, dass es anders war.

Es war weniger herausfordernd und intensiv. Dadurch aber auch weniger nah und ein wenig langweiliger. Ich fühlte mich mit ihnen einfach nicht so verbunden.

Nur langsam nahm ich den Schmerz nicht mehr so vordergründig wahr. Als meine Kinder groß genug waren, sich selbst zu paaren, starb ich. Woran weiß ich nicht. Ich hatte eine kurze Lebensrückschau, in der Bilder meines Füchsinnen-Lebens an mir vorüberzogen. Auf der anderen Seite wurde ich dann von meiner Kleinen erwartet.

Es war kein langes, aber ein intensiv gefühltes Fuchsleben gewesen.

Seelenerkenntnis
Tiere können ihr Leben bis zu einem gewissen Grad reflektieren und beim Entkörpern eine Lebensrückschau haben.

Nicht das, was mir am meisten Freude bereitet, ist das, was ich am meisten lieben kann, sondern das, von dem ich am meisten lerne und wo durch Herausforderungen eine große Verbundenheit entsteht.

Das besondere Seelengeschenk
Tiefe Liebe empfunden zu haben.

Geschenk in diesem Leben

Die Erinnerung daran, wie spielerisch, leicht und schön das Leben bis zum Zeitpunkt des Todes meiner Kleinen war, obwohl wir uns bei drohender Gefahr verstecken mussten.

Die Erinnerung daran, wie gut es sich anfühlte, meinen Füchsinnenkörper zu bewegen, und wie einfach und schön es war, diese wundervolle Erde und das Zusammensein mit meinen Jungen zu genießen.

40. Blatt

Leicht und genährt

Als die erste Blattzelle den Impuls zu wachsen bekam, zog ich hinein. Ich nahm die Vervielfältigung meiner Zellen wahr und wie sich mein Wachstum von Augenblick zu Augenblick anders anfühlte. Alle Entwicklungsstufen meines Blattkörpers hatten ihre eigene Qualität.

Zuerst nahm ich eine zarte, zusammengerollte Form an, die sich mit vor Kraft strotzendem Drängen nach und nach entfaltete. Meine zartgrüne, weiche Textur wurde allmählich fester und widerstandsfähiger. Während ich mich entwickelte, spürte ich die Verbindung zu meinem Baum, ich spürte die Witterungsverhältnisse und den Wind, der mich wiegte. Ich war beobachtend in meinem Blattkörper anwesend und genoss mein Sein.

Als ich vollkommen ausgewachsen war, schwang ich, saftig grün, sicher getragen eine Weile am Zweig meines Baumes hin und her. Er versorgte mich bestens.

Ich genoss es, die vielen inneren und äußeren Eindrücke zu verarbeiten. Ich konnte meine Umgebung wahrnehmen, zwar nicht sehr detailliert und konkret, aber dennoch sah ich mit meinem Seelenauge, wo ich war und wie es um mich herum aussah. Ich spürte die Witterung und wie sie sich auf meinen Blattkörper auswirkte, und ich empfand ebenso stark die unablässig stattfindenden, feinsten Veränderungen in meinem Zellgeschehen.

Ich spürte meinen „Alterungsprozess". Die dadurch entstehende Veränderung wirkte sich sowohl auf meine Färbung als auch auf meine Empfindungen aus. Meine sich verändernde Textur spürte ich ungefähr so, wie sich Hautalterung bei einem menschlichen Körper anfühlt. Man nimmt sie wahr und lebt damit.

Irgendwann wurde ich gewahr, wie mein Baum seine Kräfte zu sich zurückzunehmen begann und ich schwächer wurde. Aus meinem Körper entwich die Kraft und er verwelkte. Dann ließen wir uns los, mein Baum und ich. Mein Blattkörper schwebte in sanften Wogen nach unten...hui...das fühlte sich schön an.

Da lag ich auf dem Boden und spürte, wie nun auch die restliche Kraft aus meinen Zellen entwich und mein Körper sich zu zersetzen begann.

Dann löste sich mein Bewusstsein von ihm.

Seelenerkenntnis
Eine leichte, friedliche Inkarnation als Blatt ist sehr erholsam.

Das besondere Seelengeschenk
Es war wieder einmal eine wunderschöne Erfahrung. Einfach so.

Geschenk in diesem Leben
Die Erinnerung an viele schöne, unterschiedliche Eindrücke, begleitet von dem Gefühl der Sicherheit.

5. Chakra
Thymuszentrum
Allumfassendes Mitgefühl, universelle Liebe

In den folgenden Inkarnationen ging es darum, allumfassende Liebe zu entwickeln und tiefe spirituelle Heilung zu erfahren. Ich würde ein noch tieferes Verständnis der Zusammenhänge von körperlicher Empfindung, Liebe und spirituellem Wachstum erlangen.

41. Mutter in Ägypten
Frühes Loslassen

Ich inkarnierte in der Nähe der Pyramiden, die mich als Wind so fasziniert hatten. Meine Erinnerung setzt ein, als ich meinen Mann verlor, mit dem ich eine Tochter gezeugt hatte.

Sie war zu dem Zeitpunkt etwa sechs Jahre alt, und nach dem Tod ihres Vaters entwickelte sich eine besonders enge und schöne Verbindung zu ihr. Wir waren wohlhabend, hatten keine Sorgen und konnten uns allerlei Annehmlichkeiten leisten.

Noch nie zuvor war ich in einer menschlichen Inkarnation jemandem in einer solchen Lebensleichtigkeit so nah und vertraut gewesen. Noch nie durfte so viel Liebe fließen.

Wir wohnten miteinander und hatten es gut. Die Gesellschaft zu dieser Zeit war frauenfreundlich eingerichtet, und wir konnten unser Leben selbst bestimmen. Wie ich mein Geld verdiente, weiß ich nicht mehr, aber ich weiß, dass ich irgendetwas arbeitete.

Ich erinnere mich, dass ich, als meine Tochter etwa elf Jahre alt war, begann, mich zeitweise körperlich schwach zu fühlen. Meine begüterten Eltern brachten mich zu verschiedenen Heilerinnen und Heilern. Diese versuchten, mir mit magischen Sprüchen, Kräutern, Einreibungen und Ritualen zu helfen.

Doch die Schwächeanfälle wurden immer intensiver. Ich spürte, dass mein Körper nicht wirklich zu Kräften kam und sich etwas in meinem Innern abspielte, das zu verändern ich nicht in der Lage war.

Meine Tochter und ich entwickelten eine immer tiefere Beziehung zueinander und wir sprachen über Dinge, die uns einander noch näherbrachten: wie wir die Welt sahen, was wir uns wünschten, was wir liebten und genossen und was wir vom Leben erwarteten.

Wir sprachen über die Vergangenheit, die Gegenwart und die Zukunft und darüber, was uns wirklich bewegte. Wir befreiten uns von falscher Scham und Zurückhaltung und davon, Zeit mit unwichtigen Kleinigkeiten zu verbringen, die uns vom Wesentlichen abhalten würden: in liebevoller und inniger Verbindung die Zeit miteinander zu genießen.

Die Krankheit schuf eine besondere Intensität des Lebensgefühls, das unter weniger bedrohlichen Umständen oft vom Alltäglichen überlagert gewesen war. Deshalb sah ich diese Situation gleichzeitig als Geschenk.

Manchmal ging es mir für ein paar Wochen etwas besser, aber über einen Zeitraum von etwa drei Jahren wurde ich immer schwächer. Schließlich bekam ich starke Schmerzen im rechten Oberbauch und Fieberschübe, und ich magerte immer mehr ab.

Dann wurden die Schmerzen unsäglich und das Fieber übernahm meinen Körper ganz und gar. Ich konnte nichts mehr zu mir nehmen und war irgendwann nur noch Haut und Knochen; alle wussten, wir hatten den bevorstehenden Tod anzunehmen. Das war nicht einfach.

Irgendwann war es so weit, mein Leidensweg endete und ich entkörperte. Es war eine Erleichterung. Trotzdem fiel es mir diesmal besonders schwer, diese Erde zu verlassen. Obwohl ich eine kurze Lebensrückschau hatte und auch in Kontakt mit lichtvollen Dimensionen kam, blieb ich in der nächsten Zeit vorwiegend in der Nähe meines Körpers und meiner Familie.

Ich sah meine Tochter und wie traurig sie war, auch meine Eltern und die Eltern ihres Vaters waren sehr betrübt. Ich wollte sie doch nicht so früh allein lassen! So gerne hätte ich noch Zeit mit ihnen allen verbracht, für meine Tochter gesorgt, mich um ihre Kinder gekümmert, mich mit ihr ausgetauscht, gelacht und geweint.

Ich wäre ihr so gerne eine Begleiterin für ihr weiteres Leben gewesen. Ich sah ihre Trauer und ihr Leid, weil ich nicht mehr an ihrer Seite war, und hatte großes Mitgefühl mit ihr.

Es schmerzte mich sehr, sie loslassen zu müssen und so ging meine Seele erst einmal nicht in das Licht, mit dem sie phasenweise in Kontakt kam, sondern schwebte lieber in der Nähe meiner Tochter umher.

Ich entwickelte im Nachhinein eine enorme Wertschätzung für das Leben, das ich gehabt hatte und für meinen Körper, obgleich das Erleben seiner Krankheit äußerst herausfordernd gewesen war und er nicht so lange durchgehalten hatte, wie ich es mir gewünscht hätte. Aber dadurch, dass er diese Krankheit durchlebt hatte, hatte er mir auch besondere Momente mit meiner Tochter und eine besondere Wertschätzung für das Leben geschenkt.

Zwischendurch bewegte ich mich in geistigen Sphären, wo ich etwas Ruhe fand, um dann wieder neben meiner Tochter zu sein. Während meiner Bestattung war ich ganz nah bei meinen Liebsten und unter ihnen präsent. Ich nahm ihre Trauer wahr und sah, wie sie Schmuck, Amulette und Kleinigkeiten zu meinem Leichnam legten.

Während ich mit meinem Seelenauge auf meine Familie und die in einiger Entfernung erkennbaren Pyramiden blickte, wurde mein balsamierter Körper in einem mit Steinen ausgekleideten Grab unter einer Steinplatte und Sand begraben.

In der nachfolgenden Zeit blieb ich weiterhin nah der Erde und wechselte vom Aufenthalt in Zwischensphären hin zur wachen Präsenz auf der Erde. Mein eigener Schmerz wurde nach und nach immer weniger spürbar.

Beständig schaute ich nach meiner Tochter und meiner restlichen Familie. Ich verfolgte, was sie unternahmen und spürte, wie sie sich fühlten. Ich konnte beobachten, wie der Schmerz auch sie irgendwann nicht mehr vollkommen vereinnahmte und wie sie begannen, das Schicksal anzunehmen.

Meine Tochter verliebte sich und machte sich daran, eine Familie zu gründen. Ich sah beruhigt, dass das Leben ohne mich gut weiterging und dass alle, die mir lieb waren, ihre Leben erfolgreich neu zu ordnen begannen.

Da akzeptierte ich, dass ich nichts mehr für sie tun konnte.

Erst jetzt war ich bereit, mich von meinem Mann und meinen Engeln ins Jenseits holen zu lassen.

Seelenerkenntnis

Es ist möglich, auch ohne Körper mit vollem Bewusstsein auf der Erde zu weilen.

Das besondere Seelengeschenk

Die tiefe Liebe, die Unbeschwertheit und Nähe zu meiner Tochter, die auch in meinem jetzigen Leben wieder meine Tochter ist.

Es war eine besondere Situation, meine Liebsten über viele Monate unsichtbar zu begleiten und weder ganz auf der Erde zu sein noch ganz in den geistigen Sphären. In der Regel war, wenn ich verstarb, die Beschäftigung mit den Ebenen, in denen ich danach weilte, bedeutender als der Kontakt zu den Lebenden. Normalerweise war ich nach meinem Tod noch höchstens drei Tage lang auf der Erde und längstens bis zur Beerdigung, außer das eine Mal, als ich den Körper meines Bruders besetzte.

Dadurch, dass ich noch eine Weile bei meiner Tochter bleiben konnte, geschah eine besondere Form der Heilung in mir. Ich nahm meinen Lichtkörper heil und vollkommen wahr. Da war kein Leiden mehr, außer der Trauer über das frühe Ende. Ich konnte meine Tochter von einer anderen Ebene aus lieben und spürte dabei eine große Weite in mir.

Geschenk in diesem Leben

Ich kann verstehen, wenn Menschen sagen, sie spüren oder sehen die Toten um sich herum.

42. Außerirdisch?
Verschiedene Seelenwege

Jede Seele hat, vom ersten Augenblick an, eine eigene Wahrnehmung, aus der ihr ganz individueller Seelenweg entsteht. Sobald sie irgendetwas entscheidet, wo auch immer sie sich gerade befindet, beginnt eine einzigartige Verkettung all dessen, was diese Seele je denkt, fühlt, tut und erlebt.

Und deshalb sind unsere Wege hierher auf diese Erde auch wesentlich vielseitiger, als man beim Betrachten von Menschenkörpern sehen kann. Da haben manche zuvor schon die Plejaden erkundet oder den Orion oder die Venus oder andere der unendlich vielen Himmelskörper. Diese Erfahrungen wirken auf die Art, wie wir unser Leben hier auf der Erde sehen, ein.

Manche Seelen entscheiden sich, einen langen Erdenentwicklungsweg zu gehen, so wie ich, andere inkarnieren gleich in einem Menschenkörper oder auch nur ein paarmal. Andere wiederum entscheiden sich für eine Abkürzung.

Wir sind zurzeit über 8 Milliarden Menschen auf der Welt. Und jeder davon hat seinen ganz eigenen, von den anderen Menschenseelen verschiedenen, Seelenweg hinter sich. Wir haben uns auf bestimmte Parameter geeinigt, was es ausmacht, ein Mensch zu sein, aber der Weg, über den unsere Seele hierher gefunden hat, ist vollkommen unterschiedlich. So gesehen ist jeder von uns ein „Außerirdischer", der sich im Kleid eines Menschen bewegt. Weil wir den Schleier über unser Bewusstsein legen, vergessen wir das.

Habt Ihr schon einmal die Sterne betrachtet und ein Gefühl von Heimat empfunden?

43. Venus
Ich lerne über die Liebe

Ich hatte bereits einige Inkarnationen in der Entwicklung der Themen des Herzzentrums durchlaufen, Themen wie Verbundenheit und Liebe. Nun wurde es Zeit, den spirituellen Zusammenhang zwischen dem Ausdruck von Liebe, Emotion, Persönlichkeit und dem daraus entstehenden Verhalten tiefer zu begreifen. In dieser Verkörperung nun würde ich auf eine ganz andere Art und Weise geschult werden. Jedoch nicht auf dem Planeten Erde.

Ich existierte in Form eines sich gleitend fortbewegenden Energienebels auf einem kargen Planeten, dessen Oberfläche hauptsächlich aus festem, rötlichem Boden, Felsplatten und Felsen bestand, die teils sanft geschwungen, teils schroff geformt waren, sowie Vulkanen, die flüssige Lava spien.

Ich sah die gesamte Landschaft in warme, orange-rosa/magenta-golden scheinende, sanfte Lichtspiele getaucht, das Gestein von rötlich-orangen Farbspielen durchzogen.

Wieder einmal konnte ich 360 Grad um mich herum sehen, aber auch durch mich selbst hindurch. Dann nahm ich mich in einem Wechselspiel von durchlässigem, orange- und magentafarbenem Licht wahr.

Meine Körperform glich der einer glatten, überdimensionierten Raupe. Meine Beschäftigung bestand darin, über den Planeten zu gleiten, dessen Strukturen mystische Schulungen für mich bereithielten. Immer wieder gab es Stellen, da setzten die Konturen, während mein Körper ihre Struktur umglitt, Emotionen, Bilder und Erkenntnisse frei, welche eine Unmenge an Informationen enthielten. Diese bezogen sich auf Facetten menschlicher Liebe und den Zusammenhang zwischen dem Wesen eines Menschen - wie er seine Gefühle erlebt und ausdrückt - und was das im weiteren Verlauf seiner Entwicklung für ihn bedeutet.

Mal schmiegte ich mich an steinplattenartige Gebilde und umfing ihre kantigen Formen, dann wiederum bewegte ich mich wellenförmig über sanft geschwungene Teile des Gesteins oder über den Boden, der mit kleinen Gesteinsbrocken übersät war, aber auch glatte Flächen aufwies. Der flüssigen Lava blieb ich fern.

Ich fühlte die göttliche Ordnung einer jeden Struktur, ob kluftig oder weich geformt, die unermessliche Intelligenz, aus der sie entstanden war, und auch die Liebe, die von der jeweiligen Form ausging. Die Informationen, die die einzelnen Strukturen freisetzten, waren wie eine Bibliothek in Form von kurzen Videosequenzen.

Mir wurden Situationen rund um menschliche Charaktere und deren Auffassung von Liebe sowie die sich daraus ergebenden karmischen Konsequenzen gezeigt.

Wenn ich z.B. über kantige Vorsprünge glitt, sah ich Bilder von starken, eigenwilligen, ungezähmten Menschen. Es war wie mehrere, sich überlappende 3D-Kurzfilme über verschiedene menschliche Erfahrungen, deren Bilder mit orange-rosa Farbe überlagert waren. Ich erfasste die Emotionen, welche darin eine Rolle spielten, als eigenständige Wesen, mit denen ich bekannt gemacht wurde. Diese schufen, aufgrund des Handlungs- und Gefühlsgeflechtes, das sie erzeugten, bestimmte Konsequenzen.

Z.B. sah ich eine impulsive junge Frau, die sich vor einem Ofen befindet, in dem ein Feuer lodert. Sie schreit wütend einen jungen Mann an und schmeißt in einem heftigen Gefühlsausbruch einen Krug auf die Erde, der daraufhin zerschellt. Sie entscheidet sich in diesem Augenblick dafür, ihre Partnerschaft aufzugeben, um in den Kampf zu ziehen. Dann wurde mir in der Schau gezeigt, wie sie ihr inneres Feuer lebt und sich als Kämpferin mit Pferd und Schwert durch die Welt bewegt, sich aber gleichzeitig auch immer wieder nach Liebe und Nähe sehnt. Wie sie in einem einfachen Zelt auf einer Liege liegt und weint.

Ich konnte empfinden, wie ein Teil von ihr Angst hat, ihre Eigenständigkeit aufzugeben, dass dies aber auch mit einem für sie ungesunden Stolz zu tun hat.

Mir wurde gezeigt, wie ihre Widerspenstigkeit und ihre Vision von Unabhängigkeit sie durch ihre Entscheidung hindurch tragen. Auch ihre Zukunft wurde mir gezeigt und in welcher Konstellation sie im nächsten Leben lernen könnte, beide Aspekte zu vereinen, das Feuer in ihr und das Bedürfnis nach Liebe und Nähe.

Weiterhin sah ich verschiedene Menschen, die sich nach Geborgenheit sehnten. Es fiel ihnen jedoch aufgrund ihrer Charaktereigenschaften schwer, sich in entsprechende Lebensumstände einzufügen.

Im Weiteren wurde mir eine Frau gezeigt, die ihrer Ungezähmtheit gerne Ausdruck verleihen würde, sich aber in eine Lage begibt, die dies nicht zulässt. Wie sie dadurch traurig wird und leidet, weil sie es nicht schafft, über ihre Ängste hinauszuwachsen.

Später sah ich, was es für die mir gezeigten Menschen im weiteren Verlauf ihrer Entwicklung bedeutet, wenn sie ihren Selbstausdruck annehmen – aber auch, wie sie sich entwickeln, wenn sie damit hadern und sich nach etwas sehnen, was sie aufgrund der Entscheidungen ihrer Seele und dem so entstandenen Charakter in ihrem derzeitigen Leben nur schwer erreichen können, und was für einen Unterschied das für ihren gesamten Seelenweg bedeutet. Ich sah die Zusammenhänge zwischen bestimmten Charaktereigenschaften, die von einer Seele für ein bestimmtes Leben gewählt werden, weil die Seele ein bestimmtes

Thema durchdringen möchte.

Diese Eigenschaften werden im Verlauf weiterer Leben so integriert, dass der Mensch sich selbst nicht mehr schädigt. Er besitzt dann zwar diese Eigenschaften, kann sie aber liebevoll ausdrücken. Dann ist das entsprechende Seelenthema gelernt. Die unterschiedlichen Menschenleben und ihre Entwicklungen wirkten so lange auf mich ein, bis diese Schau von selbst ausklang. Dann zog ich weiter.

Wenn das Gestein dünn und scharfkantig war, wurden mir Visionen gezeigt von Menschen, denen gleichzeitig Wildheit und Fragilität innewohnt und was das für sie und ihre Umgebung bedeutet. Wenn ich über sanft geschwungene Bereiche glitt, sah ich verschiedene, sich demütig und sanft dem Leben hingebende Menschen, was sie empfanden, wonach sie sich sehnten und worin ihre Herausforderungen bestanden.

Manche weichen Formen übertrugen eine gleichmütige und hingebungsvolle Liebe, die keine großen Herausforderungen verursachen will, z.B. bei Menschen, die in geborgenen Beziehungen mit wenig Abenteuer ihr Glück finden. Und wie diese Menschen in zukünftigen Leben lernen würden, sich selbst mehr zu trauen und trotzdem harmonische Beziehungen leben zu können. Oder aber es waren Menschenseelen, die mit ihrer Hingabe absolut glücklich waren. Mir wurde gezeigt, was für Eigenschaften sie besaßen, um in ihrer Situation zufrieden zu sein.

Höhlenartige Strukturen vermittelten eine Geborgenheit und Schutz gewährende Liebe. Ich sah, wie dies bei bestimmten Charakteren den Aspekt von Einengung haben kann, und ich sah auch die damit verbundene Herausforderung.

Es waren enorme Sinneseindrücke, die auf mich einwirkten. Ich empfing sie durch wertfreies Betrachten mit meinen

Seelenrezeptoren und begriff mit meinem Verstand und mit meinem Herzen.

Wir Energiewesen waren Einzelgänger, und auf unseren Streiftouren hielten wir großen Abstand zueinander. Zum Schlafen aber sammelten wir uns gerne in Gruppen. Dazu zogen wir uns zu einer Kugel zusammen. In dieser Zeit verarbeiteten wir die gewonnenen Eindrücke.

Der Rhythmus der Natur, der in allem wirkt: Spannung und Entspannung, Aktivität und Passivität, bewusstes Erleben und unbewusstes Erleben, bewirkte auch bei uns ein regelmäßiges Schlafbedürfnis, um dann wieder mit neuer Energie auf Entdeckungstour starten zu können.

In Gebieten, die, mit Gesteinsplatten und Geröll bestückt, frei waren von Felsen und Lava, gab es Orte, die eine ganz andere Art der Information bereithielten. Dort befanden sich, tief im Innern des Planeten, weitere feinstoffliche Schulungszentren. Ich erkannte sie daran, dass mein Körper zu vibrieren begann, wenn er darüber glitt. Die Zugänge waren nicht von Weitem zu erkennen, sondern ich schien sie wie zufällig auf dem Weg zu finden. Wenn ich solch eine Vibration spürte, sammelte ich meinen Körper zu einer ufoartigen Form, das heißt, er wurde wie zwei aufeinander geklappte Suppenteller flach rund und wölbte sich innen, in der Mitte, zu beiden Seiten kugelförmig aus.

Dann zog ich meine Wahrnehmung vom Außen und von jeglichen Gefühlen zurück und konzentrierte mich vollkommen auf den Vorgang der Informationsaufnahme. Über dem Punkt im Gelände, an dem mein Körper am stärksten vibrierte, bildete ich einen energetischen Kommunikationskanal aus, indem ich meine Aufmerksamkeit sowohl in den Planeten hineinsinken ließ als auch von ihm angezogen wurde. Mein Geist dockte da an, wo sich das Schulungszentrum befand. Dann öffneten sich weitere, gewaltige Informationsfelder, die universales Schöpfungswissen vermittelten.

Die lineare Wahrnehmung wechselte in eine holistische, und ich begann, viele Dimensionen gleichzeitig zu erfassen. Mir wurde gezeigt, wie sich bestimmte, auf Liebe oder Nicht-Liebe ausgerichtete Schöpfungsabsichten mathematisch und geometrisch ausdrücken und wie diese die Blaupause für die Realität formen. Ich erfasste die jeweils impulsgebenden Gedanken und sah daraufhin Zahlenkombinationen und Formeln, welche sowohl in mehrdimensionalen geometrischen Gebilden als auch in nicht beschreibbaren Klängen ihren Ausdruck fanden und Weisheit transportierten.

Es waren, vom ursächlichen Gedanken ausgehende, sich wie mehrdimensionale Mandalas ausbreitende und mit anderen, schon vorhandenen Mandalas verbindende Gebilde, die sich immer weiter ausdehnten. Mir wurde gezeigt, wie Energiefelder sich in ihrer geometrischen Struktur ausdrücken, sich aufgrund von Absicht in Bewegung setzen und sich, in mathematisch erfassbaren Gesetzmäßigkeiten, weiter ausgestalten. Informationen aus verschiedenen Ebenen flossen zusammen, entfalteten sich in meinem Bewusstsein und erzeugten so gemeinsam eine umfassende Bedeutung.

Die vieldimensionalen Erscheinungen näherten und entfernten sich. In den Formeln enthaltene Ziffern zeigten sich gleichzeitig in Form aller für diese Zahlenenergie im Sonnensystem existierenden Symbole. Sie durchdrangen sich, in welcher Kultur auch immer sie entstanden waren. Das Erscheinen der Zahlen und Symbole wurde begleitet von der Information über die schöpferische Bedeutung, welche eine Zahl in sich trägt.

Jede einzelne hat eine bestimmte Wirkkraft im Schöpfungsreigen und transportiert eine eigene Energie, die im Zusammenspiel mit anderen Zahlenkräften das Schöpfungsmuster der entsprechenden Realität abbildet. Die Formeln zeigten die mathematischen und geometrischen Kausalitäten der Webstruktur der Schöpfung in Bezug auf das jeweilige Thema, in das ich eingeweiht wurde. Mein Wesen verschmolz mit den universalen Gesetzmäßigkeiten und ihren Entstehungskräften. An jedem Ort, an dem ich zu vibrieren begann und in die Tiefe des Wissens eintauchte, eröffneten sich mir andere Zusammenhänge zu philosophischen Fragestellungen in Bezug auf Liebe.

Wie etwa: Wie wirken sich liebevolle Absichten auf kleinste Teilchen und die Entstehung und Bewegung von Materie aus? Wie wirken sich dunkle Absichten aus? Wie die z.B. durch Buddha-Liebe oder Christusliebe geformte Absicht? Wie die aus persönlicher Liebe geformte Absicht? Diese Fragen wurden aber nicht so beantwortet, dass ich sie in Worte fassen kann, sie waren auf ein holistisches Erfassen der Schöpfungszusammenhänge ausgerichtet.

Die Visionen zielten darauf ab, auf einer tieferen Ebene die Gesetzmäßigkeiten von Ursache und Wirkung und deren mathematische Aufbauten und Gesetzmäßigkeiten begreiflich zu machen, und wie sie das Spiel der Existenz in fortwährendem Kräfteausgleich ermöglichen.

Im Laufe meines Lebens auf diesem Planeten fand ich etwa 30 solcher Orte, bis es irgendwann wieder Zeit wurde, in eine andere Existenzform überzugehen. In meiner jetzigen, menschlichen Existenz könnte ich dieses Wissen nicht in Form von Zahlenreihen oder geometrischen Bildern wiedergeben, weil ich mich lediglich in der Gesamtheit an das sich stetig verändernde gigantische Zusammenspiel der vielen Dimensionen erinnern kann.

Auch auf unserer wunderbaren Erde gibt es Orte, an denen universales Wissen abgerufen werden kann. Wenn wir damit in Kontakt kommen sollen, führt unsere Seele uns dahin und wir machen dort eindrucksvolle Erfahrungen. Diese Schöpfung ist so überaus komplex.

Wir sind so unendlich geliebt.

Seelenerkenntnis

Jeder Körper hat wundervolle individuelle Antennen. Wir sind wandelnde Lexika, die Verbindung herstellen können zu universalem Wissen.

Das besondere Seelengeschenk

Es wurden neue Zusammenhänge hergestellt zwischen den verschiedenen Ausdrucksformen der Liebe und ihren Gesetzmäßigkeiten, von ihrer Entstehung an, bis zu ihrem spürbaren Ausdruck in der Materie selbst.

Der Unterschied zu den Visionen und Schulungen in den feinstofflichen Ebenen bestand darin, dass die Visionen auf der Venus mit dem Kontakt zu den Eigenschaften der Materie verknüpft waren. Es waren an das Gefühl für die Formen der Materie und ihre Gesetzmäßigkeiten gebundene Informationen, welche die über die feststoffliche Form entstehenden Empfindungen mit feinstofflichen Informationen verschmelzen ließen.

Geschenk in diesem Leben

Mein Begreifen davon, dass jeder Körper, als Kleid der Seele, die gesamte Göttlichkeit in sich trägt und ebenso das gesammelte Wissen aus den Erfahrungen der unzähligen Verkörperungen, Schulungen und Erkenntnissen der mit ihm verbundenen Seele.

44. Kuh
Gemütlich und empfindsam

Nach dieser Schulung inkarnierte ich als Rind. Ich trug viel Liebe in mir. Anders als in meiner Fuchsinkarnation war die Verstandestätigkeit träge. Die Kommunikation lief mehr über das Gefühl im Herzen ab. Ich hatte riesiges Mitgefühl mit allem um mich herum und war deshalb auch in keiner Weise nachtragend.

Im Körper einer Kuh lebt es sich geruhsam. Schon am gemächlichen Wiederkäuen erkennt man, dass es im Gemüt dieser Tiere keine Eile gibt. Und so fühlte es sich auch für mich an, als ich einen Kuhkörper bewohnte: gelassen und kraftvoll, aber gemütlich und wach.

Als Herde waren wir komplex und intensiv miteinander verbunden. Wir grasten auf einer teilweise von Bäumen umsäumten Weide. Am Rande, ein Stück weit neben dem Futterplatz unter einem großen Baum war mein Lieblingsort. Dort fühlte ich mich wohl und geborgen und verspürte mehr Sicherheit als an den übrigen Plätzen. Nicht nur, weil ich eine sensible, eher zum Einzelgängertum tendierende Dame war, sondern auch, weil dies der Platz war, von dem mich die Herde, nach einigen Versuchen, mich woanders niederzulassen, nicht vertrieben hatte.

Eine gutmütige Seelenruhe schwang als Grundgefühl in mir. Das gemäßigte Tempo der Nahrungsaufnahme, das Wiederkäuen und Zermalmen gaben meinem Sein eine besinnliche Grundstimmung.

Der lebhafte Teil meiner Erinnerung setzt ein, als ich beginne, in jungen Jahren meinen Platz als Kuh zwischen den anderen zu finden. Abgesehen davon, dass mein Rang in der Herde von meiner Mutter definiert war, gab es doch ein paar Dinge, die ich probierte und dabei unmissverständlich lernte, was ging und was eben nicht.

Ich bekam, wenn es kühler war, nicht mit den Ranghöheren zusammen den schönsten Platz an der Sonne (den, der nicht matschig und abschüssig, sondern oben auf dem Hügel war). Von den anderen Kühen wurde ich unsanft herumgeschoben, wenn ich es wagte, mich auf eine von ihnen begehrte Stelle zu legen.

Bis ich eben akzeptierte, wo ich zu sein hatte und mich damit arrangierte. Und dennoch war ich deswegen nicht eingeschnappt, sondern fühlte mich meiner Herde sehr verbunden. Mein Kuhherz blieb trotz alledem offen. Dass jede ihren Platz hatte, gab mir auch ein gewisses Maß an Sicherheit.

Obwohl ich Gefühle hatte, gab es kein Hadern. Ich dachte zwar nach, aber nicht allzu tief. Ich konnte meine und die Handlungen meiner Umwelt auf eine Art interpretieren, und sie wirkten auch unauslöschlich in mir nach, jedoch verschob ich sie in einen Bereich, der weder unbewusst noch ganz bewusst war.

Es war wie das Abspeichern eines Geschehens und der daraus entstanden Folgen in einem Gefühlsgedächtnis, aber ohne verstandesmäßige Wertung. So vergingen die Tage mehr oder weniger gleichförmig. Fressen, wiederkäuen, schlafen, mich mit den anderen stupsen, schmusen und Fellpflege betreiben... einfach da sein.

Es sei denn, es wurde geschlachtet. Dann lag schon in der Luft, dass heute etwas anders laufen würde. Eine kribbelige, ionisierte Energie, die dem Ereignis vorausging, und deren Information sich in unseren Körpern und Gemütern breitmachte.

Wenn dann ein, zwei von uns aus der Herde herausgeholt wurden und der Schmerz des zu lassenden Lebens durch die Luft waberte, waren unsere Herzen tief ergriffen. Zur Abendruhe fühlten wir, dass sie uns fehlten. Wir vermissten ihre Persönlichkeiten und die gewohnte Ordnung.

Die gesamte Herde trauerte - jedes Tier mehr oder weniger sichtbar auf seine Weise.

Einmal kalbte ich. Ich liebte mein Kind schon in meinem Leib und konnte die Verbindung zu ihm spüren. Es war schön, Mutter zu sein, Schutz und Fürsorge schenken zu können. Als mein Kälbchen seinen eigenen Platz in der Herde gefunden hatte, vergingen meine Tage wieder wie gewohnt, nur dass ich von jetzt an auch gemolken wurde.

An einem schönen Sommertag, ich war schon älter, trat ich in ein vom Regen ausgewaschenes Loch, knickte ungeschickt ein und verstauchte mein rechtes Vorderbein. Mein Knie schmerzte.

Das zwang mich, meinen Bewegungsablauf zu verändern. Besonders das Hinlegen fiel mir immer schwerer. Jedes Mal plumpste ich mit meinem Gewicht auf das linke Bein.

Die Schmerzen vergingen nicht, das Knie versteifte nach und nach. Ich gewöhnte mich daran. Trotzdem liebte ich mein beschauliches Leben, bis es wieder einmal Zeit war für mich, zu gehen, damit meine Seele sich in ein neues Abenteuer begeben konnte.

Als ich entkörperte, schwebte ich noch eine Weile über meiner Herde und dem Hof. Ich hatte eine kurze Lebensrückschau, ähnlich der als Mensch, nur mit Bildern aus meinem Kuh-Leben und in Verbindung mit anderen seelischen Ebenen, die mir die Zusammenhänge in einer meinem Kuh-Leben angepassten Gefühlsform vermittelten.

Besonders die Erfahrung mit meinem steifen Knie zeigte sich mir als bedeutsam für die Gesamtentwicklung meiner Seele. Die wertfreie Hingabe im Umgang mit den starken Schmerzen und, dass mein Kuh-Herz trotzdem offen geblieben war, hatten neue Verknüpfungen zu einem möglichen Umgang mit Schmerzerfahrungen geschaffen.

Ich war ja eine Kuh mit mannigfaltigen menschlichen Erfahrungen zuvor, sodass meine Seele im Hintergrund alle Ereignisse in gereifter Form interpretierte, also auch alles, was mir als Kuh widerfuhr.

Ich war wieder einen bedeutenden Schritt weiter gekommen in meiner Absicht, lieben zu lernen.

Seelenerkenntnis
So also ist es, in einem Tierkörper gleichzeitig sowohl gemütlich und kraftvoll als auch sensibel und intelligent zu sein.

Das besondere Seelengeschenk
Der Gleichmut, die Liebe und Annahme der Umstände, die ich in tiefer innerer Ruhe empfunden habe.

Geschenk in diesem Leben
Den inneren Zugang dazu zu haben, wie die unterschiedlichen Bewusstseinsvoraussetzungen einer Spezies sich auf das Erleben auswirken und anfühlen.

In meiner Erinnerung haben meine Tierleben sich entsprechend meiner Seelenentwicklung verändert. Das heißt, je weiter ich mich entwickelte, umso eher nahm ich auch als Tier erweiterte Möglichkeiten wahr, Umstände zu interpretieren und mit anderen zu interagieren.

45. Zersetzung
Ich bleibe bei dir

In wieder einem anderen Leben, ich war ein Lehrer für Naturwissenschaften gewesen, hatte ich eine sonst unübliche Erfahrung mit dem Tod und meinem Körper. Ich kam weder ins Licht noch in die Hölle noch an einen anderen Ort, den ich schon kannte, sondern ich blieb bei meinem Körper, bis er sich größtenteils zersetzt hatte.

Zum einen liebte ich meinen Körper und wertschätzte ihn sehr. Deshalb wollte ich ihn diesmal bis zum Ende begleiten. Zum anderen war ich wissenschaftlich interessiert und wollte den Vorgang des Zersetzens meines Körpers einmal beobachten.

Sobald ich ihn also nicht mehr bewohnte, war ich in einem absolut neutralen Zustand, was seine weitere Entwicklung und das Verhalten der Materie, die ihn ausmachte, anbelangte. Ich war ihm dankbar, dass er mich beherbergt hatte. Ich blieb ganz nah bei ihm, als er in den Sarg gelegt und später dann in die Erde gelassen wurde. Im Erdreich fühlte es sich so wunderbar geborgen an.

Ich war zu einer Seelenlichtkugel geworden und schwebte im Sarg neben meinem Leichnam. Mit meinem Seelenlicht leuchtete ich die Umgebung sanft aus. Ich begann aber nicht, Energien zu sehen, sondern ich sah mit meinem Seelenauge meinen Körper so, wie ich ihn mit meinen physischen Augen auch wahrgenommen hätte.

Andächtig weilte ich bei meinem Leib und nahm wahr, wie die Gewebe sich veränderten, erst die weichen und später die härteren Strukturen, und beobachtete wie in einem Film, wie seine Materie sich nach und nach zersetzte. Und irgendwann, als nur noch die Knochen da waren, glitt ich, unendlich dankbar für diese Erfahrung, ins Jenseits. Ich war meines Körpers und des Gewebes, das ihn ausgemacht hatte, bei seinem Übergang liebevoll gewahr gewesen und nichts daran war in irgendeiner Form unangenehm gewesen...

... weil die Seele die Realität vollkommen anders wahrnimmt als das wertende Verstandesbewusstsein.

Seelenerkenntnis
Ich liebe jedes Teilchen meines feststofflichen Körpers, egal in welchem Stadium der materiellen Verwandlung es sich auch befindet.

Das besondere Seelengeschenk
Dass ich meinen Körper so liebevoll und wertfrei anschauen und begleiten konnte.

Das Geschenk in diesem Leben
Wenn ich die ersten Falten und sonstige Veränderungen meines dieslebigen Körpers wahrnehme, versuche ich mich immer wieder mal daran zu erinnern, wie oft ein Körper, den ich bewohnt habe, schon gealtert ist und wie liebevoll und wunderschön dieser Prozess mir beim Entkörpern durch die Augen meiner Seele gezeigt wurde.

6. Chakra
Halszentrum
Kommunikation, Inspiration, Selbstbestimmung

Um Liebe noch tiefer erfahren zu können, musste ich meinen Selbstausdruck weiterentwickeln. Es ging darum, zu lernen, integer zu bleiben, ohne zu manipulieren oder Macht über jemanden oder etwas auszuüben. Dann würde ich mehr und mehr zu einem Kanal für positive, inspirierende Energie werden.

46. Hexe
Ertrinken - und danach?

Ich war eine junge Witwe, deren Mann politisch tätig gewesen war. Ich hatte Temperament, war nicht unterwürfig und handlich, sondern nutzte meinen kritischen, klaren Verstand und sagte, was ich dachte, auch wenn es den Gegnern meines verstorbenen Mannes nicht passte.

Deshalb hängten sie mir Schandtaten an, die ich nicht begangen hatte. Sie hatten Angst, dass etwas von dem, was ich durch meinen

Mann mitbekommen hatte, in die falschen Ohren geraten würde und dass meine frei geäußerten Ansichten ihnen schaden könnten.

Ich hätte die Frau eines Rivalen meines Mannes werden können und wäre verschont geblieben, aber das kam für mich nicht in Frage. Ich wollte meine Seele nicht verkaufen. Es fanden sich keine mutigen Fürsprecher, die die Unwahrheiten, die über mich verbreitet wurden, klarstellten, so dass die meisten, auch später noch, im Glauben blieben, ich hätte etwas Unrechtes getan und mein Tod sei verdient gewesen.

Von einer Gruppe von Männern wurde ich zu Hause überrascht und zum Fluss gezerrt. Das Spektakel war nicht zu übersehen und die, die es mitbekamen, schlossen sich der Gruppe an. Sie stellten sich ans befestigte Ufer und auf die Holzbrücke, um das Schauspiel begaffen zu können. Vor den Augen der Meute wurde ich dort, wo die Steintreppe hinunter zum Fluss führte, in einen Sack hineingeprügelt.

Meine Hände und Füße wurden gefesselt, ich wand und wehrte mich, so gut ich konnte. Es war aussichtslos. Mein Flehen half nichts. Meine Hilferufe und Bitten an die Umstehenden, meine Unschuld zu bezeugen, blieben unbeantwortet. Auch Fluchen und Beschimpfungen änderten nichts. Die Männer zwangen mich gewaltsam in die Knie und banden den Sack oben zu. Durch den muffigen Stoff konnte ich das Licht schimmern sehen.

Dann stießen sie mich in den Fluss. Zuerst hielt ich die Luft an und versuchte, mich durch Bewegungen, soweit sie möglich waren, zu befreien, obwohl meine Befreiung sinnlos gewesen wäre, denn auch sie wäre für die Zuschauer ein Zeichen gewesen, dass ich eine Hexe mit übernatürlichen Kräften war, was ebenso meinen Tod zur Folge gehabt hätte. So oder so, ich hatte verloren.

Der Sack wurde immer nasser und zog mich in die Tiefe. Es dauerte nicht lange und ein Überlebensreflex ließ mich einatmen. Ich empfand nichts als blanke Panik und Entsetzen. Meine Lunge füllte sich mit dem durch die Aufwirbelung trüb gewordenen Wasser und mir schwanden die Kräfte. Mit dem grausamen Gefühl des Erstickens verließ ich meinen Körper und befand mich schlagartig im Universum.

Mein Lichtkörper sah aus wie mein physischer Körper zuvor, er war jedoch nicht mehr in einem Sack und auch nicht gefesselt.

Mich nicht befreien zu können und der Situation bei vollem Bewusstsein auf Gedeih und Verderb ausgeliefert zu sein, hatte mächtige Emotionen in mir entfacht. Ich hatte, trotz der mittlerweile körperlichen Freiheit, anhaltend das schreckliche Gefühl, keine Luft zu bekommen und zu ersticken. Was im Grunde widersinnig war, denn Ersticken ist ja eigentlich ein irgendwann endender Vorgang.

Doch hier in den Weiten der Ewigkeit war das anders. Ich behielt das Gefühl bei und versuchte mit meinem feinstofflichen Körper zu atmen, aber ich bekam keine Luft. Ich versuchte es wieder und wieder. Obwohl ich keinen physischen Körper mehr besaß, befand ich mich weiterhin in einem Zustand absoluter Panik.

Es dauerte so lange, wie es dauerte, ein Zeitgefühl hatte ich nicht. Und dann kam der Moment, in dem ich mich zu erinnern begann, dass ich nicht mein Körper bin, sondern dass da etwas in mir ist, das einen Willen hat. Dass es etwas gibt, das größer ist als meine Angst. Da postulierte ich mit absoluter Bestimmtheit und aus tiefstem Herzen: „Ich beschließe, von jetzt an immer genug Luft zum Atmen zu haben!" Und sofort wurde mein feinstofflicher Atem frei. Ich war erlöst und schwebte auf das Licht zu.

Sanft und voller Freude wurde ich von meinen feinstofflichen Helfern willkommen geheißen.

Seelenerkenntnis
Ein Beschluss aus tiefstem Herzen ist eine Anweisung, die enorme Schöpferkraft hat.

Das besondere Seelengeschenk
Ich bewahrte meine Integrität als ein hohes Gut, auch wenn es den Tod bedeutete.

Geschenk in diesem Leben
Zu wissen: Tief eingetaucht in das Spiel des Lebens vergessen wir oft, wie wir die Kraft der Anweisungen aus tiefstem Herzen heraus nutzen können. Mein eindrückliches Erleben im Zwischenreich erinnert mich immer wieder daran, dass und wie wir diese Kraft nutzen können.
In meinem jetzigen Leben riefen Umstände, in denen ich wenig Luft bekam, ab und zu noch einen Nachhall des unangenehmen Gefühls von Ersticken hervor, z.B. bei meinem doppelten Kieferbruch und einer enormen Schwellung im Gesicht. Dann rief ich die Erinnerung an meinen Beschluss wach und legte meine Energie darein, ihm zu vertrauen. Bisher half es.

47. Sprachbehinderte Waise
Vom Bitten zum ICH BIN

In meiner vorhergehenden Inkarnation hatte ich mich nicht in meinem Selbstausdruck bremsen lassen und hatte dafür mit dem Leben bezahlt.

Was war schief gelaufen? Ich hatte nicht auf meine innere Stimme gehört, die mir mehr als einmal versucht hatte mitzuteilen, dass es für die Gesamtentwicklung aller Beteiligten im Moment nicht ratsam sei, dies oder jenes zur Sprache zu bringen.

Durch die traumatisierenden Konsequenzen und weil ich noch nicht zur Genüge gelernt hatte, meiner inneren Stimme zu folgen, war eine Todesangst davor, mich selbst auszudrücken, entstanden und so eine Störung in meinem Halszentrum, die ich mit in die nächste Inkarnation nahm.

Sie wurde zu einer wunderbaren Chance, auf neue Weise mit der inneren Stimme in Kontakt zu treten.

Meine Eltern arbeiteten im Dienst eines Bauern und wir lebten zu dritt in einem kleinen, einfachen Bedienstetenhäuschen. Sie liebten mich sehr, auch wenn ich nicht fähig war, deutlich zu sprechen. Ich konnte nur Laute von mir geben. Mein inneres Wesen jedoch war freundlich, und ich half gerne, wo ich konnte. Als ich etwa 13 Jahre alt war, starben mein Vater und meine Mutter.

Meine Inkarnation als sprachbehinderte Frau schildere ich in der Zeitform der Gegenwart:

Es fällt mir schwer, zu denken. Der klare Teil meines Verstandes befindet sich hinter einer Wand aus dicken Nebelschwaden. Es fühlt sich an, als hätte er sich ein Stück weit außerhalb meines physischen Gehirns seinen Platz eingerichtet.

Bis ein Gedanke von dort mein Gehirn erreicht, vergeht Zeit. Viel Zeit. Und wenn er angekommen ist, sucht er den Weg zu meinem Mund. Wenn er ihn gefunden hat, tut mein Mund nicht das, was er sollte, deshalb entweichen ihm nur undeutliche Laute. Diese zu entschlüsseln braucht Geduld und Liebe.

Meine Eltern aber sind gestorben. Da ist niemand mehr, der diese Geduld und Liebe für mich aufbringt. Ich bin jetzt allein in unserem Häuschen, in dem wir bisher zusammen lebten. Die nötigsten Dinge kann ich selbst verrichten: Feuer machen, Wasser kochen. Es sind Handgriffe, die ich schon oft ausgeführt habe.

Mein Körper funktioniert besser als mein Denken und meine Zunge. Der Bauer, für den meine Eltern arbeiteten, lässt mich hier wohnen, ich muss nicht fort. Ich darf ihm dienen und werde von einer Magd mit Essen versorgt. Sie ist gütig zu mir, sie hat Mitleid.

Ich sehe von diesem Ort, an dem mein Verstand sich seinen Platz gesucht hat, auf mich herunter und bete inniglich: „Lieber Gott, lass mich schlau werden, lass mich normal werden. Lieber Gott hilf mir, schneller zu denken. Lieber Gott mach meine Gedanken klar. Lieber Gott bitte schenke mir die Fähigkeit zu sprechen.

Ich will, dass die Menschen mich verstehen. Ich möchte sprechen können, ich fühle so sehr, wie die Menschen die Sprache brauchen, um zu begreifen!" Kaum jemand nimmt sich Zeit, mit meinem inneren Wesen in Kontakt zu treten, ihm zu lauschen und es zu erspüren.

Mein Beten hilft nichts, obwohl ich in meinem Innern wie eine Leier immer und immer wieder meine Bitten wiederhole. Ich beobachte die Menschen, wie sie an mich heranreden und wie sie denken, ich verstehe nur die einfachsten Dinge. Durch meinen Nebel hindurch verstehe ich aber doch. Doch mein Körper findet den Weg nicht, es auszudrücken.

Im Sommer besteht meine Arbeit darin, mit der Sichel das Korn zu schneiden, Garben zusammenzubinden, sie zu einer Dieme aneinanderzustellen und zu befestigen. Wir sind viele auf dem Feld. Einmal macht der eine dies, dann wieder jenes.

Auch junge Burschen helfen. An einem Tag, als es still wird, schleichen sich zwei von ihnen an mich heran. Sie zerren mich hinter eine Dieme und werfen mich auf den Boden. Sie sagen: „Mit der kann man es machen, die kann uns nicht verraten. Dem dummen

Ding zeigen wir es mal." Gierig fallen sie über mich her und dringen in mich ein. Zuerst der eine, dann der andere. Dann laufen sie weg und lassen mich allein.

Ich raffe mich auf und stolpere zurück zum Haus, fühle mich verletzt, einsam, gedemütigt. Mein Körper schmerzt tagelang und erinnert mich an das, was geschehen ist. Doch ich versuche zu vergessen. In den Wochen darauf spüre ich, dass ich schwanger bin.

Die Magd merkt es irgendwann und ist entsetzt. Es wird Rat gehalten. „So einer kann man kein Kind überlassen!" „Sie soll es kriegen, dann nehmen wir es ihr weg." Die Leute meinen, ich kann es nicht versorgen und merke ja eh nicht viel. Das macht mich traurig, aber so soll es sein. Ich kann nichts ausrichten. „Lieber Gott hilf mir!"

Mein Baby wird geboren. Die Magd hilft mir in den ersten Wochen, bis es kräftig genug ist. Dann wird es mir weggenommen.

All das nehme ich wie durch dicke Nebelschwaden wahr. Ich flehe: „Lieber Gott hilf mir!" Ich frage mich, warum er mir nicht hilft. Mein Sehnen danach, in normalem Tempo denken und mit meiner Umwelt über Sprache in Kontakt treten zu können, wächst ins Unermessliche. Da beginnt etwas in mir zu sprechen.

Es ist ganz klar.

Ich höre genau hin: „Du kannst nichts erreichen, wenn du dich fern von dem fühlst, was du sein möchtest. Gott kann dir helfen, wenn du mit Gewissheit daran glaubst und darauf vertraust, dass du immer mehr zu dem wirst, was du sein willst." Irgendwie verstehe ich es und stelle mein Beten um. Ich beginne, fest daran zu glauben, dass mein Denken klarer wird und dass Gott mir hilft, und sage mir innerlich: „Ich bin klar."

Ich beginne, fest daran zu glauben, dass ich lernen kann zu sprechen und sage zu mir: „Ich bin auf dem Weg der Heilung, weil

Gott in mir wirkt und mir hilft, immer besser zu sprechen!" „Da ist Intelligenz in mir und um mich herum, und mit dieser Intelligenz bin ich verbunden. Sie findet jetzt ihren Weg dahin, wo ich sie brauche."

Dies sage ich mir gefühlt hundertmal am Tag. Im Besonderen, bevor ich den Mund öffne, um einen Laut hervorzubringen, sage ich es mir in Gedanken und konzentriere mich ganz stark darauf.

Und es geschieht. Ich spüre, wie sich mein Denken langsam aufhellt und wie die Laute anfangen, sich zu verdeutlichen. Wortfetzen beginnen sich zu bilden. Undeutlich zuerst, aber zugänglich, wenn man verstehen will. Meine Mundmuskulatur beginnt mir mehr und mehr zu gehorchen. Meine Gedanken finden immer flüssiger den Weg durch den Nebel.

Die Menschen sind erstaunt, manche beginnen sich Zeit zu nehmen, zuzuhören. Sie versuchen mich zu verstehen. Nicht für lange, aber für die wichtigsten Dinge. Dadurch kann eine Verbindung zu ihnen entstehen, die vorher nicht möglich war.

Der Sohn der Magd lehrt mich sogar ein wenig das Schreiben und Rechnen. Er hat Geduld, und er befasst sich mit mir. Seine Zuwendung heilt in mir ein bisschen von dem Vergehen der Burschen.

Ich habe etwas Wichtiges begriffen: Das „ICH BIN" macht den Unterschied. Anstatt zu flehen: „Lieber Gott heile mich", betete ich von da an: „Lieber Gott, ich bin verbunden mit dir und werde geheilt durch deine Liebe. Gott, ich danke dir dafür!" Es fühlt sich anders an. Als ob Gott jetzt endlich wirken kann, wo ich sein Wirken in mir anerkenne und darauf vertraue.

Ein paar Jahre noch genoss ich, zu erleben, wie sich mein Geist nach und nach klärte und welche Fortschritte ich machte. Dann entkörperte ich ganz ruhig.

In diesem Leben hatte ich eine grundlegend wichtige Lektion gelernt: dass die göttliche Kraft wirkt, wenn ich sie lasse.

Ich lernte die Formulierung „ICH BIN" zu nutzen.

Seelenerkenntnis

Die Wirkkraft Gottes vermag alles zu seiner Zeit. Wenn ich bereit bin, das, was ich sein möchte, in mir zu fühlen und als wahr anzunehmen, und sagen kann: „ICH BIN verbunden mit der Schöpferkraft, die alles lenkt, und diese wirkt jetzt in mir", dann beginnt sie sich ihren Weg auf ihre Weise zu bahnen.

Das besondere Seelengeschenk

Zugang zu dem ICH BIN erfahren zu haben.

Geschenk in diesem Leben

Manchmal drohe ich zu vergessen, was für eine Kraft eine ICH-BIN-Aussage hat. Die Erinnerung an das Leben, in dem ich fast nicht sprechen konnte, verbindet mich dann wieder mit dieser Erfahrung der Heilung und ich besinne mich.

48. Narr
Selbstvergessen

In meiner nächsten Inkarnation konnte ich kreativ und frei sein im Umgang mit der Sprache und mit meinem Selbstausdruck und kostete dies aus.

Doch am Ende meiner Tage würde meine Seele auch nach diesem Leben wieder erkennen, was sie in der nächsten Inkarnation anders machen wollte. Aber - beginnen wir von vorne:

Auf dem Schloss war ich der Narr.

Ich trug besondere Kleidung: Enge, zweifarbige Beinkleider - heute würde man Strumpfhosen sagen - (meine waren rot und grün), ein dazu passendes Wams und eine Kappe mit zwei „Hörnchen" und Schellen dran, die ich jeden Morgen anlegte, so dass es, wenn man mich sah, keinen Zweifel gab: „Das ist der, der für unsere Belustigung zuständig ist."

Ich kam gut an bei den Bediensteten, den Besuchern und bei meinem König und seiner Gemahlin auch. Der König war des Öfteren etwas trübsinnig. Deshalb wurde ich regelmäßig zu ihm und seiner Frau gerufen, um Kunststücke und Späße zu vollführen.

Die beiden saßen dann auf ihren prächtigen Thronen und allerlei Zuschauer standen drumherum. Ich sprang, sang, pfiff, rezitierte und trug Witze vor, jonglierte und ab und zu schlug ich ein Rad. Anfangs hatte ich einen Wedelstab aus Holz mit Stoffbändern und Bommeln dran, den ich wie einen Zauberstab durch die Luft wirbelte, um die lustige Wirkung meiner Sprüche zu verstärken.

Wenn ich mich abends ins Bett begab, legte ich zwar meine Kleider, nicht aber meine Narrenpersönlichkeit ab, sondern verarbeitete alles, was ich erlebt hatte, insbesondere den Klatsch und Tratsch, der mir tagsüber zugetragen worden war - möglichst zu geistreichen Belustigungen für meine Auftritte.

Überall wo ich eine Möglichkeit sah, die Menschen zum Lachen zu bringen, machte ich meine Späße. Meine Passion war es, andere von ihrem Leid abzulenken und sie aufzuheitern. Darin war ich so geschickt, dass die Menschen mir meist nicht auswichen, wenn sie sich niedergedrückt fühlten, sondern meine Nähe genossen.

Am Schloss gab es eine Brücke, von der aus man über eine Mauer hinweg einen wunderschönen Blick in den nahen Wald hatte. Das gab mir ein Gefühl von Geborgenheit. In die andere Richtung hatte man Blick auf ein weites Tal mit Wiesen und Wäldern, ein wunderschönes Panorama.

Als die Prinzessin heranwuchs, wurde ich ihr väterlicher Freund. Wir begannen, uns hin und wieder auf der Brücke zu treffen.

Sie setzte sich auf die Mauer, den Wald im Rücken, sodass sie die Aussicht in die Weite genoss, und ich, ihr gegenüberstehend, im Hintergrund die nahen Bäume sah. Dann ließ sie ihre Beine baumeln und klagte mir ihre Sorgen. Meist schaffte ich es, sie aufzuheitern.

Je älter ich wurde, umso tiefsinniger wurden meine Späße und ich verzichtete auf den Stab mit seinen Bommeln. Dieses klamaukige Gehabe passte nicht mehr zu meinem gereiften Wesen.

Mein Leben stand jedoch bis zum Ende vollkommen im Dienste der Belustigung der mich umgebenden Seelen.

Als ich entkörperte, bemerkte ich in meiner Lebensrückschau, dass meine eigene Seele dabei zu kurz gekommen war. Ich fühlte mich irgendwie leer.

Auch wenn mein Beitrag zum Wohlergehen anderer etwas Hingebungsvolles an sich gehabt hatte, so erkannte ich in dem Moment, dass es zur Entwicklung einer jeden Seele dazugehört, sich darum zu bemühen, die Schönheit im eigenen Leben zu sehen und die Freude in sich selbst zu erwecken.

Dazu ist eine gewisse Verbundenheit mit dem eigenen Inneren notwendig.

Beides ist nicht mit dem vorrangigen Wunsch nach Ablenkung vereinbar, sondern kann nur durch den eigenen, bewussten Weg nach innen erreicht werden.

Deshalb beschloss ich, mich im kommenden Leben mehr um meine eigene seelische Entwicklung zu kümmern.

Seelenerkenntnis

Das Zusammenspiel zwischen Liebe, Freude und Seelenentwicklung, das durch tiefe Gefühlstäler führt, ist verwobener, als ich bisher gedacht hatte.

Freude bringen ist ein wunderbares Vorhaben, hat aber seine Grenzen - sowohl im Außen als auch für mich selbst, wenn die Quelle der Freude nicht an etwas Höheres angeschlossen ist.

Das besondere Seelengeschenk

Die Erinnerung an viele lustige Stunden und an eine tiefe Freundschaft.

Geschenk in diesem Leben

Es war ein spaßiges Leben, und die Erinnerung daran sitzt mir immer noch als Schalk im Nacken. In dieser Inkarnation kommt er jedoch nur zum Vorschein, wenn ich mich sicher fühle und nicht als Mittel zum Zweck.

49. Japanische Geisha
Selbstausdruck und Tiefe

Meine Augen waren tiefdunkel und mandelförmig. Die Haare glatt und schwarz, mein Körper zierlich. Ich war in Japan inkarniert. Mit etwa sechs Jahren wurde ich in dieses besondere, aus Holz und Papier gebaute Haus gebracht. Es wohnten darin nur Frauen.

Schöne, würdevolle, selbstbewusste Frauen.

Als meine Mutter mich zu ihnen brachte, empfingen sie mich in eleganten seidigen Kimonos mit aufwendigen Mustern, so wie ich sie bis dahin noch nicht gesehen hatte. Ihre Gesichter waren weiß gefärbt. Von ihnen ging eine ungewöhnliche Ausstrahlung aus. Sie wirkten auf mich so selbständig und klar.

Ich hatte ihnen mit kleineren Tätigkeiten zur Hand zu gehen: Geschirr säubern, fegen, Wasser holen. Ein paar Wochen nach mir kamen zwei weitere Mädchen ins Haus, die ebenso wie ich von den Frauen aufgenommen wurden. Es war ein Geisha-Haus.

Die Geishas wurden zu unseren älteren Schwestern. Jede von uns dreien wurde einer anderen zugeteilt. Unsere Aufgabe war es, ihnen im nächsten persönlichen Umfeld zu dienen. Im Gegenzug wurden wir von ihnen beschützt, geführt und in die Geheimnisse des Berufes eingeweiht.

Es war ein intimer Augenblick, als ich meiner Geisha-Schwester zum ersten Mal beim Abschminken zur Hand gehen durfte.

Ich kniete nah bei ihr neben dem Spiegel, um den herum allerlei Utensilien lagen. Mit jedem Teil ihres Gesichtes, von dem sie Farbe abtrug, begann ich sie purer und echter zu sehen. Mit jedem Stück von ihrer natürlichen Haut, das ich zu sehen bekam, wirkte sie auf mich nahbarer und verletzlicher.

Da suchte sie meine Augen. Ihr Blick gab mir zu verstehen, dass ich einer der wenigen Menschen sein würde, die die wahre Person unter der Farbe jemals auf diese Weise zu Gesicht bekommen sollten. Ihre Augen strahlten innere Kraft und Erhabenheit aus, die mich unmissverständlich spüren ließen, dass meine Geisha-Schwester, obwohl ich diesen intimen Augenblick beobachten durfte, auch in dieser Blöße niemals würdelos sein würde.

Es war der Ausdruck einer unzerstörbaren Seele, die sich selbst erkannt hat. Ein ehrfürchtiger Schauer überrann mich.

Zu gegebener Zeit wurde ich von meiner Geisha-Schwester in die Teezeremonie eingeführt. Zunächst schaute ich ihr mehrere Male zu, wie sie den Tee bereitete. Dabei hatte ich leise und unauffällig zu sein und die Aufgabe, mich auf den Ablauf zu konzentrieren. Sie merkte sofort, wenn meine Aufmerksamkeit abschweifte.

Während sie das Ritual vollzog, entging ihr nicht die kleinste physische oder psychische Regung meinerseits. Entgleisungen teilte sie mir nach Beendigung der Zeremonie mit. Erst als es mir gelang, meine Konzentration für die gesamte Zeremonie ohne Unterbrechung ganz bei ihren Bewegungen zu halten, wurde ich nach und nach praktisch in das Ritual eingeführt. Der Verlauf war vorgeschrieben und musste auf eine bestimmte Art und Weise ausgeführt werden.

Zuerst ging es darum, alles entsprechend vorzubereiten. Das Wasser holen, die Utensilien herbeibringen und der Reihe nach platzieren. Dann lernte ich den Umgang mit dem Fukusa, einem Seidentuch, das zum Reinigen der Teetasse und des Teelöffels benutzt wird. Meine Geisha-Schwester zeigte mir, wie das Besteck zu liegen und ich mein Fukusa zu falten hatte, um es in den Kimono zu stecken. Und wie es entfaltet werden musste, um die Teeschale und den Löffel zu säubern, und anschließend wieder neu gefaltet. Danach wurde die Abfolge der gesamten Zeremonie einstudiert.

Später ging es darum, eine innere Verbindung zum Wasser und zum Tee herzustellen. Ich lernte nach und nach den gesamten Ablauf, und dass die Bewegungen mit Andacht, Anmut, Konzentration, Hingabe und Ehrfurcht und dennoch so flüssig wie möglich ausgeübt werden mussten.

Ziel war es, die Zeremonie so bewusst, so harmonisch und so vollendet wie möglich zu vollführen, um daraus Klarheit und Kraft zu gewinnen. Ich lernte, wann das Wasser die richtige Temperatur hatte, um zur Zubereitung genutzt zu werden, und dies anhand seines Verhaltens zu erkennen. Denn nicht bei jeder Witterung erreichte es den Siedepunkt nach exakt der gleichen Zeit. Da gab es feinste Unterschiede, die sich durch das Zusammenspiel von Umgebungstemperatur, Luftdruck und Luftfeuchtigkeit ergaben.

Ich lernte, innerlich eine tiefe Beziehung zum Wasser und zum Tee herzustellen. Denn so wie die „Wesen" Wasser und Tee in Gedanken und gefühlsmäßig angesprochen wurden, so entfalteten sie ihre Fähigkeit, das Getränk schmackhaft und kräftigend sein zu lassen.

Ich war ambitioniert und machte mir zum Ziel, die Zeremonie so vollkommen wie möglich auszuführen. Der rituelle Ablauf, der Fluss der Bewegungen, die Hingabe, auch der Bezug zum Wasser und zur Teepflanze an sich bewirkten einen Ausgleich im Gemüt und eine Stabilität im Geiste.

Die Teezeremonie wurde unsere tägliche Meditation. Es gab einen Zeitplan, nach dem wir den Teeraum einzeln für uns nutzten. Ein schmaler, länglicher Raum mit zwei Schiebetüren. Von der einen Seite her wurde er von uns betreten. Die andere Seite grenzte an den Gesellschaftsraum. Diese Schiebetür wurde dann geöffnet, wenn wir Gäste hatten und sie bei der Teezeremonie zuschauten.

Unsere Schwestern brachten uns alles bei, was wir wissen mussten, damit wir später erfolgreiche Geishas sein konnten: über den Boden zu gleiten, nicht zu gehen. Uns anmutig und bewusst zu bewegen. Lesen und Schreiben, Tanzen, Singen und Musizieren. Mein Instrument war ein Saiteninstrument. Aber ich spielte es nicht so gerne.

Nach und nach durften wir bei der Unterhaltung der Gäste mitwirken. Wir waren immer zu mehreren. Von uns Jüngeren waren jeweils nur eine oder zwei dabei. Mindestens eine Schwester hatte sich im Hintergrund um den Haushalt und die Vorbereitungen für die Nachtruhe zu kümmern. Wir unterhielten unsere Besucher mit Konversation, Tanz und Gesang sowie dem Vortrag von Versen.

Mit unserem Körperausdruck durften wir nicht in persönlichen Kontakt treten mit dem Inneren des Menschen. Wir hatten unseren Blick so auszurichten, dass er das Gegenüber zwar ansah, aber es war strengstens untersagt, über die Augen in die Seele einzudringen. Es war ein Blick, der den anderen anschaute und gleichzeitig durch ihn hindurch.

Ebenso das Lächeln, ein zartes, unverbindliches Lächeln. Es sollte eine angenehme, erbauliche Atmosphäre verbreiten, musste sich jedoch in vorgeschriebenen Grenzen halten. Die Mundwinkel durften eine bestimmte Biegung nicht überschreiten, alles andere galt als unziemlich. Die Bewegungen mussten präsent und flüssig sein, aber niemals persönlich.

Meine Mitschwestern hatten mehr Freude am Musizieren als ich. So kam es, dass sie mehr und mehr das Spielen der Instrumente und den Gesang übernahmen. Bei mir entfaltete sich die Gabe, mit Worten umzugehen, und ich liebte es, zu rezitieren.

Es gab eine Fülle an Texten, die für unsere Gäste als geeignet angesehen wurden: die Schönheit von etwas beschreibende Gedichte, erheiternde oder nachdenklich stimmende, die auf unaufdringliche Weise eine Botschaft und Erkenntnisse mit sich bringen sollten. Ich empfand es als höchst belebend, den Inhalt entsprechend der Stimmung auszuwählen und diese mit meinem Vortrag zu beeinflussen.

In dem Augenblick, in dem ich die ungeteilte Aufmerksamkeit der Zuhörer erlangt hatte, fühlte ich, wie ich mit meiner Gabe der intensiven Vorstellungskraft und dem ausdrucksvollen Gebrauch meiner Stimme in ihren Geist einzudringen vermochte.

Ich konnte die Stimmungen, die durch meine Worte in den Menschen entstanden, tief in mir spüren und saugte sie auf als einen von mir kreierten Ausdruck des Lebens. Die Besucher öffneten dann innere Türen, die sonst verschlossen gehalten wurden.

Dies war eine herrliche Möglichkeit, einen Teil des Selbstes zu erreichen, der im konventionellen Umgang nicht offenbart werden durfte. Kostbare Augenblicke, in denen ich spürte, dass ich mit meinen Worten ihre Seele berührt hatte.

Wenn ich erlebte, dass mein Vortrag innere Bilder entwarf, die die Zuhörer veränderten, erkannte ich zutiefst die transformative Kraft von Worten. Mit der Zeit kannten wir die Kunden, die regelmäßig wiederkamen. Wenn auch Persönliches nur angedeutet wurde (es schickte sich nicht, darüber zu sprechen), hatten wir die Gabe, aus kleinen Bemerkungen und der Körpersprache unserer Kunden zu lesen.

Es war unsere Aufgabe, die entsprechenden Stimmungen fein wahrzunehmen und auszubalancieren. Ich beherrschte die Kunst, meine Zuhörer in den Bann zu ziehen, von Jahr zu Jahr besser. Mit der Zeit begann ich, selbst Verse zu verfassen. Meine Vorliebe galt philosophischen und auch kritischen Texten. Diese Texte las ich nur meiner Geisha-Familie vor. Es wäre gegen die Etikette, so etwas den Gästen zuzumuten.

Bei einer Gruppe von Männern jedoch ergab es sich trotz aller Etikette im Lauf der Zeit, dass auch tiefgreifendere Themen zur Sprache kamen. Diese Männer kamen regelmäßig zu uns und fühlten sehr höflich und vorsichtig nach, wie weit wir bereit waren, uns auf ihre Bedürfnisse nach etwas mehr Tiefe in der Konversation einzustellen.

Einer von ihnen war besonders hungrig danach, Echtheit zu erleben. Er konnte, wenn er genug getrunken hatte, der Sehnsucht seiner Seele nach Verbundenheit schmerzlich Ausdruck verleihen, indem er wortreich den Zustand der Welt beklagte und irgendwann darüber den Kopf auf den Tisch sinken ließ und in ein Nickerchen verfiel.

So kam es, dass ich es eines Abends trotz warnender Hinweise der anderen Geishas wagte, einen meiner Texte vorzutragen. Ich sehe mich noch, wie ich aufstehe und alle mich gebannt anschauen, als ich mit besonders feierlicher Stimmung von meinen sorgfältig beschriebenen Blättern abzulesen beginne. Dieser besagte Mann saß mir direkt gegenüber und ich konnte seine Reaktion unmittelbar wahrnehmen.

Wochenlang hatte ich überlegt, wochenlang mit mir gerungen. Aber mein kreativer Geist wollte in die Welt und erfahren, was sie dazu sagen würde.

Es ging in diesem Text darum, dass die Menschen den gleichen Wert von Mann und Frau erkennen mögen. In einem bilderreichen Reim über Tiere. Ich füllte die Worte in einer Weise mit Emotion, die sich abhob von dem bisher Dagewesenen.

Während ich las, konnte ich ein besonderes Innehalten und Erstaunen spüren. Als ich fertig war (ich hatte erst einmal verschwiegen, dass dieser Text von mir war) merkte ich, dass jeder der Anwesenden auf seine Art berührt war.

Der Vortrag war nicht nur literarisch schön und vollendet gewesen, sondern hatte den Hunger nach Zeitgeist und Gesellschaftskritik gestillt. Ich hatte mit meinen eigenen Worten berührt.

Es fühlte sich so an, als sei ich einen wichtigen Schritt auf dem Weg zur Selbstermächtigung gegangen. Irgendetwas in mir, von dem ich bis dahin nicht wusste, dass es der Heilung bedurfte, heilte. Trotz allem wurde von meiner Geisha-Familie beschlossen, dass dies ein einmaliger Vorfall bleiben solle, weil politisches Engagement nicht in ein Geisha-Haus passte.

Ich durfte weiterhin Texte von mir lesen. Jedoch nur solche, die der Tradition und unserer Aufgabe entsprachen. In jenem Moment aber hatte ich die Macht der in Worte gefassten eigenen Gedanken gespürt, und wie sie auf andere wirken.

Dieser Augenblick war für mich in jenem Leben einer der bedeutendsten gewesen. Unsere Schwestern verstarben und wir waren nun an der Reihe, neue Schützlinge aufzunehmen.

Und irgendwann neigte sich auch dieses Leben sanft dem Ende zu.

Seelenerkenntnis

Der Ausdruck meiner Seele und wie sie andere berühren kann wächst mit meiner Fähigkeit, mich selbst zu erkennen, meinen Geist und meine Emotionen zu bündeln.

Wenn ich den zu mir passenden Ausdruck finde, dann bedeutet das Glück.

Das besondere Seelengeschenk

Meinen Selbstausdruck gefunden zu haben.

Die zur Perfektion gebrachte meditative Teezubereitung und ihre wunderbare Wirkung auf meinen Geist.

Geschenk in diesem Leben

Die Erinnerung an den Augenblick der Würde und Erhabenheit zwischen meiner großen Geishaschwester und mir, der mich tief erreicht hat. Er hat mir das Gefühl dafür vermittelt, wie die eigene Wertschätzung einen Raum erschaffen kann, in den niemand ungebeten eintreten kann.

Zu erkennen, wie meine Inkarnationserlebnisse aufeinander aufbauen und dass es darin eine Entwicklung gibt.

50 Kurtisane
Liebe auf eine andere Art

Der Palast, in dem ich wohnte, war prächtig.

Allerdings war seine verschwenderische Geräumigkeit nicht für mich gedacht. Ich lebte in einem kleinen Zimmer, dessen dunkelgrüne Wand mit goldenen Ornamenten verziert war. Die lange Seite, an der mein breites Bett stand, war mit tiefbraunem Holz getäfelt. Gegenüber der kurzen Seite, am Fenster, befand sich ein kleiner Schreibtisch mit dem dazugehörigen Stuhl.

Dort legten die Besucher ihre Kleider und Perücken ab. Ich war gerade dem Kindesalter entwachsen, da wurde ich einem Fürsten unterstellt. Meine Aufgabe war es, bei Veranstaltungen Konversation zu betreiben, mit den Gästen zu plaudern und gute Laune zu verbreiten sowie einflussreiche Männer, mit denen der Fürst Verbindungen pflegte, zu beglücken.

Manche besuchten mich regelmäßig, einige nur ab und zu, andere nur einmal. Für meine Dienste erhielt ich das Wohnrecht, Verpflegung, den Schutz des Fürsten und sein Ansehen.

Mein Zimmer hatte zwei Türen. Durch die eine neben dem Bett kamen meine Beischläfer ungesehen zu mir hinein und hinaus. Sie führte über einen Geheimgang in einen anderen Flur, denn nicht jeder Gast sollte und wollte als Gast des Fürsten gesehen werden.

Es gab solche, die spät am Abend kamen und sich vor Sonnenaufgang wieder auf den Weg machten. Die Besucher bekamen einen Schlüssel, mit dem sie von außen die Tür zu meiner Kammer aufsperren konnten. Für mich selbst war dieser Weg nicht gedacht.

Die andere Tür führte in mein Badezimmer. Es grenzte an ein Ankleidezimmer und dieses an den öffentlichen Flur, durch den ich den Palast betreten konnte. Wenn es ihm wichtig war, informierte mich der Fürst persönlich, welches Anliegen er mit welcher Begegnung verfolgte und so wusste ich dann, ob es sich z.B. um Verhandlungen über Ländereien oder um ein politisches Abkommen handelte.

Bei besonders wichtigen Persönlichkeiten wurde ich ein wenig in weitergehende Umstände eingewiesen, damit ich meinen Gast entsprechend behandeln konnte. Meine Aufgabe war es, die Herren der Zusammenarbeit mit meinem Fürsten zugeneigter zu machen. Ich entsprach einer „Prämie".

Der Tag, an dem ich einen „Nutznießer" zum ersten Mal erwartete, war jedes Mal ein besonderer. In dem Augenblick, wenn der Schlüssel sich geräuschvoll im Schloss drehte, die schwere Tür sich öffnete, ein Kopf sich vorsichtig hinter der Tür hervor neigte (Meistens taten sie das: Sie lugten in den Raum, um ihn erst dann, nachdem sie sich vergewissert hatten, zu betreten.) und Blickkontakt entstand, bekam ich einen ersten Eindruck, der mich erahnen ließ, was auf mich zukommen würde. Meine Tätigkeit brachte so einige Erfahrungen in Sachen Menschenkenntnis mit sich.

Die Besucher waren sehr unterschiedlich in ihren Bedürfnissen und wurden in meinen Armen gelegentlich wie kleine Kinder. Manch einer wollte einfach nur ein wenig Ruhe finden von den politischen Geschäften, seine Perücke ausziehen und etwas menschliche Wärme spüren.

Andere wiederum waren glücklich, für ihre besonderen Neigungen nicht verhöhnt zu werden. Einige standen in ihren vier Wänden unter einem strengen Regiment und waren froh, dem auf angenehme Weise für eine Zeit zu entkommen. Und wieder andere nahmen die Prämie einfach gefühlskalt mit. Es war dennoch vorwiegend ein respektvoller Umgang.

Zu manchen regelmäßigen Gästen entwickelte ich eine gewisse Vertrautheit. Mit der Zeit kannte ich ihre Bedürfnisse und das Zusammensein gewann an Tiefgründigkeit. Ich verurteilte mich nicht für die Art, wie ich lebte. In jenem Zeitalter war meine Funktion sehr angesehen und ich fühlte mich gut dabei, die Anliegen des Fürsten auf meine Art zu unterstützen.

Ich übte mich darin, einen individuellen Zugang zu jedem der Männer zu finden und mich selbst, innerhalb bestimmter Vorgaben, auf meine Weise auszudrücken.

Eigentlich fühlte ich mich ganz wohl in meiner Haut, doch irgendetwas suchte seinen Weg nach außen und ich begann, mich in eine Sache hineinzusteigern: Ich schämte mich für mein ausladendes Becken und für meine Haut, die sich an Gesäß und Schenkeln wellte. Auch wenn das dem damaligen Schönheitsideal entsprach, haderte ich mit mir und fand diesen Bereich meines Körpers einfach hässlich. Die Männer kamen und gingen und keiner beschwerte sich über meine Formen.

Manchmal verbrachte ich Stunden damit, auf dem Bett zu liegen und meinen Körper abzulehnen. Ich tauchte immer tiefer ein in einen destruktiven Dialog mit mir selbst und den Dellen meiner Haut, die ihre buckligen Schatten warfen.

Die Männer jedoch konnte ich annehmen, so wie sie bei mir aufschlugen, und mein Auftraggeber war sehr zufrieden mit mir. Das ging ein paar Jahre immer so weiter, bis eines Tages der Fürst höchstpersönlich Andeutungen machte, meine Dienste in Anspruch nehmen zu wollen. Er tat dies mit Respekt und gleichzeitig einer Art Bedürftigkeit. Wir näherten uns auf eine andere Weise, als ich es bisher mit den Männern kannte. Ruhiger, langsamer, achtsamer. Er hatte mich schon vor langer Zeit schätzen gelernt.

Da ich ihm unterstellt war, konnte er über meine Zeit verfügen und er begann, sich regelmäßige Treffen mit mir einzurichten. Immer öfter besuchte er mich, bis er eines Tages gebot, dass ich keine anderen Männer mehr empfangen solle. Dieser mächtige Mann hatte eine Liebe zu mir gefunden und wollte mich für sich allein haben. Das war mir sehr angenehm.

Mein Leben wurde ruhiger. Wir hatten tiefe Gespräche und lustige Stunden. Bei Festen fungierte ich weiterhin als Gesellschafterin und führte meine prächtigen Kleider aus. Wenn es darum ging, unbekleidet zu sein, quälte mich weiterhin meine Fixierung auf die Unvollkommenheit meines Gesäßes und meiner Schenkel und ich verabscheute sie nach wie vor.

Der Fürstin entging die Tiefe seiner Zuneigung zu mir nicht. Es missfiel ihr. Sie bekam Furcht vor einer Intrige und dass ihr Mann sie aus dem Weg räumen könnte. So wurde ich ihr ein Dorn im Auge. Ihre Bitten an ihn, von mir abzulassen, blieben unbeachtet, immer wieder schlich er sich zu mir. Wir wussten beide, dass dies eine gefährliche Situation war.

Als die Fürstin spitzbekommen hatte, dass ihr Gemahl trotz ihrer Bitten weiterhin bei mir unterschlüpfte, veranlasste sie, mich zu vergiften.

Eines Abends bekam ich Bauchweh und mir wurde zunehmend übler. Um das Nachtgewand anzulegen, kniete ich mich auf mein Bett, weil ich Sorge hatte, ohnmächtig zu werden und nach der Seite umzufallen.

Noch unbekleidet, mit dem Gewand in der Hand, passierte es: Ich fiel nach vorne, mein Körper kippte zur Seite und ich exkarnierte.

Meine Seele schwebte über meiner Schlafstätte.

Zuallererst sah ich, wie es zu dieser Situation gekommen war:

Die Zofe war beauftragt gewesen, Gift in mein Trinkwasser zu schütten. Eine Wasserkaraffe mit Becher stand stets auf dem kleinen Tischchen neben dem Bett, das von der Geheimgangstür aus einfach zu erreichen war.

Dann spulte sich meine Lebensrückschau ab und ich sah die Männer, die in dieser Kammer ein und aus gegangen waren. Ich konnte wahrnehmen, was sie von der Begegnung mit mir mitgenommen hatten. Manche nicht viel, weil ihre Herzen kalt waren. Andere aber hatten sich berühren lassen und ein Stück Geborgenheit oder Inspiration erlebt, bevor sie wieder hinaus in die herausfordernde Welt gingen. Oder sie hatten genossen, sie selbst sein zu können. Und ich konnte sehen, wie viel Liebe meine Seele gegeben hatte.

Dann glitt mein Seelenblick auf meinen Körper und seine Dellen. Plötzlich durchströmten mich warmes Mitgefühl und zärtliche Liebe für mich. Ich sah, was für eine wunderschöne, einzigartige Kreation meine Haut war, die ich als Schöpferin meiner selbst geschaffen hatte.

Mit meinem Seelenblick betrachtete ich die Grübchen und wie sie im Kerzenschein ihre interessanten Schatten warfen.

Ich empfand tiefe Wertschätzung und Bewunderung für dieses Kunstwerk, das mein Körper gewesen war und begriff: Meine Haut war ein wundervoller, liebenswerter Teil meines wertvollen Seins in diesem Leben und dieser Körper war perfekt erschaffen. So, wie er war, war er Ausdruck meines einzigartigen Selbst und absolut liebenswert.

So hatte ich mich noch nie gesehen.

Alle Abscheu und alles Leid hatten sich in diesem Augenblick aufgelöst.

Seelenerkenntnis

Nicht nur, wie wir unseren Körper vor unserem Eintritt in ein neues Leben kreieren, sondern auch alles, was wir nach dem Eintritt in ein neues Leben entscheiden und erschaffen, ist ein Selbstausdruck, der genau so, wie er ist, unantastbar und heilig ist.

Auch die Schöpfungen, die uns scheinbar „entgleisen", sind liebenswert.

Das besondere Seelengeschenk

Eine Erkenntnis, die ich in ihrer Tiefe kaum in Worte fassen kann: Mir wurden wundervolle Dimensionen des Ausdrucks meines Seins offenbart, gepaart mit dem unbeschreiblich schönen Gefühl, meine eigene, dem Verstand unvollkommen erscheinende Schöpfung einem Feld unermesslicher Liebe einzuverleiben. Meine Wortgewandtheit, meine Diplomatie und mein Wesen als Frau wurden geschätzt und geliebt und ich hatte mich aus freien Stücken in sexuellen Kontakt mit Männern begeben. So lernte ich ihre Sehnsüchte, Bedürfnisse und Schwächen kennen. Dies heilte einige der Erfahrungen aus vorangegangenen Inkarnationen.

Geschenk in diesem Leben

Ich erinnere mich gerne an den Moment des Entkörperns aus dieser Inkarnation und welcher Segen sich darin auftat.

Ich kann in meiner jetzigen Inkarnation einen liebevollen, akzeptierenden Umgang mit meinem Körper leben, auch wenn er Narben und Dellen hat.

51. Indigene Ureinwohnerin
Der große Geist trägt mich

In der nun folgenden Inkarnation würde mein Selbstausdruck mit der spirituellen Ebene und einem in der Liebe gereiften Herzen verschmelzen.

Rote Erde und heiße Sonne begrüßten mein Leben als Tochter des künftigen Häuptlings. Mein Vater war in unserem Stamm eine geachtete Autorität. Er strahlte Ruhe aus und Selbstbewusstsein. Dies ließ die Menschen sich bei ihm sicher fühlen. Seine Weisheit brachte fruchtbare Ergebnisse.

Zu ihm entwickelte ich die intensivere Bindung. Meine Mutter war eine reservierte Persönlichkeit ohne Gefühlsduseleien. Ihr Umgang mit mir gestaltete sich emotional kühl. Die mir eigene Introvertiertheit trug das Ihrige dazu bei.

Ich war schon ein paar Jahre alt, als mein Vater zum Häuptling ernannt wurde. Er trug fortan den großen Federschmuck. Seine Worte und Taten gaben der Entwicklung der Gemeinschaft einen Rahmen. Er wurde von den Stammesmitgliedern aufgesucht, um Weisung zu geben und um Streit zu schlichten, und er rief die Erwachsenen im Kreis zusammen. Dort ließen sie den großen Geist zu sich sprechen.

Ich selbst war in diesem Leben ein ruhiges, feinfühliges Wesen mit einem großen Herzen und von Natur aus eine Frühaufsteherin. Ich hatte eine schöne, volle Stimme und sang sehr gerne.

In unserem Volk verehrten wir die Sonne als unseren Vater. Irgendwann kam die Zeit, in der ich begann, mich außerhalb unserer gemeinsamen Rituale des morgens allein mit dem großen Geist zu verbinden und Vater Sonne anzusingen.

Jeden Tag vor Sonnenaufgang legte ich mein Lederkleid an, das mir bis zu den Knien reichte. Ich flocht mein glattes, dickes schwarzes Haar zu Zöpfen, befestigte eine Feder darin und schlüpfte in meine ledernen Mokassins, die bis über die Waden reichten und mit einem Bändel festgebunden wurden. Dann schlich ich leise aus dem Tipi hinaus. In jüngeren Jahren war es das meiner Eltern, später würde es ein Tipi sein, das ich mit meinem Mann, dem zukünftigen Häuptling, bewohnen würde.

In einiger Entfernung vom Tipidorf nahm ich erst einmal einen festen Stand ein und vertiefte mich genussvoll in das Gefühl, sicher von Mutter Erde getragen zu sein. Als nächstes wandte ich mich der Mondin zu und dankte ihr, dass sie in der Nacht über uns gewacht hatte. Nun begann ich, Mutter Erde zu danken, für mein Leben und dafür, dass ich und unser Volk und alle Menschen von ihr alles bekamen, was sie für ihre Existenz brauchten.

Ich dankte ihrem Wesen für seine Größe und die Güte, uns zu tragen und das Leben zu ermöglichen. Dann drückte ich meine Dankbarkeit aus für die Natur, die Nahrung, die wir aus ihr bekamen, für Kleidung, Feuer, Wind, Luft und Wasser, und für den großen Geist, der in allem lebt.

In dem Augenblick, in dem Vater Sonne aufzugehen begann, wandte ich mich an ihn. Für mich wohnte der ursächliche Schöpfergeist in ihm und durch sein Strahlen in allem, was existiert. Dadurch war alles mit diesem großen Geist verbunden.

Er ermöglichte das Wachsen und Gedeihen hier auf der Erde, und deshalb war es wichtig, ihn nicht zu verärgern und gut mit allem umzugehen. Ich war verliebt in diesen Moment der Einheit mit ihm, wenn das erste sanfte Licht den Himmel rötlich-golden färbte und im Tipidorf alles noch still war.

Während die Wärme begann, meine Haut zu berühren, dankte

ich dem großen Geist für alles, was er zu entstehen ermöglicht hatte und für mein Leben und fühlte eine tiefe Beziehung zu ihm.

Und dann tauchte ich tief in mein Inneres ein. Von dort begannen Töne aus mir heraus zu sprudeln, Melodien und Worte, die im Augenblick entstanden. Voller Inbrunst bot ich sie dem großen Geist dar.

Er war für mich ein Vertrauter, ein liebevoller und mächtiger geistiger Vater, mit dem ich sprechen konnte.

Ich sang ihm von meinen Sorgen, meinen Wünschen und Hoffnungen und fragte ihn um Rat. Und wenn ich lauschte, bekam ich Antworten.

Wenn Vater Sonne dann seine wunderbare Wärme vollends entfaltet hatte, stellte ich mir vor, dass er sagte: „Da bin ich und gebe deinem Leben Kraft. Ich werde dich den ganzen Tag begleiten, bis ich wieder sinke. So lange schaue ich auf dich herab und bin bei dir." Ich ließ meinen Blick wandern und nahm das Gefühl des Schutzes und der Begleitung für die Ereignisse des kommenden Tages tief in mir auf.

In der wunderbaren Weite vor mir befanden sich, etwas entfernt, Felsen aus ockerfarbenem Gestein, das sich in der Morgensonne zu färben begann. Ich ließ meinen dankbaren Blick auf die Welt ungehindert schweifen, denn außer ein paar Sträuchern, vereinzelten Bäumen und dem kurzen Gras der Prärie gab es nichts zwischen mir, den zerklüfteten Erhebungen und der aufgehenden Sonne. Dann kehrte ich zurück zum Tipi und packte, von Wärme, Liebe und Vertrauen durchströmt, den Tag an.

Mit meinem Vater und mit meiner Mutter tauschte ich mich nicht nur verbal, sondern auch auf telepathischem Wege aus.

Wenn ich von meiner Mutter im Geiste gerufen wurde, dann spürte ich, dass ich zu ihr zu kommen hatte. Wenn mein Vater unterwegs war, teilte er mir auf diesem Wege mit, wann er wiederkommen würde.

Irgendwann war ich alt genug für die Ehe. Die Stammesmitglieder suchten einen vitalen jungen Mann für mich aus, der von ihnen bestimmt worden war, der Nachfolger meines Vaters zu werden.

Mein Mann verhielt sich jedoch nicht so weise wie mein Vater. Er geriet des Öfteren wegen seiner Unbeherrschtheit in Konfliktsituationen, denn er hatte eine feurige Art und wollte vieles verändern. Irgendwann kam der Tag, an dem der große Federschmuck an ihn übergeben wurde, weil mein Vater in seinen wohlverdienten Lebensabend eintrat.

Mein Mann war stürmisch in seinem Vorgehen und häufig gab es Unstimmigkeiten mit den Ältesten. Er ließ sich auf Verbindungen außerhalb unseres Stammes ein, die Veränderungen brachten. Alkohol spielte dabei eine große Rolle.

Es kam so weit, dass ein Teil des Stammes dafür war, ihn durch einen anderen, traditioneller eingestellten Häuptling zu ersetzen. Aber er legte sich ins Zeug und sprach mit jedem einzelnen Stammesmitglied. Dabei zog er die jüngeren auf seine Seite, so dass im Großen Rat die Mehrheit entschied, ihn zu behalten.

Ich war nicht wirklich glücklich mit ihm. Er hatte vor lauter neuen Ideen zu viel Unruhe in sich, um sich mir in Zartheit zuwenden zu können und in vielen Dingen waren wir nicht einer Meinung.

Frauen hatten sich nicht in die Angelegenheiten der Männer einzumischen. Sie waren da, um die Kinder zu versorgen, das Essen zuzubereiten, sich um Kranke zu kümmern, Körbe zu flechten, Kleider zu nähen und spirituelle Rituale zu pflegen. Ich versuchte jedoch, ihm mit Sanftmut und Verständnis beizustehen und wurde nicht müde, Vater Sonne aus tiefstem Herzen um seine Segnungen für meinen Mann und unser Dorf zu bitten.

Wir waren schon eine Weile das Häuptlingspaar, als meine Mutter sich bereit machte, zu sterben.

Sie wurde in ein Sterbetipi gebracht. Dort knieten wir Frauen im Kreis um sie herum, räucherten und sangen. Wir hatten verschiedene Federn, die wir über ihrem immer schwächer werdenden Körper auf und nieder fächelten.

Es gab besondere Aufgabenbereiche. Diese wurden von verschiedenen Frauen angeführt, je nachdem, was für Begabungen sie in dieses Leben mitgebracht hatten. Zu jedem Bereich gehörte eine bestimmte Feder. Eine besonders imposante Feder hatte diejenige, die das Ritual anführte. Sie saß am Kopfende.

Ich erinnere mich an folgende Aufgaben, bei denen wir grundsätzlich die guten Geister, die Ahnen und Vater Sonne um Hilfe und Unterstützung baten:

- Die speziellen Ahnen und Geister zu rufen, die der Seele helfen würden, hinüberzugehen und dafür zu sorgen, dass sie bei der Seele blieben, bis der Übergang vollzogen war. Sie würden auf der anderen Seite die Seele den nächsten „Zuständigen" übergeben.

- Die Seele von den Lasten alter unverarbeiteter Erfahrungen so weit wie möglich zu befreien, indem wir die guten Seiten und Taten der hinübergehenden Seele priesen, sodass sie selbst des Guten in sich gewahr werden und sich entspannen konnte. Da wir einen großen Respekt vor jedem Lebensausdruck hatten, fanden wir immer etwas, das wir loben konnten.

- Den Raum rein zu halten, so dass keine „bösen" Geister Zugriff bekamen, die die Seele davon abhalten wollten, dort zu landen, wo sie gerne hinwollte (in lichtvolle Ebenen und nicht in die Hölle). Wenn sie sich bemerkbar machten, dann war unsere Aufgabe, sie wegzuschicken, indem wir ihnen befahlen, den Ort zu verlassen.

- Wenn, durch den Lebenswandel des Menschen bedingt, Energiefelder spürbar wurden, die durch disharmonische Handlungen und Gedanken entstanden waren (z.B. wenn jemand im regelmäßigen Alkoholrausch gewalttätig geworden war), dann sangen wir beruhigende Lieder und baten darum, dass sie aufgelöst werden mögen.

- Am Fußende baten wir die Seele, sich von der Erde zu lösen.

- Am Kopfende baten wir die Seele, den Geist freizugeben.

- In Brusthöhe baten wir die Seele, auszutreten.

- Wir reichten den Sterbenden schmerzstillende, beruhigende und bewusstseinserweiternde Tränke.

Mit all dieser Umsorgung halfen wir der Seele, sich vom Körper zu lösen und leicht in die andere Welt zu fliegen. Wir kümmerten uns also von der Erde aus bestmöglich darum, dass der Weg des Übergangs für die Seele geebnet wurde. Das ist nicht in allen Kulturen und unter allen Umständen der Fall.

Aus Sicht der Seele ist diese Begleitung schön und sinnvoll, aber auch wenn sie nicht diese Form der Wegebnung erfährt, lernt sie eben dort, wo sie landet, mit den Gegebenheiten umzugehen und bekommt dort ihre Hilfen. Es gibt die irdische Ebene, in der die

Dinge anders beurteilt werden als auf der seelischen. Es gibt zwar auch seelische Qualen, aber sie alle haben ihren Sinn und werden erlöst. Es ist einfach für alles, was ist, Liebe da.

Einige Zeit danach verstarb mein Vater. Zu Beginn des Rituals saß ich eine Weile bei den Männern, um die Ahnen, so auch meine Mutter, einzuladen. Dann musste ich das Tipi verlassen und mein Vater wurde ausschließlich von den Männern hinüberbegleitet.

Nachdem er seinen Körper losgelassen hatte, durfte ich wieder dazukommen, um seinen Geist auf dem allerletzten Stück der Reise zu begleiten und mich bei ihm und unseren Ahnen zu bedanken. Jetzt entfielen meine liebevollen Gespräche mit ihm und auch mein Mann konnte keine Rücksprache mehr mit ihm halten, sodass er noch mehr Entscheidungen traf, die die Kraft unserer Gemeinschaft erschütterten.

Sein Wesen ruhte nicht in sich. Aber ein großer Teil des Stammes ließ sich von seinen Reden und seiner Art mitreißen. Es blieb bei zwei Lagern: die einen, die ihm begeistert anhingen, und die anderen, die sich eine andere Führung wünschten.

Den Ältesten gelang es nicht, sich gemeinsam an den großen Geist anzubinden und eine Wendung der Stimmung herbeizuführen, denn einige waren dem Alkohol erlegen und nicht mehr in der Lage, ein klares Urteil zu fällen. Sie entschieden sich oftmals für den Erwerb von Spirituosen und für krumme Geschäfte mit den Andershäutigen.

Diese sprachen mit gespaltener Zunge: Was sie versprachen, hielten sie oft nicht. Und unser Volk war nicht geübt darin, diese bittere Eigenheit früh genug zu erkennen und entsprechend zu handeln. Manch ein Botschafter von uns kehrte nie mehr zurück.

Über viele Jahre lag eine spürbare Spannung in der Luft. An der Seite meines Mannes wurde ich melancholisch. Ich begann mich immer öfter vom Tipi wegzuschleichen und nutzte nun auch die Sonnenuntergänge für meine Andacht. Das waren die Momente, in denen ich mit überströmendem Herzen, in mir zentriert, zu singen begann. Ich legte all mein Weh, all meine Gedanken, all mein Fühlen, all meine Hoffnung und all meine guten Wünsche für mein Volk in meine Stimme und schickte die Klänge zur Sonne, die mir Halt und Kraft gab.

Dies trug mich durch mein Leben. Ich war noch nicht alt, als es Zeit war, diese Erde wieder einmal zu verlassen. Mit Rauch und singenden Federn wurde auch ich ins große weite Land begleitet.

Es war ein schönes Sterben. So wie wenn man einem Kind ein Schlaflied singt und es sich eingehüllt und sicher fühlt...

... dann lässt es den Schlaf zu und kann träumen.

Seelenerkenntnis

Es gibt ein energetisches Feld, aus dem Antworten kommen und das über mein Halschakra mit meinem Selbstausdruck verschmelzen kann. Die dadurch entstehenden Klänge wirken heilsam auf mich. Die bewusste Verbindung zu diesem Feld kann mich durch alles hindurchtragen.

Das besondere Seelengeschenk

Das Leben in einer indigenen Kultur und das Singen taten meiner Seele sehr gut. Durch mein morgendliches Ritual konnte ich mein Schicksal mit Sanftmut und Würde bewältigen.

Ich hatte schon in Inkarnationen zuvor Kontakt zu einer „höheren" Energie gehabt, z.B. als Tempeltänzerin, als Yogi und als Bastet- Priesterin. Der Unterschied zu dieser Inkarnation und meiner Kontaktaufnahme zu einer „Höheren Macht" lag darin, dass mein Herzzentrum in der Zwischenzeit weiter geöffnet war und ich die Verbundenheit mit den

Menschen um mich herum liebevoller, intimer und facettenreicher empfinden konnte. Die Liebe konnte meiner Umgebung somit noch intensiver
zufließen.

Geschenk in diesem Leben

Ich kann mich in Leichtigkeit einer höheren Macht öffnen und ihrer
Energie über meine Stimme und das Singen Ausdruck verleihen.

52. Mücke
Tanzen im Reigen

Meine schmerzhaften Erfahrungen mit der Uneinigkeit und den
Auseinandersetzungen meines Stammes sollten nun, wieder ein-
mal durch eine nichtmenschliche Inkarnation, auf wundervolle
Weise harmonisiert werden. Ich schlüpfte und breitete meine
Flügelchen aus.

Wie immer, wenn ich Flügel hatte, erinnerte ich mich für den
Bruchteil einer Sekunde daran, wie ich sie in der vorangegangenen
geflügelten Verkörperung bewegt hatte und orientierte mich. Denn
jedes Mal waren sie anders geformt, setzten am Rücken anders
an und auch die Art, sie zu bewegen, unterschied sich. Wenn ich
meine Flügel dann mit ein paar ersten Flügelschlägen ausprobiert
hatte, wurde ich eins mit der neuen Art der Bewegung und die
Erinnerung verblasste. Wie in allen anderen Inkarnationen auch
wusste ich intuitiv, was ich zu tun hatte, um zu leben.

Bei einem bestimmten Sonnenstand fand unser Schwarm
zusammen und tanzte umeinander herum, wie ich es einst als

Bewusstseinsteilchen im Farbenspiel mit den anderen Seelen-funken erlebt hatte: voller Entzücken, mich und mein Sein und die Umgebung mit innerer Leichtigkeit wahrnehmend.

Doch diesmal waren wir kleine Körperchen, die in der Luft mit ihren Flügelchen flatterten. Ich sah und spürte die Natur um mich herum, die Sonne, die Elemente, alle Wesen und ich fühlte die Energiequalität der Umgebung.

Ein großes Vergnügen waren immer die rituellen Treffen zum Morgengrauen und der Abenddämmerung, die sich, je nach Witterung, anders anfühlten. Es gab die Älteren, die schon früh am Platz waren und die restlichen zum Schwarm Gehörenden tele-pathisch zusammenriefen. Die jungen Mücken waren nicht immer so pünktlich wie die älteren, denn es kam vor, dass sie sich ein klein wenig zu weit entfernt hatten, weil sie noch lernen mussten, die Wegstrecke und ihre Flugkünste aufeinander abzustimmen.

Wenn wir zusammen tanzten, spürten wir uns intensiv als Gruppe. Um zur Nahrungssuche auszuschwärmen, löste die Gemeinschaft sich von ihrer Form und ich tauchte tiefer ein in das, was ich allein tat: Flüssigkeit von Pflanzen aufsaugen. Ich musste lernen, die Strecke einzuschätzen, wie weit ich mich vom Sammelpunkt ent-fernt hatte, denn irgendwann spürte ich einen Sog zur Gruppe, aber die Flugdauer war aufgrund der äußeren Einflüsse manchmal schwer einzuschätzen, und wenn ich ein wenig zu weit geflogen war, dauerte es etwas länger, bis ich wieder an Ort und Stelle war.

Der Wind war ein launiger Geselle. Regen und Staub konn-ten meine Flügelchen beschweren. All das beeinflusste meine Wendigkeit. Die neuen Gegebenheiten erforderten eine neue Art der Ausdehnung meines Bewusstseins über den eigenen Körper hinaus, um diese Einflüsse einschätzen zu lernen und eine inwendige Landkarte der Umgebung zu erstellen.

Ich war schon lange kein Schwarmtier mehr gewesen. Eine erhöhte Fähigkeit des Fühlens und des bewussten Verarbeitens war notwendig, ein Ausdehnen meiner Wahrnehmung bis in die Gruppe hinein. Den Zeitpunkt für den Aufbruch sagten mir die Natur und ein spürbarer Zug hin zu meiner Familie. Ich fand immer heim zu ihr.

Meine Erfahrungen der Auseinandersetzungen innerhalb meines Stammes in der vorherigen Inkarnation wurde so auf wundervolle Weise harmonisiert.

Seelenerkenntnis

Schwarmverhalten hat eine wunderschöne eigene Dynamik, in der ich mich auf eine besondere Weise leicht und geborgen fühlen kann.
Ich tanze gerne bei Morgengrauen und in der Abenddämmerung.

Das besondere Seelengeschenk

Die telepathische Verbindung zu meinen Mücken-Geschwistern.
Das Gefühl der Leichtigkeit und Unbeschwertheit.

Geschenk in diesem Leben

Mich an das wundervolle Gefühl unserer gemeinsamen harmonischen Tänze zu erinnern.

7. Chakra
Stirnzentrum
Intuition, Erkenntnis, Visualisierung

Ich begann, mich mit den Themen des Stirnzentrums auseinanderzusetzen. Dort ging es darum, die persönliche Liebe mit
der überpersönlichen, göttlichen Liebe zu verbinden. Ich lernte, in
Kontakt zu treten mit den spirituellen Kräften, dem Geist in allem
und seinen Möglichkeiten.

Das führte mich zu einem tieferen Verständnis der Geistigen
Ebenen und zu ihrer Integration in mein Leben.

Auch lernte ich das Feuerelement und seine transformierenden
Kräfte aus verschiedenen Perspektiven kennen.

53. Grashalm
Ein Stück kürzer gemacht werden

Und dann war es ein Grashalm, dessen Leib ich bewohnte.
Meine vorangegangenen Inkarnationen hatte ich wieder einmal
vergessen. Auch in diesem Seelenkleid konnte ich fühlen und mit

meinem Seelenauge sehen... genau wie als Seelenfunke, als Baum, als Stein oder als alles andere.

Meine Erinnerung beginnt da, wo ich anfange zu wachsen. Auf einem abschüssigen Hang, andere Gräser, Blumen und Kräuter um mich herum. Es herrschte ein Klima mit Frühlings-, Sommer-, Herbst- und Winterbedingungen.

Die Sonne brannte in den warmen Monaten nicht allzu heiß, die Winter waren mäßig kalt. Es regnete genügend, so dass die Natur saftig und üppig sein konnte.

Am Anfang nahm ich vorrangig den Erdboden wahr, in dem ich wurzelte. Ebenso den unteren Teil der mich direkt umgebenden Gräser und eine Fülle feinstofflicher Vibrationen.

Ich fühlte mich von ihnen umringt, wohl und geborgen. Eine sich täglich verändernde Wahrnehmung ergab sich durch das schnelle Wachstum. Es dauerte nicht lange, bis ich zwischen den Gräsern hindurch bis zum Wald sehen konnte.

Die gesamte Natur und ihre feinstofflichen Wesen bescherten der Wiese eine Fülle an Leben. Ich nahm sie wahr wie eine zu einer wundervollen Symphonie verschmelzende Komposition, in der jeder Ausdruck seinen Beitrag leistete, sodass ich mich als Grashalm mit unvergleichlichen Eindrücken beschenkt fühlte. Die nicht stofflichen Wesen waren wie selbstverständlich in meinem Gewahrsein, so wie die Luft zum Atmen.

Sie hatten keine konkreten Formen, sondern waren wie eigene Realitätsebenen und ich interagierte mit ihnen selten über einen verstandesmäßigen Kontakt. Es war wie ein Musikstück, in dem die Pauken das materielle Geschehen darstellen und die Geigen das feinstoffliche. Alles klingt und schwingt miteinander.

In sprachlichen Kontakt mit den Virtuosen kommt man jedoch erst dann, wenn die Kommunikation auf eine andere

Ebene wechselt. Ansonsten genießt man einfach das gemeinsame Erklingen.

Sanft wurde mein Graskörper von der sich bewegenden Luft gewiegt, ab und zu von prasselndem Regen massiert, in manchen Zeiten von Schnee bedeckt.

Entsprechend der Schlichtheit meiner Körperform waren auch meine Empfindungen und Gedanken einfach und leicht. Ich konnte mein Sein, die Natur und ihre Einwirkung auf mich genießen. Wenn ein Grashüpfer mich als Landeplatz wählte oder ein umherlaufendes Tier mich streifte, kreuzten sich spürbar unsere Seelenwege.

Alles war friedlich, ohne große Vorkommnisse, und trotzdem war immer etwas los. Ich war glücklich damit. Bis sich etwas rigoros veränderte.

Eines Tages betrat ein Mann den Hang. Er hatte einen Schlapphut auf und ein langes Ding in der Hand, mit dem er sich Schritt für Schritt nach vorne bewegte und es nah über dem Boden hin und her schwang. Eine besondere, noch undefinierbare Energie ging von diesem Vorgang aus. Viele Wesen der Wiese gerieten in Unruhe.

Was es für mich bedeuten würde, dass die Umgebung sich unter seiner Hand zu verändern begann, konnte ich zu diesem Zeitpunkt noch nicht ahnen. Aber irgendwas lag in der Luft. Als der Mann bei uns angekommen war, spürte ich, wie plötzlich eine enorme Wucht auf meinen Körper einwirkte.

Nachdem ich mich besonnen hatte, versuchte ich zu erfassen, was geschehen war, und merkte, dass ein ganzes Stück von mir fehlte, so wie bei den anderen um mich herum auch. Es war nicht schmerzhaft. Ich fühlte mich einfach ungewöhnlich an. Und das gefiel mir im ersten Moment ganz und gar nicht, denn ich begriff:

Meine Genussfläche war kleiner geworden!

Mit dem Wachstum hatte ich mich so schön daran gewöhnt, immer mehr von der Schwingung meiner Umgebung über meinen Körper wahrnehmen zu können. Und jetzt war da nur noch so ein kleines Stümpflein, das sich nicht einmal mehr recht im Wind wiegen konnte... Sowas aber auch!

Da begab ich mich aus meinem „Glückselig-im-Wind-wiegen"-Zustand hinaus. Ich mobilisierte all meine Gedankenenergie und wandte mich fragend an die Umgebung: „Was war denn das?"

Nicht nur ich wunderte mich, denn es gab ja auch andere frische Gewächse, die diesen Zustand zum ersten Mal erlebten. Rundherum wurde diese Frage aufgenommen.

In diesem Augenblick geschah etwas Wunderschönes. Es war, als öffnete sich ein Tor und ich nahm liebevolle Zuwendung und tröstende Energien wahr. Ich sah Feen in Form von bunten Lichtkugeln um mich herum schweben. Sie tanzten beruhigend auf und nieder.

Elfen bildeten Farbspiele aus zarten Farbschwaden in pastellenen, durchscheinenden Lila- und Blautönen, die sanft über die Wiese glitten.

Gnome, Zwerge und Wichtel - ich nahm sie alle als Energiepersönlichkeiten wahr und nicht als konkrete Gestalten - blieben eher zurückhaltend und nüchtern diesem Ereignis gegenüber.

Ich spürte die sanfte Freundlichkeit der älteren Gewächse auf mich einwirken. Sie alle teilten mir wie im Chor mit, dass dies immer so sei, wenn der Mann mit dem Gegenstand auftauchte, da würde ich mich wohl dran gewöhnen müssen.

Die sich gleichzeitig öffnenden Informationsebenen wurden zu einem Rausch an Eindrücken. Unsere telepathische Kommunikation war bis dahin nicht konkret gewesen, aber in diesem Fall mobilisierten wir alle gleichzeitig unsere Gedankenenergien, um

Informationen fließen zu lassen.

Dies war kein Zustand, um ihn länger aufrecht zu erhalten, wir alle würden schon bald wieder sanft in den Genuss des Einfach-Seins zurückgleiten, des wertfreien Erfassens der Qualität eines jeden Augenblicks. Aber es war auf wunderbare Art und Weise eine Antwort auf unsere Frage.

Danach begaben wir uns wieder zurück in die glückselige Stimmung des Genießens der gewählten Verkörperungsform, während die natürlichen Gesetzmäßigkeiten weiter alles erledigten, ohne dass wir uns darum kümmern mussten.

Die feinstofflichen Wesen nahm ich nun wie eine Art zarten Klangteppich wahr, das Tor der konkreten Kommunikation hatte sich wieder verschlossen.

Da mein Lebenssaft und meine Lebenskraft weiterhin in mir strömten, wuchs ich erneut zu einem vollständigen Grashalm heran. Mit jedem neuen Stückchen erlangte ich nach und nach wieder meine volle Genussfähigkeit.

Der Mann mit dem Schlapphut betrat ab und zu den Hang. Es dauerte eine Weile, bis ich begriff, dass nur, wenn er die Sense in der Hand hatte (dabei regnete es nie), Gefahr von ihm ausging.

Ich wusste mittlerweile, was uns erwartete, wenn es so weit war, und dass wir wieder ein Stück kürzer gemacht werden würden, und klinkte mich ein, wenn die einen oder anderen „Neulinge" ihre Verwunderung in den Äther warfen.

Wir mussten uns alle mit dieser Unterbrechung unseres Wahrnehmungsvergnügens arrangieren und sie hinnehmen.

Was willst du auch sonst machen, als Grashalm auf der Wiese?

Ich gewöhnte mich daran, bis ich auch diesen Körper verließ und wieder in das Nichts und Alles einging.

Seelenerkenntnis
In Notsituationen unterstützt sich die Natur auf ihre Weise.

Das besondere Seelengeschenk
Die Faszination des Augenblicks, als das Tor sich öffnete, meine Wahrnehmung sich veränderte und die Kommunikation zwischen der mich umgebenden Natur und den Naturwesen auf eine anders sichtbare und konkret verbale Ebene gewechselt hat.

Es war meine erste nicht menschliche Inkarnation, während der ich in einem größeren Umfang in einen zielgerichteten Informations-Austausch mit meiner Umgebung trat.

Geschenk in diesem Leben
Die spirituelle Dimension aus Sicht eines Grashalmes zu kennen. Die Erinnerung an den Trost und das gemeinschaftliche Gefühl, als das Tor aufging, war anders als wenn ich zwar als Seele, aber durch den Filter menschlichen Bewusstseins die Naturwesen wahrnehme.

Jetzt denke ich darüber nach, wie es ist, wenn man als Gewächs auf einer Wiese lebt, auf der Kühe grasen, oder wie es ist, wenn Hecken oder Blumen geschnitten werden, ob dann auch so ein Aufruhr entsteht.

Fassen wir meine bisherigen Erinnerungen zusammen: Als Alge habe ich meine Algenkörper-Veränderungen zwar registriert, sie taten aber nicht weh und störten mich auch nicht, deshalb blieb ich innerlich ruhig. Als Baum haben Ziegen mich angeknabbert oder auch mal Menschen etwas in mich hineingeritzt, aber das konnte ich gelassen hinnehmen, denn es tat nicht so weh, wie es einem Menschen weh tun würde. Ich fühlte die Verletzung meiner Rinde und mochte sie nicht sonderlich, weil sie Unruhe in mein System brachte. Aber meine Zellen haben aus dem inneren Kompass des Harmonieempfindens und des Ausgleichs heraus sich entsprechend verhalten und es geschahen Prozesse, um mich zu schützen. Ich blieb, als das Wesen Baum, ganz. Als Grashalm empfand ich die Verletzung darum so stark, weil sie einen Großteil meines Körpers betraf und meine Wahrnehmung von mir selbst sich dadurch stark verändert hatte. Das war erst einmal ein kleiner Schock für mich.

Empfand ich in dieser konkreten Situation als Grashalm so, weil ich schon so viele menschliche Seelenerinnerungen abgespeichert hatte? War es, weil ich in meiner Mensch-Seele-Entwicklung beim dritten Auge angekommen war und diese so vielfach vernetzten und ineinander verschachtelten Entwicklungswege sich dermaßen gegenseitig beeinflussen, dass genau in diesem Moment eine veränderte Sicht möglich war, und dass jeder Grashalm diese Situation ein wenig anders empfunden hat?

Ich kann nur meine lebhaften Erinnerungen und Empfindungen niederschreiben, eine Erklärung dafür habe ich aber nicht.

Es zeigt mir nur wieder einmal mehr, dass alles in alle Richtungen unsagbar mehr verwoben ist, als wir bisher beweisen oder messen können.

54. Rothaarige Jungfrau
Bekanntschaft mit dem Feuer

Ich war wieder eine Frau. Diesmal hatte ich rote Haare und war vom Wesen her temperamentvoll und eigensinnig.

Zu dieser Zeit waren das keine guten Voraussetzungen, um friedlich zu leben. Die Menschen hatten nach wie vor die Angewohnheit, solche wie mich als Hexen zu verbrennen. So war auch ich eines Tages an der Reihe.

Ich bin ungefähr 17 Jahre alt. Ich sehe mich in meinem braunen, geschnürten Kleid, wie ich von zwei starken Männern auf ein Podest gezerrt werde, auf dem ein Baumstamm aufgerichtet ist. Daran binden sie mich fest. Um mich herum liegen Holzscheite und Reisig.

Ich tobe, ich schreie, ich fluche, biege meinen Körper und werfe meinen Kopf von links nach rechts. Eine Menge Schaulustiger steht drumherum und sieht zu. Manche neugierig, andere schadenfroh, wieder andere boshaft. Manche befeuern die Situation und schreien. Dann wird der Scheiterhaufen angezündet. Ich habe unermessliche Angst.

Die Hitze wird schnell unerträglich. Das Feuer beginnt meine Kleider zu erfassen und dann meinen Körper. Es kriecht an mir herauf.

Doch schon der erste heftige Schmerz weicht Gefühllosigkeit. Dann sehe ich mich von oben, sehe, wie mein Körper sich biegt und schreit, aber ich fühle ihn nicht mehr.

Nach einer Weile dreht meine Seele sich über den Punkt links unter dem Schlüsselbein spiralförmig aus meinem brennenden Leib heraus, und da setzt die Erinnerung ein: „Jetzt stirbst du... das kennst du schon, das hast du doch mittlerweile hunderte Male gemacht...“

Von jetzt an ist es leicht, ich weiß, wohin es geht. Zuerst komme ich in eine Ebene, in der ich mich nicht sehr wohl fühle: emotional leer. Dröhnende Maschinengeräusche in unterschiedlichen Rhythmen und Tonhöhen wummern in meinem feinstofflichen Seelenohr.

Ich spüre weiterhin die mir bekannte Bewegung meines Energiekörpers nach oben und frage mich, wie lange es dauern mag, bis ich durch diese Ebene hindurchgeglitten sein werde. Aber ich habe keine Angst, weil ich weiß, dass ich bald im Licht sein werde.

Irgendwann verlasse ich die Ebene der Maschinengeräusche und werde von meinen verstorbenen Großeltern und liebenden Engeln in Empfang genommen.

Durch eine wunderschöne Landschaft mit sanften Hügeln und einem klaren, erquickenden Bach werde ich von ihnen in einen aus leuchtenden, feinstofflichen Kristallbögen bestehenden Heilungstempel geführt, in dem ich mich ausruhen kann...

...und erfahre wieder einmal wie unermesslich geliebt und umsorgt wir sind.

Seelenerkenntnis
Je öfter ich sterbe, umso leichter wird es.

Das besondere Seelengeschenk
Ich habe mich in dieser Inkarnation der hautnahen Bekanntschaft mit dem Feuer ausgesetzt. Ein Schritt auf dem Weg, es genauer kennenzulernen... Ich will als Seele eben viel erforschen...

Geschenk in diesem Leben
Zu wissen: Die Interpretation der ewig nachschwingenden Ereignisse und die daraufhin entstehenden Empfindungen wandeln sich im Laufe der Entwicklung; „negative" Erlebnisse werden geheilt und das Gefühl zu ihnen verwandelt sich.

Ich erinnere zwar die ursprüngliche Empfindung, aber ihre Schmerzhaftigkeit verblasste. Sie wurde im Laufe der Zeit verändert durch göttliche Heilung, Liebe, Vergebung, Erkenntnis und neue, heilsame Erfahrungen.

Die lebhafte Erinnerung an die sofortige Erkenntnis: „Das hast du schon hunderte Male gemacht", ist wieder eine bestätigende Erinnerung daran, dass ich in keiner Situation Angst vor dem Sterben haben muss.

55. Feuerbewusstsein
Ich transformiere

Und dann durfte ich erleben, wie es ist, selbst ein Feuerwesen zu sein. Mein Flammenkörper entstand an einem eigens dafür sorgfältig aufgeschichteten Holzhaufen. Dieser war errichtet worden, um Freude zu bereiten. Das merkte ich daran, dass die Leute friedlich drumherum standen.

Während sich die Flammen immer weiter ausdehnten, wurden die Seelen gerufen, welche diese belebten. Das Feuer hatte schon einen Teil des Holzes ergriffen, als ich dazukam, um in einem magischen Tanz meines Feuerkörpers gemeinsam mit den anderen Feuerwesen flackernde Feuerzungen zu bilden.

Je mehr sich das Feuer ausbreitete, umso mehr Wesen erwachten in das Feuerbewusstsein hinein, wo auch immer sie sich zuvor befunden hatten. Ich war, so wie ich es bei dem Einzug in ein Element bisher immer erlebt hatte, wieder einmal einfach da.

Von der göttlichen Ordnung ins Leben gerufen, um eine neue, inspirierende und erfüllende Erfahrung zu machen. Der Tanz meiner lodernden Bewegungen, die schnellen Ausformungen meiner Flammenzungen und ihr blitzartiges Sich-Zurückziehen, um in einer anderen Form wieder aufzulodern, ließen mich spüren, dass ich zwar ein Feuerbewusstsein war, jedoch auch, dass eine unsagbar kraftvolle Matrix von Gesetzmäßigkeiten meine Bewegungen lenkte. Ich brauchte einen winzigen Augenblick, um mich an die schnelllebige Beschaffenheit meines diesmaligen Seelenkleides zu gewöhnen.

Wie immer bei dem Einzug in eine neue Ausdrucksform gab es einen kurzen Moment der Orientierung: Wie ist mein

Körper beschaffen? Wie fühle ich mich darin? Wie ist das Bewegungsverhalten? Ein derart von innen heraus bewegtes und energiegeladenes Seelenkleid hatte ich noch nicht besessen.

Ich konnte die mächtige, zerstörerische Kraft spüren, die jedem noch so winzigen Feuerzünglein in jedem Augenblick meines Daseins zugrunde lag. Gleichzeitig erfasste ich sowohl meinen abgegrenzten Lebensraum als züngelnde Flamme, als auch das gesamte Flammenmeer und die Umgebung.

Ich spürte mich selbst, die anderen Feuerwesen, das Holz, und wie es unter meiner Einwirkung trocken und mürbe, zu Glut und später zu Kohle wurde. Während mir bewusst war, große Hitze zu sein, fühlte ich mich wohl dabei, mich selbst als hochverdichtete Energie in unablässiger Bewegung mit hohem Potential zu erleben.

Es war ein Dasein von immens transformierender Intensität. Ich erfasste, dass es ebenso in meiner Umgebung wirkte, denn ich konnte die Gedanken und Gefühle der Menschen um mich herum als energetische Informationsfelder wahrnehmen, die wir durchzüngelten.

Auch das im Menschen selbst vorhandene Feuerelement begann mit uns zu schwingen, was sich anfühlte, als würden wir in Gleichklang kommen mit einer den Menschen ausmachenden, übergeordneten ätherischen Substanz. Obwohl die Umstehenden sich „nur" an mir wärmten, konnte ich spüren, wie ich mich mit Anteilen ihrer Gefühls- und Gedankenenergien verband und diese verwandelt wurden, und wie der Bereich um das Feuer herum und auch das Innere der Menschen verändert wurden.

Je mehr ein Mensch bereit war, Transformation zuzulassen, umso mehr ließ er von Altem los und umso mehr wurde mein Feuerbewusstsein mit immaterieller Nahrung gefüttert. Das energetische Feld der Menschen veränderte sich durch unsere Kraft und Bewegung. Es wurde lichter und freier. Gleichzeitig nahm ich die Verbindung wahr zu der ätherischen, lebenspendenden feurigen Essenz in allem Leben, die mit ihrer Qualität alles durchwirkt, weil sie Geist ist.

Ich selbst, als das Feuer, das ich war, begann meine Existenz immer mehr zu genießen, je mehr ich mich an meine Daseinsform gewöhnte. Bis ich zur Glut wurde und dann, als ich ganz erstarb, entwich.

In diesem Augenblick dachte ich ehrfürchtig: „Das war eine äußerst machtvolle Erfahrung."

Seelenerkenntnis
Im Feuer wirkt eine Kraft, die besondere Fähigkeiten hat.

Das besondere Seelengeschenk
Diese Macht zu erleben, während ich nichts bewusst veranlasse, sondern gelebt werde.

Geschenk in diesem Leben
Die machtvolle und transformierende Erfahrung, die ich als Feuer machen durfte, hat mir ein tiefes intuitives Verständnis für seine feinstoffliche Wirkkraft geschenkt.

Ich beobachte, dass, da wir alle Elemente auch energetisch in uns tragen, wir uns die reinigende Tätigkeit eines Feuers lediglich vorzustellen brauchen, um Dinge auf der feinstofflichen Ebene verwandeln zu können.

56. Schamane
Heilsame Einsamkeit

Ich wurde ein Schamane, der allein lebte.

Meist streifte ich umher, sammelte Steine, Stöcke, Federn, Kräuter und alles, was ich brauchen konnte, um ein Medizinrad zu legen. So oft wie möglich ließ ich in vollendeter Hingabe eines entstehen, wo auch immer ich das Gefühl hatte, dass ein Platz Heilung ersehnte oder wo energetische Knotenpunkte Unterstützung brauchten, um in ihrer Wirkkraft gestärkt zu werden.

Ich spürte das Wirken des Geistes in meinen Tätigkeiten und konnte die Veränderungen in den Energieebenen wahrnehmen, die durch meine Ausrichtung und Tätigkeit entstanden.

Die Räder legte ich nicht für einzelne Menschen, sondern dafür, die Brücken zwischen dem Diesreich und dem Andersreich auszubauen, denn ich sah die Zukunft und die bevorstehenden Herausforderungen der Menschheit.

Durch meine Einsamkeit konnte ich mich vollkommen meiner heiligen Aufgabe widmen. Ich wurde eins mit ihr.

Ich vollzog Rituale, um die guten Geister zur Unterstützung für Mutter Erde und die herannahende Aufgabe zu rufen, gemeinsam mit den Menschen in ein neues, geistiges Zeitalter einzutreten. Dazu verband ich mich mit Mutter Erde und den Elementen, mit den Tiergeistern, den Steinkräften, den Qualitäten der Himmelsrichtungen, der Materie und dem Äther, mit Vergangenheit, Gegenwart und Zukunft.

Ich sang und trommelte mich in Trance und liebte es. Am liebsten legte ich das Medizinrad auf der mit Gras bewachsenen Kuppe eines kleinen Berges mit Blick über Wald und Täler. Dort fühlte ich mich besonders frei, mit allem verbunden und dem Himmel nah.

Dort legte ich auch, an einem windstillen Tag, mein letztes, besonders schönes und aufwendiges Medizinrad, neben dem ich mich am Ende meines Lebens niederlegte.

Ich positionierte zutiefst andächtig Steine, Kräuter und Federn, die in acht Himmelsrichtungen ausgerichtet waren, sowie einen besonderen äußeren Ring: den für das Totenreich. Diesmal platzierte ich eine Feder in der Mitte.

Am Ende des Rituals legte ich mich nieder, schlief ein, und meine Seele flog, leicht wie diese Feder, davon.

Seelenerkenntnis
Wenn ich mich mit der feinstofflichen Welt und der Natur verbinde, bin ich nicht allein. Dann kann ich meine Einsamkeit genießen und nutzen.

Das besondere Seelengeschenk
Eine wunderbar leichte, friedvolle Inkarnation mit viel Zeit dafür, die Verbundenheit zur feinstofflichen Welt und der Natur zu erleben und der Schöpfung zu dienen.

Geschenk in diesem Leben
Ich kann in mir den Unterschied wahrnehmen zwischen meinen ersten Inkarnationen und dieser hier, in der die Verbindung zu allem was ist, ungehindert spürbar war. In meinen ersten Inkarnationen waren meine Wahrnehmungskanäle weder für feinstoffliche Energien noch für eine allumfassende Form der Liebe geöffnet. Deshalb kann ich verstehen, wenn man mit spirituellen Erlebnissen gar nichts anfangen und sie weder glauben noch begreifen kann.

57. Raubvogel
Die Magie des Herabstürzens

Diesmal schlüpfte ich aus einem Ei, in dessen Nest, hoch oben auf dem Nadelbaum, schon ein paar blinde Knäuel, meine Geschwister, auf mich warteten.

Unser Heimatbaum war ein Nadelbaum, nahe dem Waldrand, so dass wir einerseits geschützt waren und andererseits, von der angrenzenden Wiese her, gut einfliegen konnten.

Meine Eltern, prächtige, große Vögel, fütterten uns hingebungsvoll. Wir wuchsen schnell heran und entwickelten unser Federkleid. Nach ein paar Wochen war der Erste von uns so weit.

Er wurde von unserer Mutter sanft, aber bestimmt, aus dem Nest geschoben und seinem Instinkt überlassen. Unser Vater saß beobachtend in einem nahen Baum, bereit einzugreifen, wenn es nötig würde. Ein, zwei Tage später wurde das nächste Geschwisterchen aufgefordert, zu fliegen, und so fort.

Dann war ich an der Reihe. Sanft stupste der Schnabel meiner Mutter mich zum Rand des Nestes und ich wurde mit einem liebevollen Schub dem Luftelement übergeben. Dies musste so sein, daran gab es keinen Zweifel. Es war eine Initiation. Wir wurden flügge.

Instinktiv breitete ich meine Flügelchen aus, die ich schon eine Weile im Nest trainiert hatte, und vertraute mich der intuitiven Führung meines Körpers an. Spannung und Entspannung bis hin zu den kleinsten Muskeln erzeugten teilweise subtile Veränderungen in meiner Körperform und nahmen Einfluss auf meine Flugbahn. Ganz natürlich nutzte ich feinste Impulse, um meinen Körper innerhalb unterschiedlicher Luftdruckverhältnisse und Strömungen zu steuern.

Das Gefühl zu fliegen war herrlich. Wir brauchten ein paar Tage, bis wir in unsere Flugfertigkeiten so hineingewachsen waren, dass wir selbst Nahrung finden konnten. Bis dahin wurden wir von unseren Eltern weiterhin liebevoll gefüttert.

Ich genoss das Schweben und wie die Baumwipfel, die Felder und Wiesen unter mir hinweg glitten, während die Luft meinen gefiederten Körper sicher trug. Ich wurde Meister darin, ihn in seinen winzigsten Nuancen zu beherrschen. Ich fühlte mich frei und unbeschwert. Unbegrenzt. Eins mit allem. Mit der Zeit wuchs ich zu einem kräftigen Raubvogel heran.

Derweil meine Sehkraft immer stärker wurde, perfektionierte ich die Fähigkeit, von hoch oben Beute zu fixieren und nahezu in der Luft stehend über der Stelle zu schweben, wo sie sich unter mir bewegte.

Pfeilschnell konnte ich herabstürzen, um sie zu ergreifen. Sicheres Zielen und Zupacken. Es war alles angelegt in mir.

Jede Flugbewegung hatte ihre eigene Qualität der Empfindung. Während das absichtslose Fliegen einfach nur Freude bereitete, waren die Nahrungssuche und das Jagen von höchster Konzentration begleitet. Wenn ich in den Jagdmodus wechselte, sah ich die Farben anders. Die Umgebung erschien in einem eher braun-gräulichen Farbton, wohingegen meine Beute eine blaue Leuchtkraft bekam. Dies ermöglichte mir, sie zu fokussieren und ihre Bewegungen exakt von der restlichen Umgebung zu unterscheiden.

Über meiner Beute schwebend nahm ich Kontakt zu ihrem Bewegungsmuster auf. In dieser Phase war es wichtig, sie nicht durch meine Regungen aufzuschrecken und innerlich neutral zu bleiben, damit ich nicht zu früh bemerkt wurde.

In dem Moment, wenn ich eins mit meiner Beute wurde und zum Herabschnellen bereit war, schaltete etwas in mir um. Meine Muskeln bekamen einen besonderen Tonus und die irdische Schwerkraft fühlte sich verändert an.

Ich sah nicht mehr meine Umgebung, sondern einen schwarzen Tunnel. Auch die Beute war für diesen kurzen Augenblick nicht mehr Gegenstand meiner Wahrnehmung.

Es fühlte sich an wie ein Zeittunnel, in dessen Gesetzmäßigkeiten ich mich hineinbegab. Mein Körper, mein Geist, mein gesamtes Wesen wurden in einen nur für die Phase des Herabstürzens für mich zugänglichen, übernatürlichen Zustand versetzt. Alles andere war ausgeblendet.

Mit hoher Geschwindigkeit sauste ich durch einen dunklen, von Lichtblitzen durchwirkten Schlauch aus Energie wie in einem Sturzflug durch andere Dimensionen, in denen nichts Irdisches mehr von Bedeutung war. Ich fühlte mich losgelöst von irdischer Schwere und gleichzeitig in besonderer Weise mit einem universalen Raum verbunden.

Es gab nur noch diesen Moment der veränderten Gesetzmäßigkeiten und die in der Schwärze an mir vorbeirauschenden Lichtblitze und das Gefühl von Magie. Unbeschreiblich schön!

Sobald ich unten ankam, wurde dieser Zustand aufgehoben. Der Tunnel löste sich auf und alles Weitere geschah wie von selbst. Wenn ich die Beute erwischt hatte, was meistens, aber nicht immer gelang, durchströmte mich Dankbarkeit.

Ich liebte diese magischen Zustände sehr. Trotzdem kam ich nicht auf die Idee, nur um des wunderbaren Erlebens wegen mehr zu jagen, als ich brauchte.

Mit der Zeit wurde es Herbst und ich spürte, wie mein Federkleid dichter wurde. Dann kam der Winter. Erstaunt stellte ich fest, dass ich nicht zu frieren begann, so wie es in meinem vorigen Leben der Fall gewesen war, wenn es Winter wurde. Es war wieder einmal einer dieser kurzen Momente, in denen meine Seele die Körper-Erinnerung an eine vorherige Inkarnation freigab.

Die Luft um mich herum kühlte immer mehr ab. Die Landschaft wurde weiß, die Gewässer froren zu Eis. Das Grün der Nadelbäume schien hier und da unter den Schneedecken hindurch.

Es wurde schwerer, Beute zu erjagen, weil sie unter der weißen Decke für mich nicht erreichbar war. Ich suchte da, wo noch Erde zu sehen war, nach kleinen Lebewesen wie Würmern, die ich ver-speisen konnte, oder Aas. Das schmeckte mir nicht so gut wie die frische Beute.

Als nach Wochen die Schneedecke den Erdboden wieder freigab und die Erde an Festigkeit verlor, kamen die kleinen Tiere wieder hervor und die Nahrungsaufnahme wurde leichter.

Dieses Spiel ging Jahr um Jahr. Und jedes Mal, wenn die Schneedecke sich öffnete, freute ich mich, dass die Zeit des Jagens auf dem Feld, aus dem Sturzflug heraus, wieder beginnen konnte.

Ein paar Jahre später gründete ich eine Familie. Auch unser Nest befand sich sicher am Waldrand im hohen Wipfel eines Baumes. Die Kurve, in der ich es anflog, war immer nahezu die gleiche, denn auf dieser Flugbahn konnte ich ungehindert durch die Äste hin-durch auf dem geeignetsten Platz landen. Das erforderte Geschick, denn ich war zwar wendig, aber eben auch groß.

Auch meine Kleinen lernten das Fliegen so wie ich und das Vogelleben nahm seinen Gang. Jahr für Jahr. Bis das Jagen schwerer wurde und die Faszination des Fliegens einer inneren Müdigkeit wich.

Irgendwann schlief ich ein und wachte nicht mehr auf.

Seelenerkenntnis

Es gibt nicht nur im Hinblick auf die Langsamkeit, wie ich sie als Schildkröte erlebt habe, eine besondere Zeitwahrnehmung, sondern auch im Hinblick auf die Beschleunigung in meinem Leben als Raubvogel. Unterschiedliches Zeiterleben unterliegt magischen Dimensionen. Zeit ist eine Art Mysterium, das über das Messbare hinausgeht und Raum für Wunder, Unvorhersehbares und unerklärliche Erfahrungen lässt.

Das besondere Seelengeschenk

Der magische Sturz durch den Zeittunnel war unbeschreiblich faszinierend.

Geschenk in diesem Leben

Das gleitende Fliegen war sehr schön. Ich tauche gerne in die Leichtigkeit und Freiheit ein, die ich dabei empfunden habe.

Die Erinnerung an den Sturz durch den Zeittunnel ist wieder einmal eine einem menschlichen Körper so nicht zugängliche Erfahrung. Die Magie entstand nicht durch die Geschwindigkeit an sich, sondern durch die Öffnung meiner Wahrnehmung für Zeitdimensionen im Augenblick des Herabstürzens. Diese Erfahrung gibt mir eine weitere Idee von dem Wunder der Schöpfung, der Zeit und der Relativität des Zeitempfindens.

58. Virus
Die Seele bestimmt

Es wird ja diskutiert, dass ein Virus kein eigenes Lebewesen sei, weil es keinen Stoffwechsel betreibt und nicht atmet, oder sogar, dass es überhaupt keine Viren gäbe. Aus meiner Erfahrung kann ich sagen, dass alles ein eigenes, lebendiges Bewusstsein hat. Auch das, was ich war.

Ich nenne es hier Virus, weil das, was ich erlebt habe, unserer wissenschaftlichen Beschreibung entspricht.

Ich kann mich daran erinnern, wie es sich anfühlte, mit dem Blut durch den Körper transportiert zu werden. Wie ich in der Blutflüssigkeit schwimme und Blutplättchen an mir vorbeiziehen sehe. Ich selbst habe mich durchaus als Lebewesen empfunden.

Ich nahm nicht nur mich und meine unmittelbare Umgebung wahr, sondern spürte meinen Wirt, den Menschen, sowohl als physische Manifestation als auch die ihn durchdringenden Energiefelder, die durch seine Gedanken und Emotionen entstanden.

Es fühlte sich so an, als ob in seiner Persönlichkeit eine gewisse Korrektur notwendig war, damit er sich weiterentwickeln konnte. Es herrschte Weichheit in einem Teil seines Wesens, wo ein klares NEIN nötig gewesen wäre, jedoch nicht möglich war. Von dort bekamen wir Raum, uns zu vermehren. So waren wir schicksalhaft mit dem energetischen Zustand dieses Menschen verwoben.

Jedes Mal, wenn Zellen einen Schub neuer Viren freigaben, spürte ich dies, weil wir alle untereinander und miteinander auf eine Art verbunden waren. Wir hatten sowohl unser individuelles Bewusstsein als auch ein Gruppenbewusstsein, so dass wir immer fühlten, wie viele von uns in welchem Entwicklungsstadium am Start waren.

Ich konnte die Reaktion des Immunsystems des Menschen wahrnehmen und spürte das phasenweise auftretende Fieber und den Kampf gegen uns in seinem Abwehrsystem. Dies war aber in Ordnung so, wir hingen nicht an unserem Leben, aber wir wussten, dass wir eine Aufgabe hatten.

Ich nahm die psychische und körperliche Verfassung des Menschen wahr, die sich wellenartig und in Schüben veränderte.

Nach einer Weile löste sich, ich weiß nicht mehr durch welche Begebenheit, meine Hülle auf und ich selbst war daraufhin erst einmal nicht mehr Teil der aktiven Viren im Körper.

Aber mein Bewusstsein blieb noch eine Weile mit den anderen Viren und dem Energiefeld des Menschen verbunden und nahm weiterhin die Fortentwicklung des Prozesses wahr.

Als der Mensch durch den Kampf mit uns Stärke ausgeprägt hatte, stellten wir unsere Tätigkeiten ein.

Wir hatten unsere Bestimmung erfüllt.

Seelenerkenntnis:
Auch wenn ich auf einer Ebene schade, helfe ich auf einer anderen.

Das besondere Seelengeschenk:
Das Erleben der unermesslichen Vernetzung körperlicher Vorgänge mit geistigen, seelischen und emotionalen Ebenen.

Geschenk in diesem Leben:
Die Erinnerung daran, wie es ist, sich im Körper zu bewegen und in der Blutbahn zu schwimmen ist wieder einmal ein mit menschlichen Möglichkeiten nicht zu empfindendes Gefühl.
Ich habe eine Vorstellung vom Zusammenhang zwischen Erkrankung und auslösenden Faktoren. Wenn das energetische Ungleichgewicht eines Erkrankten ins Gleichgewicht gebracht werden kann, dann ist es durchaus plausibel für mich, dass sogenannte Wunderheilungen entstehen können, weil alles miteinander kommuniziert. Auch Viren.

8. Chakra
Kronenzentrum
Verbindung zum Göttlichen

Nachdem ich das Geistige mit der Liebe verbunden hatte und, in weiteren Leben, gelernt hatte, mich auszudrücken, stand der nächste Entwicklungsschritt an: Vom Gefühl der Trennung, das durch das Vergessen meiner spirituellen Herkunft und den Beginn meines Menschseins mit niedrig schwingenden Chakren entstanden war, zu dem Bewusstsein zu gelangen, dass alles eins ist.

59. Eintagsfliege
Kleiner Körper, große Lektionen

Diesmal dauerte die Phase, in der meine Wahrnehmung sich zwischen meiner Geistigen Heimat und meinem neu entstehenden Körper hin und her bewegte, wieder einmal ziemlich lange.

Von den Schöpfungsebenen wurden in dieser Zeit besondere Möglichkeiten für den energetischen Austausch in die sich bildenden Zellbewusstseine und die sich daraus formende Materie eingewebt. Die so entwickelte filigrane Gestalt ließ mich besonders durchlässig sein für feinstoffliche Energien und die Ebenen meiner Seelenbewusstseine.

Das immer wiederkehrende Häuten ermöglichte mir, mehr und mehr Raum einzunehmen - obwohl, in dieser Inkarnation konnte nicht von viel Raum gesprochen werden; ich wurde schlussendlich um die 2 cm groß.

Wieder in einem Körper zu sein, empfand ich als höchst erfreulich, denn genauso hatte ich die Welt noch nie erlebt. Als immer mehr Anteile meiner Wahrnehmung sich zu dem Ort, an dem ich mich auf der Erde befand, hinbewegten und eine besondere Kraft anfing, mich zu durchströmen, spürte ich, dass der Höhepunkt meines Daseins gekommen war.

Ich schälte mich aus meiner Hülle und schlüpfte.

Während meine Seele mit ihrer Aufmerksamkeit nun ganz in meinem Körper anwesend war, behielt ich gleichzeitig die Dimensionen meiner Herkunft im Bewusstsein und fühlte mich, auch wenn mein Körper klein war, bis ins Unendliche hin ausgeweitet und mit den schöpferischen Ebenen verbunden.

Diese sah ich zwischendurch in Form von sich durchdringenden Lichtfeldern um mich herum. Dann realisierte ich meine, bis zu dem Zeitpunkt nur unbewusst wahrgenommenen Eintagsfliegengeschwister und dass auch sie schlüpften.

Nach einer Weile häutete ich mich erneut und während ich meinen Körper in Flugfähigkeit versetzte, tanzten etliche meiner Geschwister schon mit anderen in der Luft. Ein Meer von abertausenden kleinen, hellen Fliegen war im Begriff, sich in Form von ineinanderfließenden Wellenbewegungen flussaufwärts zu bewegen. Die große Menge an im Gleichklang über dem Fluss schwebenden, hellen, zarten Wesen war ein atemberaubend schöner Anblick und versetzte mich in ein erhabenes Gefühl. Ich spürte eine unbeschreibliche Magie in diesem Augenblick. Unsere für unser Fortbestehen unabdingbare Mission fühlte sich heilig an.

In unsagbarer Ergriffenheit wurde mir klar, warum ich wieder einmal hier auf der Erde war: So etwas erlebt man in solch einem Körper, mit genau diesen Wahrnehmungsmöglichkeiten, nur hier!

Wir alle wussten, dass wir unbedingt in eine bestimmte Richtung „mussten". Dieses „Müssen" war ein „Geführtwerden", welches über die Begrifflichkeit „Instinkt" hinausgeht. Es war wieder einmal dieses erhabene Empfinden, das mich leitete und das mit allem um mich herum verbunden ist.

Diese innere Stimme, die bis ins kleinste Teilchen hinein die Führung übernimmt und dabei stets nach Harmonie und Ausgleich strebt. Eine Führung, die nicht nur in mir selbst ein heiliges Gleichgewicht zu schaffen sucht, sondern dies auch in meiner Beziehung zur Umwelt und dem gesamten Universum verwirklichen will. Sie ist bestrebt, einen Einklang mit der Welt und den Kräften, die das Leben lenken, zu erreichen – das in uns wirkende „Göttliche", das sich in jedem Moment entfaltet und nach Harmonie und Vollkommenheit strebt.

Schnell erfasste ich, auf welche Art ich diesmal meine Flügel zu bewegen hatte, dann machte ich mich zusammen mit den anderen auf den Weg. Aber nach einer Weile wurde mein Flug jäh unterbrochen. Eine Fensterscheibe hielt mich und ein paar meiner Geschwister davon ab, unseren Weg fortzusetzen.

Wir waren in einen kleinen Schuppen geflattert, der am Ufer des Flusses am Weg zu unserem eigentlichen Ziel lag. Und dort hingen wir nun fest. Unsere intuitive Route war von diesem Hemmnis unterbrochen und wir schwirrten, erst einmal etwas ratlos, am Fenster entlang.

Unsere kognitiven Fähigkeiten reichen nicht aus, um den Weg zurück zum Flussbett bewusst zu navigieren. Eine ganze Weile lang spürten wir in unseren kleinen Körperchen einen Sog in die Richtung, in die auch die anderen weitergeflogen waren.

Wir hatten das Gefühl, noch etwas erledigen zu müssen. Fleißig schlugen wir mit unseren Flügelchen und gaben unser Bestes, den anderen zu folgen, aber die Fensterscheibe vereitelte dies.

Zuerst war in mir ein starker Wille, irgendwie das Hindernis zu überwinden. Deshalb flog ich immer wieder mit Wucht gegen die Scheibe, bis ich erkannte, dass es unmöglich war, durch sie hindurchzukommen, so sehr ich es auch wollte. Da begriff ich: Ich bin gefangen durch ein Hindernis, das Licht hindurch lässt, aber unüberwindbar ist. Daraufhin gab ich das Wollen auf.

Dies wurde zu einer transformierenden Lektion. Ich hatte ja schon etliche Tier- und Menschenleben hinter mir und viel gelernt, erkannt und auch entschieden. Aber diesmal konnte ich, aufgrund der intensiver als sonst beibehaltenen Verbindung zu den Schöpfungsebenen, die Dimension meiner Entscheidung bis in die Seelenebenen hinein wahrnehmen.

Ich fühlte und sah es auch auf eine Weise, wie die Energie dieses Beschlusses sich in schöpferische Felder hinein ausweitete und Gesetzmäßigkeiten meiner Existenz sofort veränderte. Die Lichtfelder um mich herum wurden in Bewegung versetzt und wie wenn Wasser sich teilt, glitt meine Beschlusskraft durch sie hindurch und die Lichtfelder ordneten sich neu.

Ich hatte also so viel Bewusstsein, dass ich wahrnahm, wie eine bestimmte innere Haltung etwas verändern konnte, auch wenn ich ansonsten dem tierischen Instinkt unterlag. Zwar flog ich immer noch an der Scheibe entlang, aber ich wandte mich, innerlich verändert, nun anderen Erfahrungsräumen zu. Derer gab es genug. Von nun an begann ich die Eigenheit meines Körpers und die Unterschiede zu dem wahrzunehmen, was ich schon in meinem Seelengedächtnis über all die Körper gespeichert hatte, die ich jemals bewohnt hatte und deutete, was ich schon kannte und was sich unterschied.

Dies war kein Verstandesakt, sondern etwas, das ganz natürlich vor sich ging. Außerdem bemerkte ich eine intensive Verbindung zur Sonne. Ihren Lauf empfand ich in diesem Leben in besonderer Weise mit den Funktionen meines Organismus verwoben.

Wir flatterten also hin und her, während ich visuell und auch körperlich wahrnahm, wie die Position der Sonne sich veränderte.

Hinter der Scheibe wechselten die Lichteinflüsse. Es war ein vorwiegend sonnenklarer Tag, aber zwischendrin zogen Wolken auf. All dies hatte eine enorme Wirkung auf die Wahrnehmung meiner selbst.

Je nach Lichtintensität veränderte sich meine Emotion. Irgendwann spürte ich, dass die anderen das, was sie zu tun hatten, zum größten Teil erledigt hatten, und meine innere Spannung ließ nach.

Ich erfasste, dass ich den Drang, meine Berufung unbedingt vollenden zu müssen, loslassen konnte und nichts mehr zu tun hatte. Dadurch wurde ich frei für andere Wahrnehmungen. Das war eine weitere, wichtige Lektion. Ich entkoppelte meine instinktive Aufgabe von ihrer Bedeutung für meinen Seelenweg und stellte fest: „Wir leben, das ist die Hauptsache!" Darauf hatten wir uns so lange vorbereitet.

Von nun an beobachtete ich meine innere Entwicklung, wie sich die Gefühle mit dem Licht änderten, an welcher Stelle des Fensters es sich wie anfühlte.

Ich spürte die Verbindung zu meinen Mitgeschwistern und dass viele es schafften, dort anzukommen, wo sie hinsollten und dass einige ein anderes Schicksal ereilte.

Die inneren Vorgänge, die Wahrnehmung der Veränderung meiner Körperlichkeit sowie die Zeitqualitäten des Tages bildeten eine Sinfonie, welche die Erfahrungen des Augenblicks unendlich reich machten, während ich leicht und wendig hin und her flatterte.

Ebenso das sich stetig verändernde Licht nicht nur zu sehen, sondern auch zu spüren, auf welche Weise insbesondere der sich verändernde Sonnenstand auf meinen gesamten Organismus wirkte, nahm ich in dieser Inkarnation besonders eindrücklich wahr.

Jede Minute bedeutete einen großen Teil meines Lebens, und das war mir bewusst, denn während ich all dies erlebte, blieb ich mit meiner Wahrnehmung ausgedehnt und mit der unendlichen Weite und den metaphysischen Ebenen des Kosmos verbunden.

Es war, wie wenn meine Seelenentwicklung in einem Zeitraffer bedeutsame Sprünge machte.

Mein Körper spürte, so deutlich wie in keiner Inkarnation bisher, die Energiekurve meiner Existenz. Schon zur Nachmittagszeit beobachtete ich, wie meine Kräfte nachzulassen begannen. Aber das war in Ordnung.

Durch die Wahrnehmung der Veränderung der Zeitqualität wurde jede Minute zu einer wertgeschätzten Erfahrung.

Mit dem Licht der untergehenden Sonne wurde ich zunehmend geschwächt, Energiefelder, die mich mit Lebenskraft versorgt hatten, verloren ihre Kraft und zogen sich zurück.

Bis mein Körper einschlief und auf dem Fenstersims vollends zur Ruhe kam.

Seelenerkenntnis

Auch als Tier kann ich Entscheidungen treffen, die den Fokus meines Erlebens in eine neue Richtung lenken.

Das besondere Seelengeschenk

Ich war zwar äußerlich ein unscheinbares Insekt, aber innerlich mit den Dimensionen der Schöpfung auf eine erhabene Weise verbunden. Dieses weite Feld von Allem, was ist, zu spüren und sich darin auf eine spezifische Art und Weise zu bewegen... in die Besonderheiten, die eine Behausung ausmachen, hineinzuwachsen... und, wie in meinem Leben als Eintagsfliege, gleichzeitig fast unbedeutend klein zu sein und doch unendlich reich an Leben.

Geschenk in diesem Leben

Das dankbare Staunen und die Magie der ersten Minuten als Eintagsfliege waren exorbitant. Aufgrund der Durchlässigkeit genau dieses meines kleinen, zarten Körpers, der so sehr mit den Schöpfungsdimensionen in Verbindung stand, das Gefühl eines heiligen Gruppen-Auftrages während der gemeinsamen ersten Minuten des Schlüpfens und des Losfliegens zu erleben, war erneut eine großartige, allumfassende Erfahrung.

Es ist immer wieder aufs Neue faszinierend, wie unterschiedlich sich das Leben in den jeweiligen Seelenbehausungen anfühlt. Jedes Mal eine andere Ordnung in sich wahrzunehmen, andere Impulse, denen man instinktiv folgt, andere Sinneseindrücke und einen anderen Zugang zur inneren und äußeren Welt zu haben und genau zu wissen, was zu tun ist, auch wenn diese Lebensform für mich völlig neu ist, ist für mich ein großes Wunder.

Die Erfahrung eines neuen Körpers ist begeisternd und jedes Mal bedeutend, egal wie klein oder groß die Behausung ist.

60. Kristall
Liebe und Klarheit verankern

Ich war aus meinem „Schlaf zwischen den Leben" erwacht und fand mich für einen kurzen Moment wieder einmal im Universum umherschwebend, bis sich, einen Augenblick später, das Gefühl für meine Umgebung veränderte und ich durch Sphären verschiedener Qualitäten hindurchzugleiten begann.

Sie übertrugen mir Energie-Informationen als eine vollkommen neue Matrix. In jeder Sphäre, die ich durchglitt, änderte sich meine Wahrnehmung von mir und meiner Umgebung entsprechend der Energiebewegungen um mich herum und ihren unterschiedlichen Informationen, die auf mich einwirkten.

Mal hell, klar und strukturgebend, mal lieblich und fließend-weich, mal ausgedehnt, die Ordnung der gesamten Schöpfung erfühlend bis hin zu in mir zentriert, mächtig, erhaben vibrierend.

Alles ereignete sich, wie so oft, ohne dass ich bewusst etwas dazu beitrug. Wo und wie ich beschlossen hatte, was ich diesmal erleben würde, war wieder einmal in weite Ferne gerückt.

Aber eines war mir während dieses Bades in den Energiefeldern bewusst: Das, was da vor sich ging, geschah wie immer nach einem gigantischen Plan.

Nachdem alle erforderlichen Informationen mich geprägt hatten, bemerkte ich etwas Wohlbekanntes: die Schwingung meines geliebten Planeten Gaia, Mutter Erde. Sogleich wurde ich zu ihr hingezogen. Als das, was auch immer ich in dem Moment war, sauste ich immer näher.

Erst glitt ich durch die verschiedenen Ebenen der Atmosphäre, dann die Wetterschichten und als ich noch näher kam, durch die Erdsphären mit ihrer Vegetation, durch die Materie und Lebewesen hindurch.

Dann sauste ich weiter in das Erdreich hinein und ich sah Wurzeln, Tiere, Erdschichten, Kristalle und ihre sie durchdringenden Lichtstrukturen sowie andere farbige Lichtfelder an mir vorbeirauschen.

Ich ahnte nicht, was mich erwarten würde. Die Lichtfelder und Kristalle leuchteten vibrierend. Ich erfasste sie als Konzentrationen von Energiequalitäten, die dem Gesetz der göttlichen Ordnung dienten, indem eine bestimmte Schwingung von ihnen ausging.

Aber meine Reise ging schnell, nirgendwo verweilte ich. Bis ich die Wesenheit, mit der ich verabredet war, sah: eine wunderschöne Kristallgruppe, die tief unter der Erde ihren Daseinsort gewählt hatte und in hell changierenden Farben leuchtete.

Für mein Auge sah sie nicht dicht aus, sondern sie war pure Lichtenergie und begrüßte mich strahlend in hellem Lichtgelb und Weiß. Liebe und Klarheit strömten von ihr aus.

Die ihr zugrundeliegenden Kristall-Devas hatten sie zu einem imposanten Wesen werden lassen. Tiefe Hochachtung begann mich zu erfassen.

Jetzt, da sich meine Bewegung verlangsamte und ich ihr immer näherkam, konnte ich spüren, dass ich dazu bestimmt war, zu diesen wundervollen Wesen zu gehören.

Teile der Kristallgruppe waren schon lange dort.

Ich dockte an und wurde eins mit dieser Daseinsform. Meine neu hinzugekommene, impulsgebende Wirkkraft würde die Basis für die Entstehung eines weiteren Kristalls bilden. In höchst geordneter Weise begann, von mir ausgehend, Materie zu entstehen, und Teilchen unterschiedlicher Ladung hefteten sich in einer bestimmten Struktur links und rechts von mir und, weiterfolgend nach oben hin, an. Dadurch wuchs ich.

Es entstand ein Kristallgitter, das in sich stabil und von seiner Wirkung eindeutig festgelegt war: Es manifestierte, tief unter der Erde, einen Licht-Bewusstseins-Anker von Klarheit, Liebe und Weisheit. Ab und zu wurde diese Gleichmäßigkeit durch andere Einflüsse durchbrochen, die dann in das Kristallgitter eingeschlossen wurden, denn es war stets bestrebt, die Ordnung einzuhalten und wieder herzustellen.

Auf einer Ebene wusste ich, dass die entstehende Materie sehr fest sein und dicht wirken würde, weil das Gitter, das sich bildete, eine bestimmte, regelmäßige Anordnung besaß, anders als meine bisher bewohnten tierischen, pflanzlichen oder menschlichen Körper. Aber ich selbst nahm unsere festgelegte Struktur mit meinem Seelenaugen-Rundumblick von strahlendem, pulsierendem Licht durchdrungen und umgeben wahr und konnte die zwischen den einzelnen Bausteinen vibrierende Energie fühlen.

Ich erkannte, dass ich Teil eines Wesens geworden war, das Lichtfrequenzen feinstofflicher Ebenen tief im Erdinnern hütete, damit die Erde Lichtenergie in Form von geordneter Liebesschwingung in ihrem Innern empfangen und halten kann.

Die Kristallstruktur ermöglichte die Verbindung zu Lichtdimensionen, die auf der Erde einen exakten Auftrag haben. Unsere fühlte sich weise, ruhig und klar an. Ich genoss meine Teilhabe an der Entstehung dieses Materiekörpers so lange, bis der von mir ausgehende Teil der Kristallgruppe ausgebildet war.

Dann zog ich weiter in das Omniversum, das Nichts und Alles, meine Heimat, um mich auf ein neues Abenteuer vorzubereiten...

... aber die Liebe, die in dem Kristall gebunden war, schwang weiterhin dort, tief unten unter der Erde.

Seelenerkenntnis

Die Gesetzmäßigkeiten, nach denen Materie aufgebaut ist, geben dem Licht eine Struktur, die bestimmte Energien anziehen und freisetzen kann.

Das besondere Seelengeschenk

Die Liebesenergie, welche sich innerhalb der Form einer höchst geordneten molekularen Struktur ihrer selbst bewusst ist.

Geschenk in diesem Leben

Die Erinnerung an das Kristallwesen und seine Entstehung ist mit keinem menschlichen Gefühl und keiner menschlichen Wahrnehmung vergleichbar.

Durch die Erinnerung habe ich einen guten Zugang dazu, Wirkkräfte von Kristallen für mich erspüren zu können und den inneren Bezug dazu, welch wunderbaren Liebesdienst sie uns erweisen und bestimmte Schwingungsqualitäten in der Erde verankern.

61. Schmetterling
Erst Schwärze, dann wundern

Nachdem ich mich aus meiner Hülle herausgeknabbert hatte, begann ich sofort zu fressen.

Formen und Farben konnte ich in einem Umkreis von etwa 1-2 Metern gut erkennen, den Rest nahm ich verschwommen wahr. Das reichte mir, mich zu orientieren, denn mein der Welt zugewandtes Bewusstsein war in der kommenden Zeit hauptsächlich auf Nahrungsaufnahme ausgerichtet.

In einem gepflegten Garten schob ich meinen Körper gemütlich von Gewächs zu Gewächs. Während ich mampfte und mampfte, agierte ich zwar auf der irdischen Ebene, aber gleichermaßen nahm ich, wie als Eintagsfliege auch, Vorgänge innerhalb transzendenter Dimensionen meines Seins wahr.

Ich fühlte, dass diffuse Energien mich wie einen watteartigen Kokon umgaben. Dieser schien ein eigenes intelligentes Feld zu sein, das, sobald sich emotionale oder psychische Prozesse abzeichneten, aktiv wurde. Dann nahm ich Bilder wahr, die wie hinter einem milchigen Vorhang gleichzeitig ungreifbar, aber doch eine Ahnung in mir wachrufend, Eintritt in mein Bewusstsein fanden.

Es war so, als schwänge dieses große, weite Nichts und Alles mit seiner Weisheit abwartend um mich herum und ließe seine Anwesenheit durchscheinen, wenn ich ihrer besonders bedurfte.

Das war des Öfteren der Fall, denn ich war mir in dieser Inkarnation wieder einmal meiner vorherigen nicht bewusst, weshalb die Welt und die Veränderungen meines Körpers frisch auf mich einwirkten.

Vor allem vor der ersten Häutung passierte sehr viel mit mir, denn es war nicht so, dass ich als Raupe nichts dachte oder wenig fühlte, oh nein! Als nach ein paar Tagen meines Daseins mein Körper immer mehr gegen meine äußere Hautschicht zu drücken begann, wurde es zunehmend unangenehm, obwohl es nicht weh tat. Ich spürte deutlich die Veränderungen meines Leibes und war mir ihrer bewusst. Dies ließ mich die Endlichkeit meiner körperlichen Existenz spüren und löste Ängste aus. Ich fragte mich: „Wird es das wohl gewesen sein?" „Muss ich jetzt sterben?" „Werde ich weiter existieren und wenn ja, was ist meine Aufgabe, mein Ziel?"

Dann begann das Feld um mich herum zu arbeiten.

Ich fühlte, dass es da eine Wirklichkeit gab, die Interesse daran hatte, dass ich existierte; die das, was gerade geschah, begleitete, indem sie mich mit einem liebsorgenden, erhabenen, jedoch nicht klar umrissenen Verständnis in Verbindung brachte.

In diesem Augenblick erfasste ich, wie durch das Erleben eines jeden Wesens Weisheit entsteht, die es in diese Wirklichkeit hineinträgt, unterdessen diese Wirklichkeit aus dem Pool nicht nur meiner eigenen, sondern aller bisher gemachten Erfahrungen, aller Materie, zu aller Zeit und aller in diesem Augenblick stattfindenden Erfahrungen ein Geflecht aus Energie entstehen lässt.

Während dies geschah, wirkte eine aus allen Erfahrungen aller Materie zu aller Zeit entstandene Weisheit auf mich ein. Es verwebte sich das, was ich im Augenblick erfuhr, mit dem, was war, was ist, was sein wird. In dem Moment war ich tief verbunden mit größeren Dimensionen als denen meiner physischen Existenz, in diesem Garten mit all den anderen Lebewesen.

Die Weisheit betraf jedoch nicht meine Zukunft oder irgendein Wissen darüber, sondern es war einfach eine tiefe Verbindung mit diesem alles miteinander verwebenden Feld, das Einblicke in etwas weitaus Größeres gewährte. Diese Wahrnehmung war wieder einmal völlig einzigartig, weil meine Seele das Wunder der grenzenlosen Dimensionen im Körper einer Schmetterlingsraupe bisher noch nicht erlebt hatte.

Dass ich nicht wusste, was mit mir passieren würde, fühlte sich herausfordernd an.

Dass ich mir jedoch währenddessen meiner mentalen und physischen Vorgänge bewusst war und immer wieder in dieses, über mein physisches Sein hinausgehende Weisheitsfeld eingewoben war, ließ mich später, als ich zu einem vollendeten Imago, einem wunderschönen, bunt gemusterten Schmetterling, geworden war, umso deutlicher die Magie des Stattgefundenen realisieren.

Dass ich mir solche Fragen stellte und wie auf sie geantwortet wurde, würde mir im Nachhinein zeigen, dass sich das Besondere, das auf mich wartete, da schon bemerkbar gemacht hatte. Denn: Nach dem Sinn meiner Existenz hatte ich als Tier bis dahin noch nie gefragt!

Die Auseinandersetzung mit dem Gefühl des „Dicker Werdens" und der Enge, der Frage nach dem Tod und dem Sinn meines Lebens; dann die „Erlösung" durch einen nicht schmerzhaften, jedoch zeitweise unangenehmen Verwandlungsvorgang und die Wahrnehmung, dass der Körper das ganz von selbst macht, waren, besonders vor der ersten Häutung, geprägt von einem Schweben in Ungewissheit.

Das Abstreifen meiner zu eng gewordenen Hülle trug mich in dieser Inkarnation näher an die Auseinandersetzung mit dem Tod und an die Tiefen des Unbewussten heran als in anderen tierischen Verkörperungen bisher. In der Vermutung zu sterben beschlich mich die Befürchtung, dass ich dann das, wozu ich bestimmt war, nicht erreichen würde.

Aber diesmal schien es meiner Seele besonders wichtig zu sein, denn ich hatte während des Prozesses der Wandlung mehr Befürchtung zu sterben, als in irgendeiner tierischen Inkarnation sonst. Bis ich dieses Besondere jedoch erleben würde, war meine Zukunft unergründlich. Es fühlte sich an wie ein Geheimnis, das sich in meinem energetischen Bereich manifestierte, jedoch nicht greifbar wurde. Dann riss die Haut auf und ich streifte sie ab. Meine Organe hatten wieder Platz, das tat gut. Es ging weiter mit Fressen, bis mir die Haut abermals eng wurde.

Als ich dies zum zweiten Mal erlebte, stellte ich fest: „Aha, dieses Gefühl kenne ich schon!" Und hoffte, dass es wieder eine

‚Erlösung' geben würde. Dennoch flackerte ein wenig angstvoll die Befürchtung in mir auf: „Oder muss ich diesmal sterben?"

Von meinem watteartigen Kokon empfing ich beruhigende und tröstende Empfindungen. Wieder platzte die Haut auf und ich erlebte: „Nein, es geht weiter."

Diese Prozesse sorgten für eine Reifung meines Wesens. Nachdem ich mehrere Häutungen erlebt hatte, entfernte ich mich eines Tages ein Stück weit von meinem bekannten Futterplatz. Mir war nicht bewusst warum, und was das zur Folge haben würde, ich tat es einfach.

An einer stabilen Pflanze unter einem Blatt, das mir Schutz gab, vollzog sich eine letzte Häutung. Ich begann eine Art seidenen Faden zu produzieren, mit dem ich mich am Stiel befestigte und beobachtete, wie mein Körper alles selbständig perfekt regelte und ich mich, begleitet von einer leisen Neugier, was als Nächstes kommen würde, verpuppte.

Dann wurde es dunkel. Schwarz. Zuerst dachte ich, dass ich wieder einmal gestorben sei. Mein Seelenbewusstsein war irgendwo, wo ich mich noch nicht auskannte. Das machte mich erst einmal unruhig. Ich befand mich in einem weiten schwarzen Nichts, das weder von traumartigen Wahrnehmungen oder von sonstigen energetischen Attraktionen durchzogen wurde, wie es beim Sterben oft der Fall ist, noch fühlte ich mich in meiner Geistigen Heimat anwesend.

Es war ein Zustand, der sich fast wie tot anfühlte, aber eben nicht der Tod war, was sich mir in diesem Stadium nicht so ganz erschloss. Es fand kein Austausch mit anderen Seelen oder feinstofflichen Wesen oder sonst irgendetwas statt, sondern war ein reines Sein mit mir selbst, ohne, dass es irgendetwas zu tun gab.

Dies hatte ich vorher noch nie so absolut erfahren. Auch der watteartige Energie-Kokon war nicht mehr zu spüren. Ich suchte nach einem Grund, warum ich auf dieser Ebene scheinbar festhing, und fragte mich zwischendurch immer mal wieder: „Wo bist du hier?" „Was machst du hier?" „Was geschieht da gerade?" Aber zu dem Bewusstseinsraum, in dem ich mich befand, fanden Antworten keinen Zutritt.

Da ich auch meinen Körper nicht mehr wahrnahm, langweilte ich mich zwischendurch sogar ein bisschen, während ich in diesem undefinierbaren Raum eines schwarzen Nichts wartete. Eine kleine Ewigkeit lang. Und dann geschah das Wunder. Es war zutiefst beeindruckend.

Ich begann mich plötzlich wieder in meinem Körper wahrzunehmen und Lebenskraft regte sich in ihm. Ich fing an, ihn zu bewegen. Erstaunt stellte ich fest, dass er sich jetzt vollkommen anders anfühlte und seine Körperformen und Funktionen von Grund auf verändert hatte. Ich hatte dünne Beinchen, mit denen ich mich aus meiner Hülle heraus nach vorne oben drückte.

Dabei spürte ich, wie sie aufbrach. Ich schob mich aus meinem Kokon heraus, als hätte irgendetwas in mir es schon unendliche Male bewerkstelligt (was ich freudig überrascht wahrnahm) und spürte, wie meine alte Schutzhülle an meinem Körper entlangglitt.

Den Unterschied meiner Form bemerkte ich gleichwohl entzückt als auch erstaunt, denn an meinen so anders funktionierenden Körper als Raupe konnte ich mich noch ganz genau erinnern.

Als ich befreit war, entfaltete sich das, was während des Schlafes ausgereift war: meine Flügel. Reflexartig schoss das Blut hinein, und sie entknitterten sich. Während sie trockneten, gewöhnte ich mich daran, mit meinem Bewusstsein wieder in meinem Körper und auf der Erde zu sein.

Ich fühlte mich so anders an: filigran, zart und innerlich erhoben.

Mein Sein war transformiert worden. Ein Wunder war geschehen.

Das Warten hatte sich gelohnt! Als ich die Flügel ausbreitete und zu fliegen begann, durchströmte mich ein seliges Gefühl. Der Energiekokon, welcher mich als Raupe umgab, hatte sich aufgelöst. Dafür hatte sich meine gesamte Wahrnehmung veredelt.

Ich fühlte mich auf zarte, spirituelle, ätherische Weise mit meiner Umgebung, sowohl der stofflichen als auch der nicht-stofflichen, verbunden. Meine kunstvoll geschwungenen und zarten Flügel, mein gesamter Körper waren durchwirkt von einem hauchzarten, feinstofflichen Fluidum der Liebe und Freude.

Geschmeidige Bewegungen trugen mich herrlich leicht und wendig von Blüte zu Blüte. In mir war es unbeschwert, fröhlich und friedlich und ich empfand mich in besonderer Weise geborgen. Nichts sorgte mich, nichts stand zwischen mir und dem freudvollen Erleben meiner selbst und der Schöpfung.

Weil ich durchlässig war, konnte sich mir auch der den verschiedenen Pflanzen innewohnende Geist auf einer neuen Ebene offenbaren. Wenn ich auf ihnen verweilte, nahm ich ihre Persönlichkeiten und spirituellen Aufgaben im gesamten kosmischen Geschehen nun ungefiltert wahr. Ich genoss mein So-Sein und mein Da-Sein. Die Pflanzen ließen ihre Freude darüber zu mir zurückfließen. So unbeschwert, freudig, leicht, liebevoll und frei hatte ich mich noch nie in einem Erdenkleid gefühlt! Es war, wie wenn sich die Leichtigkeit meines Seins über mich hinaus ausdehnte, in den Kosmos hinein.

Als würde mein Sein bewussten, wunderbaren Segen der Liebe in die Wirklichkeit einweben. Gar so, als verkörperte ich die Leichtigkeit der Engel hier auf der Erde. Ehrfurchtgebietend.

Welch eine wundervolle Metamorphose.

Seelenerkenntnis

Jedes Tier hat nicht nur das im morphogenetischen Feld zur Verfügung stehende, instinktive Wissen der eigenen Gattung, sondern sein einzigartiger Platz im Schöpfungsplan lässt es sich sowohl als Persönlichkeit individuell empfinden als auch eine eigene Art der Verbindung zu spirituellen Ebenen besitzen.

Jedes Tier hat nicht nur die seiner Spezies entsprechenden Möglichkeiten der Empfindung und des Ausdrucks, sondern auch in spiritueller Hinsicht ein sehr unterschiedliches inneres Erleben.

Das besondere Seelengeschenk

Das ätherische Gefühl der freudvollen Unbeschwertheit, verbunden mit der Feinheit meines Körpers und seiner Bewegungen.

Geschenk in diesem Leben

Zu wissen, dass es die Möglichkeit gibt, sich in verkörpertem Zustand wie ein engelhaftes Wesen zu fühlen.

62. Planet Gujuv
Forschung für die Menschen

Und dann bewohnte ich einen männlichen, menschlich aussehenden Körper mit heller Hautfarbe und schwarzen Haaren. Doch nicht auf der Erde, sondern auf einem Planeten, der, mit einer hochentwickelten Kultur, eine herausforderungsfreie Version der Erde ist.

Gujuv hat eine starke Verbindung zur Erde, indem er ihr

Forschungsergebnisse und Erfahrungswerte zur Verfügung stellt. Hier war vieles dem Leben auf der Erde sehr ähnlich, aber es war bedeutend friedlicher. Wir sahen so aus wie Menschen, nur waren unsere Stirnknochen links und rechts ganz minimal hügelig. Zwischendrin befand sich ein hochaktives energetisches viertes Auge, das das dritte Auge darin unterstützte, in telepathischen Austausch mit den Planetenkräften zu gehen.

Wir hatten Städte, Häuser und Fabriken. Unsere Kleidung glich zu der Zeit, als ich inkarnierte, der Erdenmode der 60er Jahre. Wir fühlten aber nicht so intensiv wie Menschen, sondern waren rationaler ausgerichtet. Wir lenkten unser Leben bewusst über das dritte Auge. Was wir visualisierten, kam in die Existenz.

Wir waren Meister darin, hohen ethischen Werten entsprechend zu agieren. Es ging immer um das große Ganze und das Wohl aller, sodass wir uns gar nichts Schädliches vorstellten. Wir gerieten auch nicht in so intensive Gefühlsverstrickungen, wie es auf der Erde der Fall sein kann. Es fiel uns leichter, abgeklärt zu handeln.

Unsere Gesellschaft wandte astrologisches Wissen an, um die für eine Seelenentwicklung und für die Gesellschaft förderlichsten Bedingungen zu schaffen. Wir gingen davon aus, dass Neigungen und Bedürfnisse von Kindern ihrem inneren Wissen um den Plan ihrer Seele entsprangen, und so gab es eine breite Palette an Möglichkeiten, sich zu entfalten.

Wir wurden schon im Kindesalter, entsprechend unseren Interessen und den Erkenntnissen aus unseren Horoskopen, gefördert. Es gab mannigfaltige Arten von Schulen. Die Pläne, die wir in den geistigen Welten gemacht hatten, konnten sich in aller Selbstverständlichkeit verwirklichen. Das Leben verlief dem Erdenleben zwar ähnlich, jedoch fehlte der Aspekt der tiefen Empfindung von Trennung.

Wir fühlten uns untereinander sehr verbunden, und unsere Kommunikation fand zum größten Teil über Telepathie statt. Wir hatten einen ausgezeichneten Bezug zu feinstofflichen Ebenen. Es gab auch nicht das Gefühl von dauerhaftem Mangel.

Wenn etwas zu fehlen schien, dann gingen wir in die Stille und visualisierten eine Lösung. Jeder unterstützte den anderen so, wie er konnte, dennoch blieben wir sehr in uns zentriert. Alle hatten genug von allem, was sie für die Gestaltung eines zufriedenen Lebens brauchten. Die Beziehungen untereinander waren von tiefer Loyalität geprägt. Liebe schwang, im Gegensatz zu der Liebe vieler Menschen, nicht mit Leidenschaft, sondern sie äußerte sich in der Art und Tiefe des telepathischen Austausches.

Unsere Gesellschaft war auf die harmonische Manifestation des Gewünschten ausgerichtet, sodass es an extremen Herausforderungen mangelte. Das wiederum machte bestimmte Gefühle, die wir hier auf der Erde erleben können, gar nicht nötig und so auch nicht möglich. Unsere Körper waren zwar empfindsam, aber bestimmte Empfindungen kamen nicht zur Entfaltung, wie z.B. überschäumende Wut, blinde Eifersucht, tiefe Verbitterung, unbändiges sexuelles Verlangen. Wir hatten zwar Andeutungen dieser Gefühle, aber durch die Anbindung an die geistigen Welten und den gesellschaftlichen Konsens, einander liebevoll zu unterstützen und Lösungen zu finden, waren diese Emotionen nicht von langer Dauer.

Wir konnten die Gedanken und Gefühle unserer Planetenmitbewohner empfangen, Entfernung spielte keine Rolle. Dazu dachten wir kurz aneinander, der jeweils andere nahm das Signal der Kontaktaufnahme wahr und dann wurde der Informationsfluss freigegeben.

Schon bevor ich in die Schule kam, lernte ich ein Instrument, das unserem Cello ähnlich war. Unsere Körper waren durchlässiger für kosmische Energien als die meisten Menschenkörper.

Das Lernen fiel leicht, weil wir uns schnell mit dem schon vorhandenen, im morphogenetischen Feld befindlichen Wissen verbinden konnten, einschließlich der Bewegungsabläufe. Da wir die Materie mit unserem Geist durchwirkten, waren unsere Körper gesünder. Jeden Morgen visualisierte ich meine vitalen Zellen. Ich ging in eine wissenschaftlich orientierte Schule, da fühlte ich mich wohl.

Nach der Schule studierte ich und arbeitete später in einem wissenschaftlichen Team. Ich war ein Spezialist für die Verbindung von Astronomie und Astrologie. Es war nicht so, dass unsere Wissenschaft, wie die vieler Menschen, von den geistigen Welten und der Seele abgekoppelt betrieben wurde. Wir hatten eine ganz natürliche Verbindung zu den Himmelskörperwesen und zu den Hütern der Welten und Sphären.

Die Aufgabe unseres Teams war es, eine vom nicht Konkreten ins Konkrete führende Brücke zu bilden zwischen den einzelnen Himmelskörpern und ihren in das universale Geschehen, in das Sonnensystem und auf die Erde und ihre Bewohner einwirkenden Eigenschaften. Wir berechneten ihre Bewegungen und erforschten die Schwingungseinflüsse der sie durchdringenden Seelenwesen und ihrer Qualitäten. Wir bereiteten dieses Wissen so auf, dass es von menschlichen Systemen erfasst und weiterverarbeitet werden konnte. Dazu deponierten wir unsere Erkenntnisse in energetischen Informationsräumen, welche den Menschen ermöglichten, die Planetenkräfte intuitiv zu erfassen, in Worte zu kleiden, Zusammenhänge zu begreifen und sie wiederzugeben.

Die Forschungen und die Weitergabe der Ergebnisse waren speziell darauf ausgerichtet, von menschlichen Gehirnen aufgenommen und in menschliche Erfahrungsräume integriert zu werden. Sie können auf telepathischem, intuitivem Weg abgerufen werden.

Astrologisch und astronomisch Interessierte nahmen über ihre Seele Kontakt zu uns auf. Für unsere Forschung wurden die Himmelskörper auf einer großen Kuppel sichtbar gemacht, die nicht aus auf der Erde bekanntem Baustoff, sondern aus speziell angeordneten Atomen bestand. Die Kuppel konnte die Quantenteilchen unserer gedanklichen Aussendungen in Bilder übertragen.

Diese waren sicht- und fühlbar gekoppelt mit den die Himmelskörper durchdringenden Schwingungsqualitäten. Wenn z.B. Jupiter auf die Leinwand projiziert wurde, waren wir mit den ihn hütenden Seelenwesen verbunden, die ihre Schwingungen im Raum entfalteten. Je mehr Himmelskörper auf die Leinwand projiziert wurden, umso mehr verbanden sich ihre Energieschwingungen zu Gemeinschaftsfeldern.

Wir knobelten oft lange, wie wir die Wirkkräfte für Menschen so erfassbar werden lassen konnten, dass es ihnen möglich war, daraus Gesetzmäßigkeiten für Horoskope zu entwickeln. Jeder Wissenschaftler ließ seine Idee sichtbar werden.

Dann konnten wir auf der Leinwand sehen, wie sich die Himmelskörperzusammenstellung oder ihre Anzahl veränderten, und fühlen, welche Qualität die so entstehende Gemeinschaftsschwingung hatte. Zum Beispiel diskutierten wir, welche Planeten ähnlicher Wirkkraft zu einer Gruppe zusammengefasst werden konnten. Z.B. welche Planeten zusammen ein Sternbild (es gibt ja schon Jungfrau, Waage, Steinbock usw. und eben auch neue Bilder, die noch entstehen werden) bilden sollten.

Wir diskutierten, welche Sterne und Planeten wann und wie in die astrologische Entwicklung und ihre Erkenntnisse mit einbezogen werden könnten, und berechneten die Lebensdauer der Planeten und die Zusammenhänge zwischen den Himmelskörpern. Die Fakten wurden dann von allen gemeinsam analysiert. Wir übertrugen unsere Ergebnisse in Energieinformationsfelder und mathematische Formeln, die dann von Menschen in Wortstrukturen übertragen werden können.

Deshalb war auch die Ansicht der Himmelskörper immer eine, die von irgendeinem Punkt der Erde aus gesehen werden könnte und nicht von unserem Planeten aus. Die Astrologie würde sich mithilfe dieser Forschungen in der Zukunft parallel zur Astronomie immer komplexer gestalten können. Es würde den Menschen möglich sein, bei der Fülle an neuen Möglichkeiten der Beobachtung und Entdeckung von Himmelskörpern, diese nicht nur auf der rein wissenschaftlichen Ebene zu begreifen. Sie könnten durch die Arbeit auf Gujuv die Einflüsse der neu entdeckten Himmelskörper und deren Wirkkräfte in kommende Horoskope mit aufnehmen.

Wir hatten Wortkünstler mit im Team, die dafür zuständig waren, unsere Feststellungen in exakt auf die Menschenrasse zugeschnittene Informationen zu fassen. Da es viele Sprachen gibt und diese sich mit der Zeit verändern, nutzten wir als energetische Platzhalter mathematische Formeln. Diese können zu jeder Zeit in jeder Sprache abgerufen werden.

Wir entwickelten Energieinformationsräume, die von allen, die sich damit verbinden wollen, telepathisch betreten werden können. Die Informationen dieser Räume werden dann natürlich von den Menschen und ihrer Persönlichkeit gefärbt weitergegeben. Es war wie das Erstellen eines Regelwerkes wie z.B. ein Gesetzbuch. Wir gingen mit großer Verantwortung und Bewusstheit vor und diskutierten über manche Passagen wochenlang. Wir hielten Rat mit Fachkräften anderer Planeten und Forschungseinrichtungen, so lange bis wir uns alle auf geeignete Gruppen und Aussagen geeinigt hatten und die exakt gleichen Bilder korrekt an die Kuppel projizierten und die daraus entstehenden Energieräume übereinstimmten.

Wenn es in der Projektion an die Kuppel keine Abweichungen gab, galt der Informationsraum als gelungen. Ich erinnere mich, dass wir an einer besonders komplexen Fragestellung über viele Monate brüteten, bis alle aus dem Team zufrieden waren.

Allen Herausforderungen auf unserem Planeten wurde mit der Ausrichtung auf eine friedliche und für alle annehmbare Lösung begegnet. Da wir Zugang zu dem Wissen um den Plan der Seele hatten und diesem vertrauten, waren alle bereit, den jeweils anderen zu unterstützen, damit dieser Plan unter allen Umständen eine Chance bekam, sich zu verwirklichen. Alle, die daran beteiligt waren, respektierten diesen Plan.

Da wir einen ruhigen Geist hatten und stabile Gefühle, funktionierte das auch sehr gut. Was für Herausforderungen können denn in einer so strukturierten Gesellschaft entstehen?

Ein Problem z.B. entstand, als ich mich verliebte und eine Familie gründen wollte. Als Wissenschaftler mit meinen Fähigkeiten hätte ich eine höchst interessante Arbeitsstelle in einem weit entfernten Teil unseres Planeten ausfüllen können. Doch meine Frau wollte in der Nähe ihrer Eltern bleiben. Jetzt musste eine Lösung gefunden werden. Meine Frau und ich hatten durchaus unsere Prozesse, alles abzuwägen und Lösungen durchzusprechen, auch wenn wir nicht so starke Gefühle hatten.

Trotzdem war es ein wochenlanges Diskutieren und Reflektieren, bis wir gemeinsam eine Entscheidung treffen konnten. Ich ging an eine Forschungsstätte in der Nähe, die mir zuerst nicht ganz so interessant erschien, wo mein Tätigkeitsgebiet jedoch gefragt war. Wir bekamen zwei Kinder. Ich arbeitete und forschte, alles ohne Stress, ohne Chaos, ohne allzu tiefe Emotionen. Wir hatten gar keine Impulse, chaotische Energien zu produzieren. Es gab keinen Hunger, kein soziales Gefälle im irdischen Sinne, auch wenn es Planetenbewohner gab, die einfacher leben wollten. Aber es war kein Muss und geschah nicht aus Mangel heraus. Alles schien zum Wohl des großen Ganzen bestens gelöst.

Als ich entkörperte, hatte ich in Leichtigkeit alles erreicht, was ich mir vorgestellt hatte. Familie, Fülle, Erfolg, aber: Ich wollte nicht noch einmal dorthin zurückkehren. Meiner Seele fehlte etwas. Alles war so einfach - zu einfach. Zu wenig Herausforderung, zu wenig Emotion.

Es war schön, zu erleben, wie leicht es sein kann, wenn wir aus den höheren Chakren heraus agieren. Aber ich war eben verliebt in den Planeten Erde und sein Spannungsgefälle, auch wenn es dort sehr schwierig werden konnte. Den Lohn für die gemeisterten Herausforderungen empfand ich aber bisher als durchaus beglückender.

Ich wollte wieder auf Gaia inkarnieren.

Seelenerkenntnis
Meine Seele forscht gerne und liebt das Abenteuer.

Das besondere Seelengeschenk
Die Erfahrung, wie schön es ist, Intelligenz in einer sicheren Umgebung in einer Gemeinschaft mit Wesen aufblühen lassen zu können, die fähig sind, Unstimmigkeiten im Sinne der Liebe und zum Wohle des Ganzen zu lösen.

Ich konnte meinen Forschergeist so richtig auskosten.

Geschenk in diesem Leben

Ich fühle, was es für mich bedeutet, nicht nur einen freien Willen zu haben, sondern auch eine unerschöpflich kombinierbare Palette an Emotionsfärbungen und Möglichkeiten, Höhen und Tiefen zu erleben. Ich begreife den Segen in den Herausforderungen hier auf der Erde noch wertschätzender als bisher, begleitet von einer besonderen Form des Mitgefühls, der Milde und Güte für alle Wahlen, die ein Mensch bezüglich seines Schicksals trifft.

Es ist eine Haltung, die ausdrückt: „Ich verstehe, wie schwer es für dich sein kann, und ich bewundere dich zutiefst für deinen Mut und dafür, dass du bereit bist, durch schwierige Zeiten zu gehen, damit dein inneres Licht auf besondere Weise leuchten kann."

Durch diese riesige Palette an möglichen Gefühlen hat das Innenleben von uns Menschen eine besondere Tiefe, die ich sehr liebe. Sie entsteht durch das potenzielle Leid, das zu wählen und zu erleben den Menschen als Möglichkeit stets zugrunde liegt.

Durch das Risiko, unermessliche Schmerzen und Leid erfahren zu können, wird auch die andere Waagschale für uns erfahrbar: unermessliche Liebe und Freude empfinden zu können. Diese Gefühle haben eine einzigartige, dem Menschen eigene Färbung und lassen unsere Seelen auf eine besondere Weise leuchten.

63. Jesus
Ja, ich will

Bei meinen Vorbereitungen auf das neue menschliche Leben war ich bei der Frage angekommen, in welche spirituellen Umstände ich diesmal hineingeboren werden wollte und sollte, die für meine Entwicklung sinnvoll wären.

Meine Seele schwebte wieder einmal mit dem Blick in die Weite des Universums, als sie folgende Überlegung anstellte: „Nun hast du schon viele Inkarnationen mit und ohne „Glauben" erlebt und auch verschiedene kontemplative oder religiöse Praktiken mit unterschiedlichen Ausrichtungen ausgeübt, aber in keiner der Inkarnationen hast du die Liebe so tief und allumfassend erlebt, wie du sie gerne empfinden würdest." Ich fragte mich: „Was also ist der nächste Schritt? Wie kann ich noch tiefere Ebenen der Liebe erfahren?"

Die Antwort ließ nicht auf sich warten. Kaum hatte ich meine Überlegung ausformuliert, veränderte sich etwas und eine lichtvolle Gestalt erschien vor meinem Seelenauge: Jesus Christus.

Ich sah seine strahlende Gestalt, während das Universum tiefdunkel und mit seinen leuchtenden Himmelskörpern durch ihn hindurch sichtbar blieb. Sein Gesichtsausdruck vereinte erhabene Kraft und sanfte Milde, und seine Augen strahlten eine unendliche Liebe aus.

Jesu Herz bildete den bewegten Mittelpunkt seiner Erscheinung. Von ihm gingen Strahlen aus, die sich im gesamten universalen Raum ausbreiteten.

Er hatte seine Arme weit ausgebreitet, so als würde er alles, was je war, was ist und was je sein wird, in liebevoller Annahme in sein offenes Herz einladen. Aus diesem flossen Gnade in Form von feinstofflichem blauen Wasser und Erlösung in Form von feinstofflichem roten Blut. Sie ergossen sich unaufhörlich fließend in das Universum hinein.

Unendliche vollkommene Liebe durchdrang mich (und durchdringt mich immer wieder, während ich an diesem Kapitel schreibe).

Ich spürte und begriff gleichzeitig: Jesus war ein Mittler zwischen den Menschen und der Ur-Kraft, dem Ur-Licht, der göttlichen Liebe, die sich in diesem Moment sicht- und fühlbar durch seine im Universum schwebende, menschliche Gestalt und sein Herz verströmte.

Nun wusste ich: Wenn ich es lernen würde, in meinen kommenden Inkarnationen seine Liebe anzuerkennen, dann würde sie für mich tätig werden können. Die sich durch Jesus Christus ewig in das Universum verströmende Gnade und Erlösung würde mein Energiesystem aus den über Jahrtausende erfahrenen Begrenzungen befreien.

Alles, was ich zukünftig wollen würde, wäre von Liebe angetrieben und durchströmt. Alle Herausforderungen würden von seiner Liebe mitgetragen werden. Der Sinn aller Leiden würde sich mir erschließen und sie würden liebevoll der göttlichen Ordnung zur Heilung übergeben. Nichts wäre mehr nötig, nichts mehr zu tun, außer zu vertrauen und zu lieben.

Ich erfasste, wie die Liebe Jesu sich aller Anliegen, die jemals eine Seele vorbringen konnte, erbarmen würde, wenn sie nach ihm rief. Jesus würde diese Seele erfüllen mit allem, was sie brauchte, um wieder heim zu der Liebe ihres Schöpfers zu finden, um frei zu sein. Entzücken ergriff mich und ich wollte in meinen künftigen Inkarnationen in dieser Christusliebe wachsen.

Aus tiefster Überzeugung verkündete ich: „Ja, ich will!"

In diesem Augenblick ließ die Liebe Jesu eine Verbindung zu meiner Seele entstehen. Es war wie ein liebevoller wärmender Mantel, der meine Seele umhüllte, die ja in kommenden Leben wieder den Schleier des Vergessens um sich legen würde.

Seine Verankerung in meiner Seele würde sicherstellen, dass er mich weiterhin zu sich ziehen könnte. Er würde meine Seele auf seine Weise führen, selbst wenn ich mich durch den Schleier des Vergessens nicht mehr an mein Ja zu ihm erinnern würde.

Ich konnte die Kraft, die diese Verbindung herstellte, als den Heiligen Geist wahrnehmen, durch den Jesu Liebe alles Seiende und nun auch fühlbar mein Bewusstsein durchwebte.

Dieser Heilige Geist durchdrang das Grobstoffliche mit der feinstofflichen Essenz des Christusgeistes. Ich spürte, wie Jesus durch ihn seine aktive und kraftvolle göttliche Liebe auf besondere Weise in alle menschlichen Bedürfnisse, die ich in Zukunft haben würde, ergießen könne, sodass diese göttliche Liebe für mich in den kommenden Inkarnationen erfahrbar und wirksam werden würde.

Ich fühlte, dass alles, was ich in meinen bisherigen Inkarnationen getan hatte, um die Fähigkeit zur überpersönlichen Liebe zu entwickeln und die Kraft göttlicher Liebe zu verstehen, in meinen kommenden Inkarnationen durch das Erleben der Christuskraft eine neue Dimension erreichen würde.

In mir schwang eine große Vorfreude.

Seelenerkenntnis
Meine Seele möchte ihren weiteren Weg mit Jesus gehen.

Das besondere Seelengeschenk
Die Verankerung der Christusliebe in mir.

Geschenk in diesem Leben

Ich erlebe für mich, dass die Christusliebe mein Menschsein nicht gänzlich von Leiden befreit, sondern die Erkenntnis ermöglicht, dass alles, was an Herausforderungen und Leid in meinem Leben geschieht, von Liebe durchdrungen und liebevoll geführt ist, sodass es eine andere Qualität bekommt.

64. Priester

Zu verbissen

Nachdem ich mich dafür entschieden hatte, Erfahrungen mit der Christusliebe zu sammeln, würde sie mich finden, auch wenn ich sie im kommenden Leben, umhüllt vom Schleier des Vergessens, erst einmal nicht mehr in ihrer ursprünglichen Kraft und Milde wahrnehmen würde.

Ich wurde ein Priester.

Wieder auf der Erde, hatte ich jedoch vergessen, dass ich ein göttlicher Funke bin, der sich aufgemacht hat, sich selbst als göttlich zu erfahren und ich hatte auch vergessen, dass jede Sichtweise, jedes Erleben, jede Religion, ALLES, göttlich und gleichwertig und wundervoll ist.

Die Liebe, wie ich sie in der Begegnung mit dem kosmischen Christus erfahren hatte, würde ich in meinem kommenden Leben nicht verwirklichen können. Ich musste noch in weiteren Leben daran arbeiten, die Facetten meiner Persönlichkeit zu durchlichten, um selbst ein immer reinerer Kanal für die Liebe sein zu können und mit Situationen liebevoll umgehen zu können.

Was ich noch vor mir sehe, ist, wie ich jeden Morgen in den Spiegel schaue und das Kollar anlege. Und wie die Kirche aussah. Ich erinnere mich, wie es mein Gemüt erhellte, wenn die bunten Fenster, je nach Lichteinfall, wundervoll leuchteten. Und dass die Kirche immer kalt war. Und dass ich fanatisch war. Und selbstherrlich. Ich wollte alle mit der christlichen Lehre zwangsbeglücken.

Der tief in mir gefasste Entschluss, meinen Weg mit Jesus zu gehen, wurde äußerlich zwar umgesetzt, aber mein Herz konnte diese Liebe in ihrer ursprünglichen Form nicht mehr fühlen. Ich verlor in diesem Leben im Kontext der Kirchenstrukturen eine innere und äußere Empfänglichkeit, die sich in Form von Milde hätte ausdrücken können - wenn sie denn dagewesen wäre. Aber alles war hart. Die Bänke, der Stoff meines Talars, mein Priesterkragen, der Umgang mit den Problemen der Menschen, besonders der Frauen, auf die ich mich in meiner zölibatären Situation emotional nicht wirklich einlassen konnte. Und der jungen Männer, die ich für den Umgang mit ihrer Potenz verurteilte.

Eigentlich verurteilte ich alle, die meinen engstirnigen Vorgaben nicht entsprachen. Sie sollten lieber knien, beten und büßen. Ich fühlte mich überlegen und bedeutungsvoller als jene, die meiner Meinung nach bekehrt werden mussten.

Von der Liebe Jesu, so wie sie sich mir in den feinstofflichen Welten gezeigt hatte, hatte ich in dieser Inkarnation so gar nicht viel verstanden. Aber warum musste das so sein? Warum konnte ich nicht die vielen wunderbaren Fähigkeiten, die ich als Seele bis dahin schon erworben hatte, in mir wachrufen? Warum konnte ich keine Liebe und Gnade spüren?

Weil wir uns vor den Eintritt in unsere neue Inkarnation entscheiden, welche Erkenntnisse, Talente und Fähigkeiten aus anderen Leben wir mitnehmen und welche wir verschleiern wollen. Ich würde erst einmal erleben, was die Jesusliebe auf der Erde nicht ist: das Befolgen starrer Regeln und das Ausführen von Ritualen ohne Milde, Güte, Weisheit, Erkenntnis und Offenheit für alles, was die Schöpfung hervorgebracht hat.

Diese Inkarnation nun ermöglichte es mir, die innere Kälte zu spüren, die diejenigen besessen haben mussten, die mich einige Inkarnationen zuvor der Ketzerei beschuldigt hatten.

In meiner Lebensrückschau nahm ich die Herzen derer wahr, die mir anvertraut gewesen waren. Ich hatte Angst gesät und das Gefühl von Schuld, aber nicht viel Liebe. Trotzdem empfand ich auch Milde gegenüber dem, was ich sah. Ich hatte wenigstens versucht, Christus den Menschen näher zu bringen und konnte in Zukunft verstehen, wie man einem Bild von Gott dienen und dennoch lieblos handeln kann.

Das Leben als Priester war eine sehr gute Vorbereitung darauf gewesen, die Sanftmut, Güte und besondere Kraft der Liebe Jesu in zukünftigen Leben wirklich annehmen zu können, denn ich ließ meine Vorstellung davon, wie Christus in mein Leben und das Leben der Menschen Einzug halten sollte, los und vertraute mich ab jetzt dieser Christuskraft selbst an, die ihren Weg genau so findet, wie sie will und soll. Belehrungen und Erkenntnisse, wie die Liebe Jesu eigentlich gemeint war und lebbar werden könnte, erreichten mich von da an und in meinen nächsten Leben anders, denn ich hatte etwas begriffen: Jesus findet durch Einfachheit und Hingabe den Weg ins Bewusstsein

Ich kreierte mir von nun an Inkarnationen, in denen meine Härte in Sanftmut, Überlegenheit in Mitgefühl und emotionale Kälte in Herzenswärme gewandelt werden würden.

Die Liebe Jesu sollte sich zukünftig auf andere Weise entfalten.

Seelenerkenntnis
Bekehrung, die nicht aus einem weisen, milden und liebenden Herzen kommt, verfehlt ihren Zweck.

Das besondere Seelengeschenk
Die Milde in meiner Lebensrückschau mir selbst gegenüber.

Geschenk in diesem Leben
Ich kann nachvollziehen, wie man Gott in den Mittelpunkt stellen und doch gleichzeitig seine Größe nicht erkennen kann.

Da ich auf dem Seelenweg schon vorangeschritten war, erlebte ich die Härte in meinem Innern selbst als unangenehm. Deshalb erinnere ich die Inkarnation als Priester trotz der Verbissenheit als weniger abgetrennt. Ich hatte, während ich tat, was ich tat, einen wachen inneren Beobachter, der sich tief im Innern weiterhin nach der Christusliebe sehnte, die ich in den Geistigen Welten erlebt hatte. Ich wusste in diesem Leben nur nicht, wie ich sie erfolgreich umsetzen konnte.

Dies ist erneut eine interessante Facette in der Art der Rück-Erinnerung eines meiner Leben.

65. Geschlagener Junge
Engel unterm Tisch

Also inkarnierte ich um 1900 herum als Sohn eines jähzornigen, gewalttätigen Vaters.

In diesem Leben würde ich, wieder einmal, auf mich allein gestellt sein. Ich würde dadurch, wieder einmal, der Stimme in mir besonders nahekommen. Dies sollte mir die Möglichkeit geben, meine Aufmerksamkeit ungeteilt der Christusliebe und Christuskraft in meinem Innern zu widmen, was ich durch mein vorheriges Leben vorbereitet hatte. Aber von diesem Ziel sollte ich erst einmal nicht wissen, sondern es, im Laufe der Suche nach Erlösung aus dem Leid, entdecken.

Wir wohnten in einer kleinen Wohnung in einem Mehrfamilienhaus. Zuerst war da noch meine Mutter. Mein Vater verprügelte sie regelmäßig. Meist in der Küche. Dabei war er wie im Rausch. Er schrie und drosch haltlos auf sie ein, bis sie bewusstlos zusammenbrach.

Als ich ein Säugling war, weinte ich heftig, während dies geschah, denn ich spürte das Gefühlsband zwischen meiner Mutter und mir schmerzhaft chaotisch vibrieren. Die sich zackig und massiv anfühlenden Energien der Wut, Angst und Hoffnungslosigkeit meiner Eltern breiteten sich unaufhaltsam in mir aus. Mein kleines Körperchen war der Stimmung und der Situation ungefiltert ausgeliefert. Also brüllte und strampelte ich, um meinerseits Spannung loszulassen. Keiner beachtete mich. Mein Vater war blind vor Wut, und meine Mutter erlebte gerade schlimmstes Leid.

Die Unzufriedenheit meines Vaters, die über Tage hinweg innere Anspannung in ihm wachsen ließ, konnte ich deutlich wahrnehmen. Ich spürte, wann sie beginnen würde, sich an meiner Mutter zu entladen. Sie wehrte sich nie.

Sobald ich robben konnte, verdrückte ich mich unter den Küchentisch, wenn ich merkte, dass seine Wut explodieren würde. Ich konnte mein Köpfchen nicht lange halten, sodass sich mein Körper nach einer Weile ergab und ich mein Gesichtchen auf die kalten, harten Küchenfliesen sinken ließ und einschlief. Ich war froh, als ich größer wurde und sitzen konnte... Dann hockte ich mich, am ganzen Leib zitternd, unter den Tisch und beobachtete. Die Wucht der Emotionen, die Brutalität an meiner geliebten Mutter... Ich war so tieftraurig, dass mein gesamter Körper schmerzte.

Der Küchentisch wurde zu meiner Schutzhöhle und zu einer Lernstube. Hier wartete ich, bis der Sturm vorüber war. Entweder ich schlief, erschöpft von meinen eigenen Emotionen, ein. Oder als ich größer wurde, kauerte ich mit dem Rücken zur Wand und lugte zwischen meinen vor dem Kopf verschränkten Ärmchen hervor. Von dort sah ich, links neben der Tür, den Eisenofen und mir gegenüber das Küchenbuffet.

Während ich dort saß, suchte ich nach emotionalem Halt. Im Außen war er jedoch nicht zu finden. Doch ebenso wie mein Körper entwickelte sich auch mein Geist. War ich als Säugling der Situation hilflos ausgeliefert gewesen, so fing ich nun an, zu beobachten und nach Lösungen zu suchen. Ich begann, innerlich um Hilfe zu flehen. Und so, wie zuvor in meinem Seelenplan vereinbart, blieben die Rufe nicht unbeantwortet.

Es war, als würde ich durch Bewusstseinsschichten, die sich in mir selbst befanden, hindurchsinken. Jedes Mal, wenn ich um Hilfe flehte, ein Stückchen tiefer. Als ich ganz in meinem Innern angekommen war, begann eine liebevolle Kraft mich zu durchströmen und ich wurde ruhig. Eine Stimme, die sowohl in mir sprach als auch zur gleichen Zeit aus lichten Feldern um mich herum, sagte mir: "Ich bin dein Engel und führe dich in das Göttliche in dir. Ich bin immer für dich da."

Von da an begannen die Lektionen.

Mit jedem Tobsuchtsanfall meines Vaters wuchs ich innerlich. Unter diesem Tisch reifte ich und wurde nach und nach durch einen Selbstentwicklungsprozess geführt. Je öfter ich mich auf mein Inneres einließ, umso mehr wandelte sich etwas in mir.

Dadurch, dass ich die Aufmerksamkeit weg vom Geschehen im Außen hin zu mir selbst lenkte, kam ich in Kontakt mit etwas Größerem.

Und dies befand sich, praktischerweise, in mir.

Manchmal wurde ich liebevoll eingehüllt, ein andermal flossen mir Einsichten zu und dann wieder wurde ich mit lichten Farben durchströmt, so dass mein Körper aufhörte zu schmerzen und es still in mir wurde.

Ich empfand meine Mutter nicht als schwach, eher als sensibel. Ich bewunderte sie. Eines Tages zum Beispiel war sie mit einem neuen Kleid nach Hause gekommen. Sie war so wunderschön, dass ich mich gar nicht getraute, ihr näher zu kommen.

Ich war mittlerweile stabil auf den Beinen, die Zeit des Stehenlernens hatte ich gerade hinter mir. Von unten sah ich auf ihr aufwendig genähtes Kleid. Besonders die kunstvoll drapierte Schürze faszinierte mich... So etwas hatte ich an ihr noch nie gesehen.

Wie sie da in ihrer Pracht im Wohnzimmer stand, die geschnürte Taille, die eng anliegenden Ärmel, der edle, dunkelrote Stoff und der elegante Hut – stolz und strahlend, blitzte etwas von ihrer Seelenstärke zu mir durch.

Sie rief mich zu sich. Mit noch unsicheren Schrittchen ging ich auf sie zu und durfte mich vorsichtig in den kühlen, glatten Stoff schmiegen, während sie eine Hand auf meinen Kopf legte. Das ist die einzige Erinnerung, in der ich gesundes Selbstbewusstsein und Würde aus ihr herausstrahlen sah.

Irgendwann schlief ich unter dem Tisch nicht mehr ein, sondern sprach mit dem „Etwas" und erlebte, dass ich Antworten bekam und getragen wurde. Sie kamen in Form von Erkenntnissen und Gefühlen, manchmal in klaren Sätzen.

Als ich einmal wütend fragte: „Warum muss meine Mutter dies

erleiden?", bekam ich die Antwort: „Dein Vater tut, was er kann. Eure Seelen wollen gemeinschaftlich daran reifen. Es ist eine Verabredung zwischen euch und alle lernen daran etwas, auf ihre Weise. Frage dich, was es bei dir ist."

Ich spürte, dass es wichtig war, meinen Vater so anzunehmen, wie er war. In dem Moment, als ich davon abließ, mich einer Schuldzuweisung hinzugeben, durchdrang mich plötzlich eine Kraft, die ich bis dahin nicht gekannt hatte. Es war wie ein gewaltiger energetischer Schauer, gepaart mit einem inneren Beben, als wäre ich an Starkstrom angeschlossen.

Die Stimme in mir sagte: „Durch die Auflösung des Gedankens der Schuld bist du mit Christus in dir in Kontakt gekommen." Und ich erkannte in diesem Erleben die Präsenz der Liebe, Kraft und Milde, die ich damals, als ich in den himmlischen Sphären nach einem geeigneten Glaubenssystem gesucht hatte, spüren konnte.

Nur hatte ich in der damaligen Situation keinen menschlichen Körper, der diese Empfindung in dieser Weise verarbeitete. Das hier war etwas, wonach meine Seele sich gesehnt hatte. Jesu Liebe zog mich zu sich, über die Verbindung, die durch mein „Ja", damals in den Geistigen Welten, geknüpft wurde.

Von da an begann ich unter dem Tisch zu beten. Das brauchte mir niemand beizubringen, das hatte ich in meiner vorherigen Inkarnation zu Genüge geübt. Das würde ich jetzt immer tun, wenn ich dort hockte. Im Alltäglichen fand es wenig Platz, da es bei uns nicht üblich war. Aber dieser Ort dort unten war mir vertraut, er war meine „Kirche".

Wenn meine Mutter reglos am Boden lag, kroch ich heraus und verharrte betend an ihrer Seite, bis sie aufwachte. Mein Vater hatte die Spannung abgelassen und schlief. Es fühlte sich dann immer anders an in der Wohnung, ähnlich wie nach einem Gewitter:

ruhiger, leerer, vorerst von chaotischen Energien erlöst.

Seine Gefühle hatten sich entladen und er würde die nächsten Tage friedlicher sein. Dann würde er mit der Zeit langsam wieder beginnen, vermehrt verärgert zu reagieren und zu schreien, aber das war nicht so schlimm wie die Prügel. Erst wenn das Fass am Überlaufen war, würde er wieder schlagen.

Als ich älter wurde und in die Schule kam, erkrankte meine Mutter. Immer öfter lag sie im Wohnzimmer auf dem Sofa oder im Bett, um sich auszuruhen. Sie wurde zunehmend schwächer. Für meinen Vater bot sie keine geeignete Abriebfläche mehr. Er ließ seinen Frust nun an mir aus. Wenn er mich zu fassen bekam, prügelte er mich grün und blau.

Seine Wutanfälle nahmen zu. Da ich meine Mutter nicht zu oft allein mit ihm lassen wollte, trieb ich mich selten draußen herum. Ich behielt es bei, unter den Tisch zu flüchten, bis ich dafür zu groß war.

In dieser Übergangsphase fühlte ich mich ausgeliefert. Auf der Toilette konnte ich mich nicht verstecken, sie war auf der Etage. Bis dahin schaffte ich es selten, da er sich mir in den Weg stellte.

In der Schule erzählte ich nichts davon. Doch eines Tages entdeckte die Lehrerin die blauen Flecken und kam zu uns nach Hause, um mit meinen Eltern zu sprechen. Mein Vater gab sich vorbildlich und zeigte Reue. Das ging aber nur eine Weile gut. Dann war wieder alles beim Alten.

Es kamen ein paar Wochen, in denen er nicht zu seiner gewohnten Arbeit ging und meine Mutter pflegte. Bis sie starb.

Ich fühlte, dass mein Vater traurig war und ein schlechtes Gewissen hatte. Trotzdem konnte er seiner Wutausbrüche nicht Herr werden. Noch war ich nicht stark genug, ihm entgegentreten zu können. Doch das würde sich bald ändern.

Mit zunehmender Größe meines Körpers war es nicht mehr so leicht möglich, mich umherzuzerren. Und irgendwann kam der Tag, ich schätze, ich war 16 Jahre alt, an dem ich körperlich stark genug war, ihm Paroli zu bieten. Meine innere Stimme bereitete mich schon eine Weile darauf vor, mutig zu werden.

Sie sagte: „Ich bin die ordnende Kraft Gottes in dir. Und wenn du NEIN sagst, werde ich durch dich strömen und du wirst nicht gewalttätig werden müssen. Denn das ist nicht der Plan. Aber deine Vehemenz wird sich als Energie zu deinem Vater bewegen und den Teil stoppen, der dir bisher weh getan hat."

Als die nächste Wutwelle im Anrollen begriffen war, kroch eine Stärke aus meinem Bauch in meinen gesamten Körper. Ich nahm all meinen Mut zusammen, baute mich vor ihm auf und rief: „Jetzt ist genug! Das machst du nicht mehr mit mir! Wenn du mich schlägst, schlage ich so zurück, dass es dir leid tun wird."

Meine Entschlossenheit flößte ihm Respekt ein und er merkte, dass er nicht mehr der Überlegene war. Es war das erste Mal, dass er seine Hände sinken ließ und den Raum verließ. Das gab mir die Chance zu einer weiteren Entwicklung: Autorität.

Wenn er schlagen wollte, stellte ich mich ab diesem Zeitpunkt mit meiner ganzen inneren und äußeren Stärke hin und wies ihn mit fester Stimme zurecht. Dies läutete die Zeit ein, in der er es nicht mehr wagte, mich zu prügeln.

Mein Körper konnte sich erholen und ich konnte meine Angst vor ihm gänzlich loslassen. Es war noch in meiner Schulzeit, als wir beide gleichzeitig an einer Grippe erkrankten und in derselben Woche starben. Erst mein Vater, dann ich.

Wir hatten unsere Lektionen gelernt.

Ich glitt aus meinem Körper heraus, warf noch einen Blick auf ihn und die gesamte Wohnung, die in diesem Leben der

Hauptschauplatz für meine Entwicklung gewesen war.

Mein Energiekörper bewegte sich nach oben, durch die Ebene der Maschinengeräusche hindurch. Das fühlte sich wie immer etwas unangenehm an. Aber da ich mich daran erinnerte, dass es nur die Durchquerung einer bestimmten Ebene bedeutete, nahm ich es gelassen hin.

Als dann auch meine Lebensrückschau abgeschlossen war und ich erwartete, ins Licht einzugehen, ereignete sich etwas völlig Neues:

Ich *empfand* nicht nur die Einheit mit allem, was ist, sondern ich *wurde* zu Allem, was ist.

Seelenerkenntnis

Je mehr ich mit dem Herzen sehe, umso mehr kann das Göttliche in Kontakt mit mir treten.

Das besondere Seelengeschenk

Die Art, wie ich unter dem Tisch von den Engeln belehrt und von Christusliebe durchströmt wurde.

Tief in mir erfuhr ich am eigenen Leib, wie es sich anfühlt, wenn eine Bedrohung ihre Kraft verliert und durch Vergebung und Unterweisungen aus den Geistigen Ebenen Furcht sich in Liebe und Stärke verwandelt. Ich hatte auf einer tieferen Ebene als bisher erlebt, was es heißt, dass es immer ein Wandeln der Rollen gibt, egal wie sich jemand „aufplustert", weil irgendwann jeden die Lebenskraft verlässt und er sich auf den Weg nach Hause macht, egal wie grausam er gewesen sein mag.

Geschenk in diesem Leben

Ich habe den natürlichen Zugang zu den Unterweisungen der Geistigen Welt beibehalten.

66. Schwarzes Loch
Zeitlos von der Zeit erholen

Ich war entkörpert und hatte mein junges Leben an mir vorbeiziehen sehen. Dabei hatte ich meine Entwicklung wahrgenommen
und war zufrieden gewesen mit dem, was ich sah. Jetzt hätte ich
abgeholt werden können oder einfach ins Licht schweben, aber
nichts dergleichen geschah. Ich sah mich stattdessen im Universum
schwebend. Und, als bilde meine Seele einen Mittelpunkt, drehten sich sanft um mich herum, die Natur, alle Menschen, Tiere
und Dinge, die zum Zeitpunkt meines Entkörperns auf der Erde
existent waren. Ich erfasste mit meinem Seelenblick und fühlte mit
meinem Seelengefühl alle auf der Erde existierende Materie
gleichzeitig - ich nahm mich wahr als dies alles seiend.

Dieser Wahrnehmungsprozess war, wie in anderen Dimensionen
gewohnt, nicht linear, wie hier auf der Erde. Ich sah und fühlte
also alle Materie gleichzeitig um mich herum, während ich mich
ebenso in allem präsent fühlte.

In diesem besonders erhabenen Moment wurde mir bewusst:
ICH BIN DAS ALLES.

Ich war der Baum, das Blatt, der Mensch, das Tier, der Schrank,
ja alle Materie und alles, aus dem sie sich zusammensetzte. Es war
nicht nur ein Wissen, es war ein Fühlen, eine Erkenntnis, eine
Offenbarung. Ich sah und fühlte alles als existent und nahm gleichzeitig mich selbst in allem wahr.

Es war nicht nur das Gefühl von „Einssein", sondern die klare
Wahrnehmung in allem gleichzeitig anwesend zu sein:
ALLES ZU SEIN.

Bisher hatte ich die göttlichen Ebenen als Licht erlebt, als die

Quelle von Geborgenheit, Liebe und Heilung, mit der ich mich eins fühlte und zeitweise verschmolz. Dies hier war etwas anderes.

Es war nicht so, dass ich mich als Seele in dem Gefühl der Einheit befand, sondern ich erlebte ein Gottesbewusstsein, das mich fühlen ließ, dass ich alles bin. Dass jeder alles ist. Das „ICH BIN" in allem, was existiert. Ob Vergangenheit, Gegenwart, Zukunft, ob Ding oder Lebewesen, ob Teilchen oder das gesamte Universum.

Als diese Erkenntnis mich tief in meinem Seeleninnern erreicht hatte, begannen die Dinge um mich herum zu verblassen und meine Wahrnehmung wechselte wieder hin zu dem vertrauten Blick ins Universum und dem Empfinden meiner Seele, wie ich sie als Individuum kannte.

Während dieses unvergesslich intensive Erlebnis in mir nachschwang, gesellten sich zwei Engel zu mir. Sie nahmen mich in ihre Mitte und schwebten mit mir durch den universalen Raum. Gemeinsam steuerten wir auf ein schwarzes Loch zu. Sanft beförderten mich die Engel an seinen Rand.

Da ich nicht wusste, was mich erwartete, war ich gleichzeitig verwundert und neugierig.

Die beiden Engel ließen mich los und ich wurde in das schwarze Loch hineingezogen. In immer kleiner werdenden Spiralen trudelte ich in eine schwarze Tiefe.

Währenddessen vergaß ich, wer oder was ich war.

Meine Identität entglitt und ich nahm mich und mein ICH BIN nicht mehr wahr.

Es gibt jedoch die Wahrnehmung der Quelle allen Seins, welche die Seele dabei beobachtet, wie sie erlebt, dass sie sich nicht wahrnimmt. Das Seelengedächtnis ist mit dieser Wahrnehmungsebene verbunden, so dass ich jetzt aus dieser Perspektive berichten kann.

Im Innern angekommen war es vollkommen still. Noch stiller als im Ur-Meer der Seelenfunken.

Damals, im UR-Meer, hatte ich nicht bemerkt, dass ich und die anderen Seelenfunken da waren, aber trotzdem empfunden, dass irgendwie irgendwas da war.

Aber hier im schwarzen Loch fühlte es sich auch nicht an wie in einem traumlosen Schlaf, sondern diesmal war in keiner Ecke meines Bewusstseins noch irgendein Gefühl für mich oder irgendetwas. Jetzt war es eine Stille, in der auch die unbewusste Wahrnehmung von mir selbst vollkommen ausgelöscht war.

Ich vergaß, dass ich existierte: Ich war NICHTS mehr.

Seelenerkenntnis
Es gibt einen Ort, wo die Identität meiner Seele für eine gewisse Zeit wie auf einen Nullpunkt gesetzt wird.

Das besondere Seelengeschenk
Das Gefühl des Seins im Nicht-Sein.

Geschenk in diesem Leben
Mich daran erinnern zu können, Nichts und Alles zu sein.

67. Alkoholiker
Gesehen werden wollen

Im schwarzen Loch war ich also zu NICHTS geworden, wo ich zuvor mir noch bewusst gewesen war, ALLES zu sein. Es war schwarz in mir und um mich herum, aber da war niemand, der das bewusst registrierte, nur mein Seelengedächtnis erinnerte sich später daran.

Im schwarzen Loch war es weder kalt noch warm, weder eng noch weit noch sonst irgendetwas. Da war einfach NICHTS. Ich war NICHTS. Wie lange? Bis es Zeit wurde, erneut zu inkarnieren.

Dass ich weiterhin existiert hatte, merkte ich daran, dass ich nach einer Weile allmählich wieder begann, bewusstes Leben zu empfinden und mir meiner selbst gewahr wurde.

Sobald ich meine Seele im Mittelpunkt des schwarzen Loches wieder als etwas Seiendes erfasste, schwebten die zwei Engel auf mich zu und nahmen mich erneut in ihre Mitte. Sie teilten mir mit, dass es Zeit wäre, wieder zu inkarnieren.

Spiralförmig schwebte ich mit ihnen aus dem Schwarzen Loch hinaus in die Lichtwelten, wo ich in einen Lichtkörper gekleidet wurde. Dieser war, wie immer, wandelbar und veränderte sich, je nachdem, in welcher Ebene ich mich in meiner Vorbereitung auf das kommende Leben gerade befand. Wie schon so oft begannen die Vorbereitungen auf ein neues Leben.

In der nun folgenden Inkarnation sollte ich als der Mensch, der ich wurde, das in den feinstofflichen Welten Erlebte in einer besonderen Form verarbeiten. Ich wollte dieses Göttliche sanft und ohne Aufregung leben.

Da es, so wie ich es wahrnehme, im Durchleben von Erfahrungen immer auch um Ausgleich geht, wollte ich im Gegensatz zu meinem zwei Inkarnationen zuvor gewählten, überheblichen Priestertum schauen, was geschieht, wenn ich einfach durch mein Dasein unaufdringlich leuchte.

Ich würde dabei zu denen gehören, die sich oft abgelehnt und wertlos fühlen. Überheblichkeit würde auch in der kommenden Inkarnation keinen Nährboden haben. Ich entschied mich, inmitten von vielen Menschen einsam, nur die Gewissheit der Göttlichkeit in mir tragend, zu existieren.

Der Hauptteil meiner Erinnerung setzt ein, als ich obdachlos auf dem Boden sitze und bettle, neben mir eine kleine Flasche Schnaps, mein ständiger Begleiter.

Die Erfahrung des ICH BIN ALLES hatte ich vollkommen klar und vordergründig fühlend in mein neues Leben mitgenommen. Was ich suchte, war die Begegnung mit anderen Seelen, die trotz meiner äußeren Erscheinung das Göttliche in mir erkennen würden, so wie ich das Göttliche in ihnen schauen würde.

Ich wollte in diesem Leben gesehen werden als das, was ich war: eine Seele voller Liebe.

In mir war der Gedanke, „Wenn nur ein Mensch das Göttliche in mir anerkennen würde, wäre meine Sehnsucht gestillt, und ich wäre von dem seelischem Schmerz und der Alkoholsucht geheilt." Ich wollte erkannt werden. Ich wollte die Erfahrung machen, dass andere Seelen mir hier auf der Erde, und nicht nur in den feinstofflichen Welten, zeigten, dass sie sich daran erinnerten, dass sie alles sind, dass wir eins sind, und dass die äußere Erscheinung nur eine Hülle ist, die wir gewählt haben, um unsere Erfahrungen zu machen.

Wenn wir im Kontext der zuvor gemachten Erfahrung des ICH BIN ALLES bleiben, kann man sagen: Gott wollte von sich selbst gesehen werden.

Ich versuchte, jedem mein Inneres über eine Kontaktaufnahme durch die Augen zu offenbaren: jedem, der vorbeiging und mich anschaute; jedem, der sich zu mir beugte und etwas Geld in meinen Becher warf; jedem, der ein Wort mit mir wechselte. Aber es missglückte.

Die Menschen, die vorübergingen, konnten sich nur bis zu einem gewissen Grad auf die Liebe in meinen Augen einlassen. Immer blieb ein Rest an Mitleid, Wertung, Unangenehm-Berührtsein, Angst oder Abgestoßensein. Es gelang bei keinem Einzigen der pure Blick von Schöpfer zu Schöpfer.

Der Alkohol zerstörte meinen Körper, während die Sehnsucht blieb. Irgendwann erfror ich einsam in der Nacht.

So starb ich, ohne dass meine tiefe Sehnsucht sich erfüllt hatte. Die Seelen, denen ich in diesem Leben begegnet war, waren sehr gut in den Schleier des Vergessens ihrer Göttlichkeit eingehüllt gewesen.

Ganz leicht glitt ich aus meinem Körper heraus. Die Rückschau auf mein Leben fiel sehr liebevoll aus. In diesem Leben als alkoholabhängiger Obdachloser hatte ich stetig das Sehnen danach, erkannt zu werden, in mir bewahrt, und es geschafft, obwohl es sich nicht erfüllte, keinen Gram und keinen Hass und keine Wut zu entwickeln.

Ich hatte einen Körper gehabt, der zerfiel, hatte Schmerzen erlitten, gefroren und gestunken. Trotzdem hatte ich das Bewusstsein der Einheit in mir getragen. Ich war in meinem Sein geblieben, so wie ich es kreiert hatte, und hatte es gemeistert - trotz aller äußeren Widrigkeiten und trotz der Abhängigkeit - in der Wahrnehmung der Göttlichkeit in mir zu bleiben. Nach der Rückschau ging es weiter, durch die Ebene der Maschinengeräusche hindurch, von dort, ohne durch einen Tunnel oder Ähnliches zu schweben, in das Universum und in das Licht hinein. Ich kannte den Weg ja.

Was war jetzt der Sinn? Warum hatte ich mir in diesem hohen Bewusstsein nicht ein Leben in Gesundheit und Fülle erschaffen? Warum musste ich so leiden? Weil dieses Leben mir ermöglicht hatte, meinen urteilenden Verstand von jeglicher Wertung zu befreien. Ich hatte die Beurteilung meines Wertes als Seele vollkommen von Erwartungen gelöst, wie ich diesen Wert auszudrücken hatte: nicht in einem vollkommenen Körper, nicht in finanzieller Fülle, nicht in Erfolg, nicht in Unversehrtheit und auch nicht in der Erschaffung anderer Lebensumstände, sondern in absoluter Akzeptanz meiner Kreation. Einfach da sein, so, wie ich mich entschieden hatte, zu sein und genau da mein inneres Seelenglühen zu bewahren.

Meine Seele holte in diesem Leben in besonderer Weise das Bewusstsein der Einheit von allem, was ist, frei von Wertung in meinen menschlichen Energiekörper, wo es mir dann in den folgenden Inkarnationen zu Verfügung stehen würde.

Während ich entkörperte, wurde mir die Schönheit der Einfachheit und Hingabe meines Lebensweges gezeigt. Ähnlich dem Anblick zarter Blumen am Wegesrand, die nur wenige betrachten, die aber den Weg bereichern, ohne dass man sie bewusst wahrnimmt. Und dann fühlte ich, dass nun der Weg frei war, mir auch in einem inkarnierten Körper nicht nur der Einheit gewahr zu sein, sondern zu lernen, sie mehr und mehr zu verkörpern und dieses Wissen aktiv nach außen zu tragen.

Das Vergessen der Einheit, das mich so viele Inkarnationen begleitet hatte, hatte nun sein Ende gefunden. Ich war bereit, die Erinnerung zu behalten und anderen Seelen davon zu berichten.

Ich würde aktiv daran mitwirken, ein neues Zeitalter auf dieser

Erde einzuläuten. Mit vielen, vielen anderen Seelen, die ebenso wie ich an dem Punkt waren, sich bewusst zu sein, dass alles eins ist, dass wir Geist sind, dass wir Liebe sind, dass wir schöpferische Wesen sind. Seelen, die zu ihrer bewussten Göttlichkeit erwachen würden.

In meinem kommenden Menschenleben sollte ich mutig nach außen gehen und, wie viele andere Seelen auch, meinen aktiven Beitrag dazu leisten, dass dieses neue Zeitalter in die Existenz kommen kann.

In dieser neuen Zeit würde ICH für andere sichtbar werden.

Seelenerkenntnis
Meine Erinnerung an das große Ganze will nicht nur erkannt, sondern auch nach außen kommuniziert werden.

Das besondere Seelengeschenk
Zufriedenheit jenseits von Wertung erfahren zu haben.

Geschenk in diesem Leben
Ich schöpfe aus der Erinnerung Mut, mich zu zeigen, damit der göttliche Funke in den Menschen, die dafür offen sind, entfacht werden kann. Es ist zwar gut, vor sich hin zu leuchten, aber je mehr Seelen dieses Leuchten wahrnehmen, umso mehr können sich davon berühren lassen.

68. Pferd
Ich weiß mehr, als du ahnst

Um darauf vorbereitet zu werden, in meiner nächsten menschlichen Inkarnation in einer sichtbaren Form zu erscheinen, die viele Menschen berühren könnte, hatte meine Seele bestimmte Vorbereitungen auf der Erde zu treffen. Zu diesem Zweck inkarnierte ich als Pferd und ging eine enge Verbindung zum Menschen ein.

Wenn ich meine Tierinkarnationen betrachte, haben sich meine Fähigkeiten, innere Prozesse bewusst zuzulassen, parallel zu meinen seelischen Fähigkeiten entwickelt. Meine Seelenreife trug dazu bei, dass ich in jedem neu bewohnten Körper – unabhängig von seiner Form – in einer immer ausgedehnteren und tieferen Weise empfand, dachte und fühlte. Dadurch unterlagen auch alle Instinkte diesen gereiften Seelenaspekten.

Diese Pferdeinkarnation spiegelte meine im Kronenzentrum erreichte Entwicklung wider. Ich war verbunden mit den Energien meiner Umgebung – den sichtbaren und den unsichtbaren – und konnte in sehr intelligenter Weise mit Menschen interagieren. Mein Pferdekörper war höchst sensibel, und meine Intelligenz zeigte sich besonders im Erfassen von Energien sowie in der Synergie zwischen meinen naturgegebenen Instinkten und der Fähigkeit, eine Verbindung zum Menschen aufzubauen und ihm zu dienen.

Es erforderte eine enorme Leistung, meine natürlichen Impulse mit den Erwartungen der Menschen in Einklang zu bringen. Ich war eine sensible, rotbraune Pferdedame. Meine Wahrnehmung der Umgebung lief besonders über mein hochsensibles Nervensystem, das jede Art von Impuls intensiv weiterleitete. So nahm ich die Menschen, ihre Schwächen, Fehler und ihre gesamte Persönlichkeit sehr genau wahr.

Irgendwann wurde ich eingeritten. Dies übernahm ein Mann, der genau wusste, was er tat. Er hatte eine klare Ausstrahlung, und sein Handeln war für mich nachvollziehbar. Das bedeutete, dass er mir Absichten vermittelte und sofort auf meine Reaktionen reagierte. So konnte ich lernen, die Folgen meines Verhaltens mit seinen Handlungen in Zusammenhang zu bringen. Er hatte einen klaren Willen, und bei ihm fühlte ich mich sicher.

Nachdem ich ausgebildet war, wurde ich im selben Stall an eine Frau verkauft, die unsicher und unzufrieden war. Sie gab mir keine klaren Signale, was die Zusammenarbeit erschwerte. Ihre widersprüchlichen oder überlagerten Botschaften verwirrten mich: zum Beispiel „Ich will etwas von dir, bin mir aber nicht sicher, ob ich das überhaupt verlangen darf", oder „Ich erwarte dies oder jenes von dir, und wenn du es nicht tust, nehme ich es persönlich, fühle mich wertlos und unfähig und werde ungehalten."

Gleichzeitig konnte sie nicht erkennen, dass ich so handelte, weil ich ein Pferd war, das von vielschichtigen Eindrücken und Informationen beeinflusst wurde, die für sie unsichtbar blieben.

Diese widersprüchlichen Energien setzten mich unter Stress. Sie interpretierte meinen Stress jedoch als Eigenwillen, was sie wütend machte. Aber ich konnte ihr nicht helfen, da ich bereits genug damit zu tun hatte, ihre diffusen Energien zu verarbeiten. Dadurch wurde ich selbst unsicher. Auch von ihrem Herzen kamen keine klaren Signale zu mir, und so wurde ich immer nervöser.

Ich wünschte mir, dass sie anders mit mir umgehen würde, um mir mit ihrer Klarheit zu helfen, mich so zu verhalten, dass ich sie unterstützen konnte. Ich wollte es ja – aber es gelang mir einfach nicht. Wir passten nicht gut zusammen.

Nach einiger Zeit erkannte sie, dass unsere Zusammenarbeit so nicht funktionieren konnte, und verkaufte mich. Ich wurde in einen Hänger geladen und kam in einen ruhigen, kleinen, privaten Offenstall. Das war ein großes Glück, denn meine neue Besitzerin war eine robuste, aber sensible und klar ausgerichtete Person. Sie sprach nicht vorwurfsvoll mit mir, sondern aus ihrem Herzen, meinte, was sie sagte, und näherte sich mir in Ruhe und mit klarer Absicht. Dadurch begann ich, mich zu entspannen, und wir entwickelten eine tiefe Verbindung zueinander. Von da an hatte ich ein schönes Pferdeleben.

Der Umgang mit meiner Besitzerin fügte meinem Dasein als Tier viele erfüllende Aspekte hinzu. Das Unterordnen eröffnete mir enorme Möglichkeiten, Dinge zu lernen und zu erleben, die ich sonst nicht hätte erfahren können. Es bereitete mir Freude, mit meiner Reiterin etwas zu tun, das ohne sie unmöglich gewesen wäre. Um geritten zu werden, braucht es jemanden, der einen reitet. Um Dinge wie Zaumzeug und Sattel kennenzulernen und zu nutzen, braucht es Wesen, die diese herstellen und anwenden. Um einen Parcours zu trainieren, braucht es jemanden, der dies auch möchte.

Die enge Verbindung zum Menschen war äußerst lehrreich. Wenn eine klare innere Verbindung zu mir hergestellt wurde, empfand ich diese als höchst beglückend. Indem ich meiner menschlichen Freundin diente, konnte meine Seele viele neue und interessante Erfahrungen sammeln. Dabei lernte sie, was sie für die nächste Inkarnation benötigte:

… die widerstandslose Hingabe von Körper, Geist und Seele an eine höhere Macht und Ordnung.

Seelenerkenntnis

Ein domestiziertes Tier zu sein, erfordert Höchstleistung. Ich lerne, meinen tierischen Instinkt neuen Einflüssen zu unterwerfen. Dies stellt besondere Ansprüche an meine Fähigkeit zur Selbstregulation: Ich muss meine natürlichen Verhaltensweisen so mit meiner Intelligenz anpassen, dass ich die an mich gestellten Anforderungen bewältigen kann. Dazu gehört nicht nur, zu verstehen, was von mir verlangt wird, sondern auch, einen Weg zu finden, mich selbst entsprechend zu formen.

Das besondere Seelengeschenk

Die vielen Eindrücke und Möglichkeiten, die durch die enge Verbindung zu den Menschen entstanden sind.

Geschenk in diesem Leben

Am eigenen Leib erfahren zu haben, dass die liebevolle Domestizierung einer als Tier inkarnierten Seele große Freude bereiten und den Seelenweg bereichern kann.

Teil 3

Vorbereitung auf dieses Leben

69. Was ich bisher gelernt habe
Gott ist größer, als der Verstand begreifen kann

Seit der Geburt meines Seelenfunkens habe ich unendlich verschiedene Dimensionen durchreist und keinen Augenblick je auf dieselbe Weise empfunden.

Ich habe tiefste Gefühle durchlebt, unzählbar viele Gedanken gedacht, immer wieder etwas anderes gesehen, mit meinen Sinnen jeden Augenblick neu wahrgenommen, unerheblich, ob ich einen Körper hatte oder ob ich körperlos war. Jeder meiner Tode war anders, jede Vorbereitung auf ein neues Leben auch.

Meine Seele war sowohl bewusste Schöpferin als auch Teil eines größeren Prozesses, der nicht bewusst von ihr gesteuert wurde, sondern vom großen Feld der Wunder.

Und auch wenn wir gerade einen Körper haben und unsere Wahrnehmung durch die Augen unserer derzeitigen Inkarnation geschieht, so ist da doch, während wir erleben, was wir erleben, ein unermesslicherer Zusammenhang zwischen allem, als uns bewusst ist. Und dieses Alles ist so viel größer, so unbeschreiblich, dass es den Verstand und das, was wir von Gott, dem Nichts und Alles, wahrnehmen können, bei weitem übersteigt.

Es sind unendlich viele Ebenen, die sich durchdringen und aufeinander einwirken. Die Seele ist immer mit dem Omniversum verbunden und interpretiert die Geschehnisse aus diesem großen Gesamtzusammenhang. Sie ist nicht wie der Tropfen in einem Ozean, sie ist wie der Ozean in einem Tropfen.

Und während unser Verstand fragt, warum es Kriege gibt, warum Krankheit, Leid und Not, weiß unsere Seele auf den Ebenen ihrer Herkunft um die große Gnade, in einem Körper sein zu dürfen und alle Facetten, die eine Inkarnation bietet, erleben zu können. Wir sind geistige Wesen und unsere Seele ist unsterblich.

Jede Seele geht ihren Erkenntnisweg in ihrem Tempo und nach ihren Vorlieben. Wir können unserer Seele bedingungslos vertrauen, dass sie alle Bedingungen so erschaffen hat, dass das Ziel der Wiedervereinigung mit dem Bewusstsein der Einheit erreicht wird - zu seiner Zeit.

Jede Seele darf selbst entscheiden, wie tief sie sich in die Forschungen hineinbegeben und sich mit der Materie verweben möchte. Sie weiß, welche Schönheit darin liegt, sich auf ihre ganz eigene Weise über Äonen hinweg entfalten zu dürfen und dass genau das, was sie gerade erlebt, eine individuelle Seelenpersönlichkeit entstehen lässt, die sich irgendwann wieder in die Wahrnehmung der Einheit begibt.

Und wenn sie in einem Augenblick großes Leid erfährt, so ist dies nur ein Wimpernschlag in ihrer gesamten Existenz. Es ist ein Naturgesetz, dass die göttliche Kraft diese Erlebnisse wieder heilt. Deshalb verändert die Seele auch über viele Leben hinweg ihren Umgang mit Leid.

Und während die Seele lernt, die Materie und das eigene Innere auch während des Bewohnens eines Körpers mehr und mehr zu meistern, erlebt sie eine Reise, die interessanter nicht sein könnte.

Es gibt keine Wertung - egal wo die Seele in ihrer Entwicklung steht, sie trägt immer den göttlichen Funken in sich, der genau da, wo er sich befindet, seinen unerlässlichen Teil zum großen Ganzen beisteuert, auch wenn der Teil dunkel und böse erscheint. Alles ist beseelt, alles trägt diesen göttlichen Funken. Deshalb ist alles gleichwertig und göttlich. In der Liebe sind wir alle miteinander verbunden. Durch unsere innere Stimme werden wir geführt und nehmen genau den Platz ein, der in der Gesamtsinfonie notwendig ist. Wir sind immer so in Ordnung, wie wir sind, denn wenn wir anders sein sollten, wären wir anders.

Und genau von dem Punkt aus, wo wir sind und wie wir sind, entwickeln wir uns weiter, jede Seele auf ihre Weise. Es ist ihr einzigartiger Erlebnisweg, auf dem sie Erfahrungen, Eindrücke, Gefühle und Erinnerungen sammelt und sich auf diesem Weg ihrer Göttlichkeit bewusst wird.

Es gibt eine stabile innere Ebene, die alle Handlungen im Sinne der Liebe interpretiert. Es gibt keinen Stillstand, und die Seele lernt mehr und mehr, sich liebevolle und freudvolle Erfahrungen zu kreieren und auch in einem verkörperten Zustand immer mehr in das Bewusstsein der Einheit einzutauchen. Die Seele entwickelt sich, weil sie es von sich aus will. Entwicklung ist ein natürliches Bestreben der Seele, auch wenn man das von außen manchmal nicht sogleich wahrnehmen kann und über manche Menschen urteilt.

Jeder Mensch, jede Seele hat ihr Bewusstsein auf ihre Weise selbst zu entwickeln. Sie kann lernen, mit dem großen Ganzen in Verbindung zu treten und Hilfe zu bekommen. Ihre Gedanken und Gefühle sind reine Energie, die die Schwingung und Frequenz in und um sie herum ändert. Jede Seele dient dem großen Ganzen - ohne Ausnahme. Die Seele schaut mit Liebe die Erfahrungen an, die wir sammeln und freut sich über alles.

Gott lässt Leid und Schmerz zu, weil er unermesslich viel größer ist als wir ahnen und die Entwicklung einer jeden einzelnen Seele sieht, die er ja selbst ist. Er wertet das, was die Seele dazu bringt, sich zu entwickeln, nicht, weil Gott nicht in Kategorien wie richtig oder falsch denkt, sondern ein höchst intelligentes, Bewusstsein schaffendes Mysterium ist.

Es gibt nichts außerhalb von Gott.

70. Die Planung
Welche Herausforderungen wünscht du dir?

Als wir Seelenfunken damals in dem unendlich wirkenden Raum zusammen in Farbschwingungen tanzten, waren nicht alle mit mir tanzenden Funken daran interessiert gewesen zu erfahren, was die weißgolden leuchtenden Teilchen mitzuteilen hatten.

Nur eine winzige Menge, im Verhältnis zu dieser unermesslichen Masse an Seelenfunken, kam, um zu lauschen. Und nicht alle, die gelauscht hatten, fühlten sich von den Bildern, die wir sahen angesprochen und entschieden sich, mitzumachen.

Hatte ich damals, im Meer der Seelenfunken, von den imposanten Teilchen Mutter Erde und die Menschen aus einem bestimmten Grund gezeigt bekommen und nicht irgendeinen anderen Planeten? War ich durch irgendwelche bestimmten Voraussetzungen gerade diesen Teilchen und diesem Weg so zugewandt gewesen? Wie auch immer es sein mag, damals hatte ich mich voller Vorfreude entschieden, den Planeten Erde zu erkunden und eine verkörperte Seele zu werden. Seitdem habe ich mit meinen feinstofflichen Helfern schon viele Leben vorbereitet.

Die Prozedur der Vorbereitung auf ein neues Leben verlief von Mal zu Mal etwas anders, weil ja auch ich, die Seele, von Mal zu Mal anders war. Manchmal sauste ich durch Energietunnel, die mich von einer Dimension in eine nächste trugen. In dem Moment spürte ich eine intensive Bewegungsenergie und es glitten Farben an mir vorbei.

Oder ich sah ineinander verschachtelte Dimensionen, die mit ganz tiefen omniversalen Erkenntnissen gekoppelt waren.

Manchmal tanzten Energiespiralen um mich herum und ich

merkte, dass sie bestimmte Gefühlsinformationen auf mein System übertrugen. Dann wieder wurde ich Teil von Energiewirbeln, die mir kognitive Informationen übermittelten.

Oder ich weilte in Lichträumen, in denen ich mich mit anderen Seelen austauschte. Diese erschienen, je nachdem zu welchem Zweck wir uns trafen, so, wie wir uns gegenseitig in unserer letzten miteinander verbrachten Inkarnation gekannt hatten, in einem von der Seele gewählten Alter.

Oder in anderen Energieräumen, einfach so, wie die Seele Spaß daran hatte, sich zu zeigen. Oder ich verweilte in Energiefeldern, die bestimmte Gefühle und Erfahrungen ermöglichten wie z.B. Heilungsfelder oder Wohlfühlfelder, einfach zum Genießen oder um unsere Lichtkörper auf etwas vorzubereiten.

Auch gab es wunderschöne Lichttempel mit ebensolchen Lichtwesen und wir schwelgten in Farben, Formen und Klängen. Ab und zu, je nachdem wie kurz eine Inkarnation hinter mir lag, auch in Düften. Ich bereiste feinstoffliche Landschaften, die auf meine Seele unendlich wohltuend wirkten und viele weitere Dimensionen. Es gab Lichträume, in denen ich mich mit meinen feinstofflichen Helfern besprach.

Auch in der Vorbereitung auf dieses Leben wurde meine Seele wieder einmal von einer Ebene zu anderen gebracht und jeder Aufenthaltsort erfüllte eine bestimmte Aufgabe.

Ein Teil meiner Vorbereitungen für dieses Leben fand in einem feinstofflichen Schulungsraum statt, der so ausgestattet war, wie er der Zeit, in die wir hineininkarnieren würden, entsprach, als Einstimmung gewissermaßen.

Ich saß mit 23 weiteren Seelen, in unsere Lichtkörper gekleidet, in einem Klassenraum, dessen hell strahlende Kuppel uns zu den anderen Lichträumen hin abgrenzte. Auch der Boden war aus

Licht. Der Raum war eingerichtet wie ein Klassenzimmer, so, wie sie zu meiner Kindheit modern waren. Schultische mit holzfarbenen Sperrholz-Tischplatten und Holzstühle standen in drei Reihen hintereinander aufgestellt, jedoch eine dunkle Tafel fehlte.

Dafür gab es eine strahlende Fläche, wie ein Flipchart, auf dem die Lebensentwürfe, die wir gerade besprachen, sichtbar wurden. Vor uns stand ein prächtiger, weise Autorität verströmender Engel, der die Aufgabe hatte, mit uns die Feinheiten unserer Lebensentwürfe durchzusprechen und die Bedingungen der Verträge mit den einzelnen Seelen, die in unser Vorhaben integriert werden sollten, zu überprüfen.

Er hatte einen Stab in der Hand, mit dem er, durch innere Ausrichtung und mit einer schwungvollen Bewegung, alle Informationen an diese Lichttafel „zaubern" konnte. Der Austausch lief telepathisch ab, die Essenz wurde auf der Lichttafel für uns alle sichtbar verbildlicht und „festgehalten". Wir hatten unsere Leben schon grob vorgeplant, doch jetzt ging es daran, unseren Lebensweg noch einmal im Gesamten darzustellen, denn das, was auf dieser Tafel am Ende dokumentiert werden würde, sollte die endgültig bindende Blaupause für unsere zukünftige Inkarnation werden.

Für uns wurden noch einmal die Herausforderungen und Möglichkeiten der Zeitqualität zusammengefasst, in die hinein wir inkarnieren würden. Unser Lichtlehrer stellte uns die Frage, ob wir bei unseren Wünschen, was den Schwierigkeitsgrad unserer Herausforderungen anging, bleiben wollten. Es gab die Wahl zwischen einer „Ausruhinkarnation", einer Inkarnation ohne beträchtliche Herausforderungen, aber mit dem Genuss des Erdenkörpers. Des Weiteren gab es die „mäßig herausfordernde" Inkarnation, von der man recht sicher sein konnte, sie bewältigen zu können, ohne in Krisen zu geraten, welche die Gefahr in sich bargen, dem Leben ein Ende setzen zu wollen. Dann gab es die „Inkarnation mit großen Herausforderungen" und gleichzeitiger Chance auf eine enorme Seelenentwicklung und schlussendlich die „Inkarnationen mit extrem starken Herausforderungen". Das waren dann Inkarnationen, so wie Jesus und andere Meister sie hatten. Von ihnen hatten wir niemand dabei.

Von den 24 Seelen hatten sechs sich für eine Ausruh-Inkarnation, drei für eine Inkarnation mit großen Herausforderungen und der Rest sich für die Mitte entschieden.

Jede Seele hatte für ihre vorhergehenden Leben schon andere Schwierigkeitsstufen gewählt, da gibt es keine Wertung. Wenn man ein herausforderndes Leben hatte, dann möchte man es zwischendrin auch wieder mal leicht haben und trotzdem inkarnieren. Es ging aber in keiner Weise darum, besser sein zu wollen oder schneller ins Bewusstsein der Einheit zu gelangen als andere Seelen, sondern es ging darum, sich noch einmal bildlich darüber klar zu werden, was man sich für dieses Mal vorgenommen hatte.

Ich wollte eine Inkarnation mit großen Herausforderungen und wieder mal so richtig „in die Vollen" gehen, denn meine Inkarnation als Pferd war ja nicht so anstrengend gewesen, sondern irgendwann so richtig genussreich und schön geworden.

Außerdem wollte ich diesmal mit entsprechenden äußeren Bedingungen und einer dafür ausgestatteten Persönlichkeit dazu beitragen, das Bewusstsein der Einheit in die Welt zu bringen und dieses Wissen nicht, wie in den Inkarnationen davor, für mich behalten. Nacheinander gingen wir jede einzelne Inkarnation gemeinsam durch, so wie wir sie uns in den zuvor durchwanderten Energieräumen und mit unseren geistigen Helfern zusammen zurechtgelegt hatten.

Unsere Wünsche und Vorstellungen wurden noch einmal zusammengefasst und deren Konsequenzen sowie die möglichen Fort- und Entwicklungsschritte, die daraus entstehen könnten, verdeutlicht. Es ging darum, alles Vorbereitete zusammenzutragen und endgültig zu bestätigen. Manche Verträge mit anderen Seelen waren schon geschlossen, mache standen noch aus.

Das Leben erschien auf dieser Tafel wie ein Fluss, bei der Geburt beginnend, bis zum voraussichtlichen Entkörpern. Wir sahen verschiedene Flussarme, Biegungen und parallele Flussläufe. Der Hauptarm war der Lebensfluss mit den Entscheidungen, die die Lebenskraft am stärksten fließen lassen würden. Alle Flussarme waren in dem Augenblick ungefähr vorhersehbare mögliche Lebenswege.

In bestimmten wichtigen Lebensphasen - an Stellen, an denen der Fluss sich verzweigt - hätte ich besonders bedeutende Entscheidungen zu treffen, die mich in einen anderen Flussarm lenken würden.

Bei mir gab es zwei bis drei mögliche Zeitpunkte des Entkörperns. Wenn der gewählte Flusslauf als Nebenarm versickerte, wäre dies der Weg, sein Leben vorzeitig zu beenden. Denn wenn eine Seele ihre Aufgabe auf der Erde schwerer erlebt als ursprünglich geplant, und sie entscheidet, dem Leben ein Ende zu setzen, ist das genauso in Ordnung wie eine andere Entscheidung.

Man kann die Folgen der in den feinstofflichen Welten getroffenen Entscheidungen nicht zu 100% abschätzen und absichern. Das ist auch nicht der Sinn. Der Sinn ist ja, sich innerhalb der vorher geschaffenen Grundstruktur frei entscheiden und entfalten zu lernen.

Der Lebensweg wird durch die Entscheidungen, die wir hier, auf der Erde inkarniert treffen, genauso mitgestaltet wie durch die

Struktur, die wir zuvor festgelegt haben, wenn wir keinen Körper haben. Nur ist es erstmal wichtig, eine Blaupause zu schaffen, denn ohne Grundstrukturen können keine Manifestationen entstehen, innerhalb derer wir uns entwickeln können.

In den feinstofflichen Ebenen, die ich durchreist habe, gibt es keine Wertung darüber, wie ein Mensch sein Leben beendet, auch nicht, wenn er sich das Leben selbst genommen hat. Nur die darauffolgende „Versorgung" ist eben eine andere, je nachdem mit welchem Gefühl man aus dem Leben scheidet.

Wenn die Seele bei ihrer Entkörperung tief in dem Gefühl von Traurigkeit, Verzweiflung oder dem Gefühl des Abgetrenntseins steckte, dauert es manchmal etwas länger, bis das Licht durchkommt. Aber das muss nicht sein. Es gibt von den feinstofflichen Helfern immer Mitgefühl und Unterstützung. Die Seele wird irgendwann immer von der unendlichen Liebe, die alles durchwebt, aufgefangen. Es gibt auf der höchsten Ebene keine Verurteilung von irgendwas, sondern nur Energien, die sich ausgleichen, und Liebe.

Je nachdem in welchem Bewusstsein die Seele ihr Leben beendet, landet sie in den entsprechenden Ebenen, wo ihre Energiekörper wiederhergestellt werden und sie zur richtigen Zeit auf eine neue Inkarnation vorbereitet wird.

Das große Omniversum ist immer ein System des Ausgleichs. Das heißt, man ist nie ohne Grund und auch nie ohne Möglichkeiten der Weiterentwicklung irgendwo.

Egal, wo die Seele landet, ob in Ebenen, wo sie wehklagt und nicht weiter weiß und scheinbar festhängt, ob sie von Engeln abgeholt und in Heilungsräume gebracht wird, oder ob sie von einem aufgestiegenen Meister wie Jesus persönlich abgeholt und in vollkommene Liebe gehüllt wird - alles hat mit der Gesamtentwicklung der Seele zu tun. Und immer mündet alles in die Liebe, nirgendwo gibt es keinen Ausweg!

Die parallelen Flussarme zeigten mögliche Hauptströme unserer Entwicklung. Da wir uns bestimmte charakterliche Voraussetzungen vorher zusammengestellt hatten und bestimmten Planetenkräften unterliegen würden, konnte man die möglichen Wege also im Groben schon anzeigen. Es ging darum, an bestimmten Stellen Hilfsereignisse oder Begegnungen zu vereinbaren, um die erforderlichen Umstände für die gewählte Erfahrung zu schaffen.

Es gab Voraussetzungen, die wir uns gleich zu Beginn schufen. Also zum Beispiel in welchem Land, welcher Kultur und Religion wir inkarnieren wollten, und ob als Mann, Frau, divers, ob unser Körper gesund oder mit Beeinträchtigung sein sollte, ob wir liebende Eltern oder ablehnende Eltern haben wollen würden.

Es wurde noch einmal besprochen, was dies für die Seele bedeuten würde, was sie daraus lernen und welche Stärke sie daraus entwickeln wollte und könnte. Da es den freien Willen gibt, konnten wir, je nach Herausforderungsgrad der Inkarnation, mehr oder weniger Ausläufer und Verzweigungen sehen, die bestimmte Möglichkeiten der Entwicklung durch kleinere und größere richtungsweisende Entscheidungen aufzeigten.

Wenn sich bei einer Abzweigung der Lebensfluss zu sehr von dem eigentlichen Lernziel der Seele entfernen würde, dann konnte die Seele sich ein „Hilfsereignis" einbauen, das ihr ermöglichte, wieder auf den von ihr in den feinstofflichen Welten ausgesuchten Weg, mit dem von ihr gewählten Ziel, zu kommen. Alle wichtigen Faktoren dazu wurden vertraglich mit den möglichen Beteiligten festgelegt.

Dazu gehören auch Missbrauch oder sonstige traumatisierende

Erlebnisse. Denn bis die Seele alle Ebenen, die sie mit ihrem Licht durchströmen möchte, durchdrungen hat, braucht sie immer wieder Seelen, die sie herausfordern, und sie erlebt viel Schmerzhaftes.

Da es jedoch immer einen Ausgleich gibt, gibt es auch immer die Heilung von allem, das als Nicht-Heil erfahren wird und nach einer gewissen Zeit, wenn die Seele Heilung erlebt hat, erkennt sie den Mangel als Fülle.

Die Bedingungen für die neuen Inkarnationen wurden mit allen involvierten Seelen noch einmal durchgegangen, damit die Energieverbindungen, die Informationen von einer Seele zur anderen transportieren dürfen, gelegt werden konnten. Etwa so, wie wenn man Cookies akzeptiert.

Wenn eine Seele sich beispielsweise vorgenommen hatte, seine Eltern lieben zu lernen, auch wenn sie nicht dem eigenen Idealbild entsprechen, und dies bis zu einem gewissen Zeitpunkt noch nicht geschafft hatte, könnte die Hilfe einen Unfall kreieren.

Zum Beispiel zum Zweck, den Seelen der Eltern die Möglichkeit zu geben, sich von einer anderen Seite zu zeigen. Dadurch könnte die Seele erfahren, dass die vorher abgelehnten Eltern doch ein gewisses Maß an Respekt und Liebe verdienen.

Oder aber der Unfall könnte eine Nahtoderfahrung schenken, die das gesamte Lebensbild verändern würde. Oder etwas ganz anderes, da war der Fantasie der Beteiligten keine Grenzen gesetzt. Aber mit den wichtigsten Menschen und Lektionen haben wir uns in irgendeiner Weise vorher abgesprochen.

Ich selbst habe ganz bewusst meine Gehbehinderung gewählt. Sie sollte mir und meiner Familie eine besondere Entwicklungsmöglichkeit bieten. Aus jetziger Sicht kann ich dankbar sagen, sie hat in wunderbarer Weise ihren Zweck erfüllt.

71. Eltern finden
Wer möchte den Weg mit mir gehen?

Oft vereinbaren wir gleich zu Beginn unserer Mission, mit welchen Eltern wir diese planen. Manchmal hat die Seele etwas Karmisches mit ihnen auszutragen oder eine herausfordernde Beziehung zu ihnen geplant, um etwas Bestimmtes zu lernen oder zu lehren. Dies war bei meiner jetzigen Inkarnation nicht so.

Ich hatte keine karmische Aufarbeitung vor und wollte Eltern erleben, die mich liebevoll unterstützen. Hier ging es also um die Wahl der Seelen meiner Eltern, ob sie in dieser Form liebesfähig waren und die Herausforderung eines gehbehinderten, hochsensiblen Kindes annehmen wollten, das keinen einfachen Weg haben würde.

1968 war es so weit, ich war bereit, meine Eltern zu finden. Dazu brachten mich meine Lichthelfer auf eine Art feinstoffliche Plattform. Da stand ich erwartungsvoll in meinem Lichtkleid und schaute in das unendliche All. Ich sah die Planeten und Sterne, die Galaxien und Sonnensysteme, wie sie sich in ihrem Tempo bewegten. Dann wurde aus den Schöpfungsebenen das Zeichen gegeben, dass hier eine Seele bereitstand, um auf dem Planeten Erde zu inkarnieren und ihre Eltern zu finden.

Im selben Moment leuchtete um mich herum ein blinkendes Lichtermeer auf. Es war eindrucksvoll. Tausende von Seelenlichtern hatten sich eingefunden, um zu prüfen, ob mein Seelenplan zu ihrem Seelenplan passen würde.

Ich hielt eine Schriftrolle aus Licht in meinen feinstofflichen Händen. Es war mein Lebensentwurf, auf dem alles zu lesen war, was ich in den Vorbereitungen mit meinen Geistführern festgelegt hatte.

Ich rollte sie aus und alle anwesenden Seelen konnten Einblick nehmen und für sich entscheiden, ob sie das Abenteuer mit mir eingehen wollten. Es würden dann die Seelen mit mir Kontakt aufnehmen können, die die Voraussetzungen erfüllten, die ich mir vorgestellt hatte. Es dauerte eine ganze Weile, bis zwei Seelen aus der rechten Hälfte der Lichterflut sich entschlossen, mich in ihr Dasein zu holen.

Sie waren Seelen, die mir nicht so vertraut waren. In dem Moment, in dem sie sich für mich entschieden, leuchteten ihre Lichter ganz groß auf und durch den weiten Raum strömte ein Lichtstrahl von ihren Seelen zu meiner Seele und von meiner Seele zu ihren Seelen. Der Vertrag zwischen uns war geschlossen. Er war besiegelt. Die anwesenden Seelenlichter schwebten wieder in ihre Erdenkleider zurück.

Dann begann das Warten. Zwischendurch reiste ich weiter durch verschiedene Dimensionen und wurde in Lichtstätten geschult und vorbereitet. Eine ganze Weile verstrich, doch dann wurde mir von meinem Schutzengel die Nachricht überbracht, dass meine Eltern von dem Vertrag zurückgetreten waren.

Sie fühlten sich im Nachhinein von meinem Entwurf überfordert und sahen sich der Aufgabe doch nicht gewachsen. Einige Zeit verging, bis es soweit war und ich erneut auf die feinstoffliche Plattform geholt wurde. Wieder leuchteten Tausende von Seelen auf. Diesmal ging es schnell. Auf der linken Seite glühten voller Liebe zwei Lichter auf. Ich spürte die Verbundenheit und dass ich sie schon lange kannte. Ihr Leuchten wurde groß und der uns verbindende Lichtstrahl strömte von ihren Seelen zu meiner Seele und von meiner Seele zu ihren Seelen.

Der Vertrag war geschlossen. Diesmal sollte er zur Vollendung gebracht werden.

72. Kurz vor der Geburt
Es gibt noch viel zu tun

Bis es soweit war, verweilte ich, wie immer, in den verschiedenen Ebenen meiner Lichtheimat und wurde darauf vorbereitet, ins Leben zu kommen. Als ich gerade ein wunderbares hellgrünes Energiebad nahm, um meinen Lichtkörper auf die bevorstehende Verdichtung einzustimmen, spürte ich plötzlich einen Sog, mit dem ich in die Aura meiner Mutter gezogen und dort verankert wurde. Ich war gezeugt worden.

Mein Lichtkörper war nun durch ein energetisches Band mit dem Leib meiner Mutter verbunden. Jetzt ging es los und meine Seele wanderte zwischen dem Körper meiner Mutter und dem Lichtreich hin und her.

Auf dieser feinstofflichen Verbindung reiste ich in Abständen in meinen im Sauerland heranwachsenden, physischen Körper und dann wieder in die Lichtwelten zurück, wobei ich mich mit dem Hauptteil meines Bewusstseins länger in den Lichtwelten aufhielt als in meinem Körper.

Erst einmal schaute ich zu, wie die Zellen sich vervielfältigten und begannen, sich nach dem von mir zuvor festgelegten Plan zu entwickeln. Später fing ich an, mich mit meinen feinstofflichen Augen umzusehen und an meine neue zukünftige Heimat zu gewöhnen.

Aber auch in den Lichtwelten gab es noch viel zu tun.

Als mein Körper vielleicht drei bis vier Wochen alt war, wurde meine Muttersprache in mein System integriert. Dazu wurde ich von einem Strudel aus Worten und Informationen über meine jetzige Muttersprache ‚Deutsch, umgeben.

Ich begann, mich in langsamem Tempo in gleichmäßigen kleinen

Kreisen linksherum zu drehen, während sich Informationen über grammatikalische Gesetzmäßigkeiten, Zeiten, Vokabular und Redewendungen in einer schnelleren Rechtsdrehung scheinbar chaotisch um mich herumbewegten.

Es war ein Gefühl der Gegenläufigkeit, während alle notwendigen Informationen um mich herum wirbelten und sich in meinen Lichtkörper einprägten. Nun war ich fähig, meine Eltern schon im Mutterleib in ihrer Erdensprache zu verstehen und es war mir möglich, diese Sprache schnellstmöglich zu reproduzieren.

Je größer ich wurde, umso mehr Zeit verbrachte meine Seele in der Aura meiner Mutter. Ich konnte ihre Gedanken wahrnehmen und spüren, dass sie oft betrübt war. Ich sah meinen Vater, den ich über das aurische Feld meiner Mutter auch spüren und sehen konnte, sowie meine Großeltern.

Vom Leib meiner Mutter getragen wanderte ich umher und lernte die Umgebung kennen. Das Esszimmer, die Küche, das Schlafzimmer. Sie arbeitete als Lehrerin und ich konnte die Schule, ihre Klasse und die Schüler wahrnehmen.

Mein Seelenauge sah durch ihren Bauch hindurch und mein Gefühlskörper empfing alles. Und natürlich dachte ich auch schon über das ein oder andere nach, während ich von meiner Mutter durch die Gegend getragen wurde.

Zwischendurch reiste ich zurück in die feinstofflichen Welten und badete in Farben und Energien, um mich von den Eindrücken der Feststofflichkeit zu erholen. So kannte ich natürlich schon meine Umgebung, als ich geboren wurde.

Dann kam der Zeitpunkt, an dem sich die Sterne der für meine Geburt idealen Konstellation näherten. Ich wusste, dass es bald soweit sein würde, als ihre Qualitäten in meinem Energiekörper verankert wurden.

Das geschah folgendermaßen: In meinem Lichtkörper, der jetzt dem Säugling glich, der ich schon geworden war, wurde ich in das Sonnensystem hineingezogen. Ich sah Saturn, Venus, Jupiter, den Mond und andere Planeten auf ihren Laufbahnen. Alle Himmelskörper, die einen besonderen Einfluss auf mich ausüben würden, öffneten mir ihre Informationsessenz. Nacheinander stellten sie eine energetische Verbindung zu mir her und ich spürte die Besonderheit eines jeden Einzelnen. Während sie tief in mir verankert wurde, erfasste ich, mit welcher Energiequalität der Himmelskörper mich beschenkte und prägte.

Die Kräfte vermengten sich in meinem Energiekörper miteinander und ließen ab diesem Zeitpunkt in meiner Seele ein gewisses Grundgefühl entstehen. Sie formten so meinen zukünftigen Seelenausdruck für dieses kommende Leben mit.

73. Es ist soweit

Ich werde geboren

Und dann ging es endgültig los. Mein Schutzengel und meine Geistige Führung kamen in den Lichtraum, in dem ich gerade wieder einmal ein wunderbares Energiebad genoss. In Gestalt meines Seelenkörpers, der schon eine voraussichtliche Version meines zukünftigen physischen Erwachsenenkörpers darstellte, nahmen mich die beiden in ihre Mitte und führten mich zu einer Art feinstofflichen Rutsche, die sich inmitten der Planeten und Sterne schwebend befand.

Drei Stufen aus Licht, die links und rechts von einem Handlauf umgeben waren, führten hinauf. Handläufe sollten, aufgrund meiner Gehbehinderung in meinem jetzigen Leben, wichtig für mich werden.

Als ich auf der dritten Stufe stand, überkam mich ein mulmiges Gefühl. Vor mir tat sich ein dunkles Loch auf, das schlauchartig in die Tiefe führte.

Ich bekam Angst vor der eigenen Courage... Hatte ich mir nicht doch zu viele Herausforderungen für dieses Leben vorgenommen? Würde es mir so überhaupt Spaß machen? War ich beim Erstellen meines Planes vielleicht zu übermütig gewesen?

Zögernd drehte ich mich zu meinem linken Helfer um und machte Andeutungen, einen Schritt zurückzuweichen. Vielleicht sollte ich es mir noch einmal gründlich überlegen. Am liebsten wollte ich kneifen...

Meine beiden Begleiter gaben mir mit einer verständnisvollen, ruhigen Gelassenheit zu verstehen, dass sie alles in ihrer Macht Stehende tun würden, um mich dabei zu unterstützen, unser Vorhaben erfolgreich umzusetzen. Wie immer.

Mein Schutzengel legte liebevoll seine feinstoffliche Hand auf den Rücken meines Lichtkörpers und schob mich sanft, aber bestimmt nach vorne. Da konnte ich gar nicht anders, als mich dem Schicksal zu überlassen. Ab ging es, in die Rutsche hinein.

Auf zu einem neuen Abenteuer.

EPILOG

Liebes Menschenkind,

ich danke Dir, dass ich Dich auf meine Reise durch Zeit und Raum mitnehmen durfte. Es würde mich freuen, wenn auch Du während des Lesens begonnen hast, Dich an die wundervolle Weite Deiner Seele zu erinnern, falls Du es nicht schon vorher getan hast.

Auch würde es mich freuen, wenn Du das Leben nun milder sehen und mehr lieben könntest und wenn Du im Laufe der Lektüre gespürt hast, dass ausnahmslos alles, was Du gerade erfährst, dem Sinn dient, immer tiefer lieben zu lernen. Und dass dadurch das Leben immer freudvoller und schöner wird – trotz und mit allen Schwierigkeiten.

In meinem jetzigen Leben wurde und werde ich immer wieder mit Herausforderungen konfrontiert. Gleichzeitig erlebe ich, dass sich immer mehr positive Synchronizitäten ereignen, dass ich immer schneller Heilung und Hilfe erfahre, dass ich vorab fühle, ob ich etwas tun soll oder nicht, und dass mein Umfeld und mein Leben immer liebevoller und schöner werden.

Aus Erfahrung kann ich sagen: Wie schwierig es für Dich im Moment auch sein mag – irgendwann wird es besser. Wir alle haben von dem Ort aus, an dem wir uns befinden, Möglichkeiten, etwas zu verändern! Versuche, still zu werden und bitte um Hilfe.

- Unsere Lebensaufgaben drängen uns in Tiefen, die wir zuvor nicht zu begreifen fähig waren. Dadurch können wir das Leben immer facettenreicher empfinden. Für die Seele bedeutet dies Ausdehnung, Erweiterung der Bewusstheit und das immer tiefere Empfinden von „ICH BIN".

- Alles, was uns fordert, hilft uns zu wachsen und noch tiefer lieben zu lernen.

- Keine noch so laute oder leise Bitte bleibt je unerhört.

- Nichts ist ohne göttlichen Funken.

- Alles hat Bewusstsein.

- Alles entwickelt sich.

- Alles ist beseelt.

- Alles geschieht aus Liebe.

Auch Du bekommst Antworten, auch Du bist unendlich geliebt und geführt und wirst immer und immer weiter heilen und dabei innerlich mehr und mehr wachsen – das ist eine universelle Gesetzmäßigkeit.

Die machtvolle Energie der göttlichen Ordnung bahnt sich im Laufe der Entwicklung eines Menschen mehr und mehr ihren Weg in sein bewusstes Sein. Nach und nach beginnt sie, nicht mehr nur wie ein kleines Rinnsal in das menschliche Bewusstsein einzufließen, sondern kann als der kraftvolle Strom empfangen werden, der sie ist. Diese Energie beginnt dann, immer intensiver zu wirken – auf den Menschen selbst und auch auf die Menschen und Situationen um ihn herum.

Deshalb habe ich keine Angst um unsere Menschheitsfamilie. Wir sind alle zusammen für dieses Abenteuer Leben hierhergekommen, in dem „die Guten" wie „die Bösen" ihre Aufgaben haben und jeder sich auf seine Weise entwickelt.

Und so wünsche ich auch Dir Vertrauen in die göttliche Ordnung. Ich möchte Dich mit Liebe segnen.

DANKSAGUNG

Länger als vier Jahre hat es gedauert, bis dieses Buch das wurde, was es heute ist. Eine Vielzahl an Seelen haben ihren Teil dazu beigetragen - verkörperte sowie nicht verkörperte.

Danken möchte ich zuerst meinem Geistigen Buch-Team: allen Lichtwesen, die sich bereit erklärt haben, meinen Kanal, egal unter welchen äußeren Bedingungen, offen zu halten und mich mit Mut, Liebe und Inspiration zu durchfluten, um den Worten die Liebesschwingung einzuhauchen, die aus der Quelle selbst zu allen Leserinnen und Lesern strömen möchte.

Das Team hat mir dabei geholfen, das schier Unfassbare in menschliche Worte zu kleiden. Ich bin dankbar dafür, dass Jesu Christi Liebe mich beim Schreiben mit einem Mantel aus liebevoller Zartheit und Vertrauen umhüllt hat.

Danken möchte ich auch meinen irdischen Buch-Team, allen voran meiner wunderbaren Lektorin Vera Eichholz-Rhode, die als Erdenengel genau zur richtigen Zeit in mein Leben getreten ist.

Sie hat meine Arbeit am Manuskript über den gesamten Schreibprozess hinweg passioniert begleitet.

Dadurch, dass sie ihr Herz und ihre Seele berühren ließ, hatte sie den Zugang zu dem, was ausgedrückt werden wollte, und hat mit Einfühlsamkeit und sprachlicher Kompetenz die Texte verschönert.

Durch ihre wunderbaren Ideen und ihren scharfen Geist wurde sie zu einer Brücke zwischen mir und den zukünftigen Leserinnen und Lesern.

Mit ihrer fröhlichen, anteilnehmenden und aufmerksamen Art hat sie mich liebevoll durch das Projekt hindurchgetragen. Sie ist Lektorin, Text-Coachin, Mutmacherin und Freundin in einem.

Danken möchte ich auch Alexandra, die mich im wunderschönen Allgäu bekocht hat, Texte besprochen, wichtige Fragen gestellt und mit ihrer Hellfühligkeit die Energie der Worte erfassen konnte und mir immer wieder ihre liebevolle Wertschätzung ausgesprochen hat und die mir auch sonst mit Rat und Tat zur Seite steht. Auch ihrem Partner Berthold, der meine Besuche mit Freude unterstützt hat.

Ebenso möchte ich Désirée danken, die mit einer Engelsgeduld den Text in Form gebracht und mit ihren Grafiken verschönert hat.

Ich möchte Birgitt und Birgit danken, die das Manuskript im Ganzen gelesen und ihre Anregungen, ihre Liebe und ihre Anerkennung eingebracht haben.

Auch möchte ich denen danken, die die allerersten Texte gelesen und mich durch ihre positiven Rückmeldungen ermutigt haben, dranzubleiben: Corinna, Helga, Sabine, Jürgen, Johann und Bohodar.

Danke auch an Bernard für das schöne Vorwort.

Ebenso Dank an Heidi und Lyn, die sich jetzt schon daran machen, das Manuskript ins Englische zu übersetzen.

Außerdem danke ich meiner Familie, der Familie meines Partners, allen Verwandten, Freundinnen und Freunden, Bekannten, Klientinnen und Klienten, die nicht nur ihr reges Interesse bekundet haben, sondern auch immer wieder Geduld mit mir hatten, wenn ich mich über eine gewisse Zeit vom restlichen Leben zurückgezogen habe, um mich ganz hinzugeben und in meine Bestimmung eintauchen zu können.

Dieses Buch konnte in seiner jetzigen Form nur entstehen, weil meine wunderbare Familie die Basis dafür gelegt hat, und dafür möchte ich aus tiefstem Herzen danken.

Meinen Eltern, die es geschafft haben, mir die Erfahrung

bedingungsloser Liebe und unermüdlichen Rückhalts zu schenken.

Meiner geliebten Schwester Annette, die immer hinter mir steht und mit der ich viel Spaß habe.

Meinen Großeltern, die uns liebevoll umsorgt und behütet aufwachsen ließen.

Durch sie alle konnte ich Vertrauen in dieses Leben entwickeln, auch wenn es - so wie wir es geplant hatten - nicht immer einfach war.

Wir sind miteinander und aneinander gewachsen, und jeder konnte sich in dieser Familie entfalten. Egal, was passiert ist: Wir haben uns immer entschieden, aufeinander zuzugehen, zu vergeben und noch tiefere Verbindungen entstehen zu lassen.

Und natürlich meiner wundervollen Tochter. Ich bin ihrer liebevollen Seele unendlich dankbar, dass sie mich als Mutter gewählt hat und wir uns nah sein dürfen.

Danken möchte ich vor allem Jörg Alexander, meinem geliebten Partner, der voller Nachsicht und Geduld immer für mich da ist und dessen weise Seele mir und uns sehr viel Raum gibt.

Mit ihm darf ich erfahren, wie schön Beziehung sein kann.

GLOSSAR

Äther Der Äther wird als die feinstofflichste und durchdringendste Substanz betrachtet, die den Raum zwischen den anderen Elementen ausfüllt und sie miteinander verbindet. Er stellt das allumfassende geistige Prinzip dar, das alles durchdringt.

Aura Die Aura ist eine Manifestation der Lebensenergie, die im und um den Körper fließt. Diese Energie tritt in verschiedenen Frequenzen oder Schwingungen (man kann auch sagen, in Schichten) auf, die sich durchwirken.

Bewusstsein Bewusstsein ist ein komplexes Konzept und bezieht sich auf das subjektive Erleben von Gedanken, Emotionen, Empfindungen und Sinneseindrücken. Es ist das Gefühl des Selbst und der eigenen Existenz. Bewusstsein umfasst nicht nur die unmittelbare Wahrnehmung der äußeren Welt, sondern auch die Fähigkeit zur Reflexion, zur Selbstwahrnehmung und zur Bewusstheit über eigene mentale Zustände. Es beinhaltet auch die Fähigkeit, sich selbst und andere als getrennte Individuen zu erkennen. Zum Beispiel wenn wir über unsere eigenen Gedanken nachdenken oder über unsere Gefühle reflektieren, sind wir uns unseres Bewusstseins bewusst.

Blaupause „Blaupause" ist ein allgemeiner Begriff für eine Vorlage oder ein Vorbild.

Chakra Chakra ist ein Begriff aus der traditionellen indischen Philosophie und beschreibt ein Energiezentrum im menschlichen Körper. Das Wort „Chakra" stammt aus dem Sanskrit und bedeutet wörtlich „Rad" oder „Kreis". Chakren werden als sich drehende Energiezentren dargestellt, die entlang der Wirbelsäule verlaufen und mit verschiedenen Aspekten des körperlichen, emotionalen, mentalen und spirituellen Lebens verbunden sind.

Chakren, transformieren Die Transformation der Chakren bezieht sich auf den Prozess, durch den man die Energiezentren im Körper (Chakren) ausgleicht, reinigt oder erhöht, um ein höheres spirituelles, emotionales und physisches Wohlbefinden zu erreichen. Eine Transformation kann bedeuten, Blockaden zu beseitigen, die Energie durch diese Zentren freier fließen zu lassen und deren Frequenz zu erhöhen.

Chakra, höher schwingend In dem Kontext der Chakren-Arbeit bedeutet „die Schwingung der Chakren erhöhen" im Wesentlichen, ihre Energie und Schwingung zu steigern und sie auf ein höheres Bewusstseinsniveau zu heben. Der Begriff „Erhöhung" bezieht sich auch darauf, dass die Chakren in der Lage sind, höhere Energien aufzunehmen und zu integrieren. Das bedeutet, dass man mit höheren spirituellen Frequenzen, wie denen des kosmischen Bewusstseins oder des göttlichen Lichts, in Resonanz treten kann. Ein zentraler Aspekt der Erhöhung der Chakren ist die Transformation des Bewusstseins. Wenn ein Chakra erhöht wird, verändert sich nicht nur der Energiefluss, sondern auch die Art und Weise, wie man die Welt und sich selbst wahrnimmt.

Chakra, hochschwingend versus niedrig schwingend Der Unterschied zwischen hochschwingenden und niedrigschwingenden Chakren liegt im Energiefluss, im Bewusstseinszustand und der emotionalen sowie physischen Funktion der Chakren. Hochschwingende Chakren stehen für Harmonie, Klarheit und spirituelle Entwicklung, während niedrigschwingende Chakren von Blockaden, negativer Energie und emotionaler oder mentaler Instabilität geprägt sind.

Deva, Pflanzen Eine Pflanzen-Deva ist eine spirituelle Wesenheit, die die Entwicklung, das Wachstum und die Heilkräfte der Pflanze leitet. Jede Pflanze hat eine eigene Deva, die in Harmonie mit der Umgebung wirkt und das Gleichgewicht der Natur aufrechterhält.

Deva, Kristall Die Kristall-Deva ist ein spirituelles und energetisches Wesen, das dem Kristall seine Struktur, Energie und Wirkung verleiht. Sie wird als eine Hüterin oder ein Bewusstseinswesen angesehen, das mit dem Kristall auf tiefen energetischen Ebenen verbunden ist.

Energiekörper Der Energiekörper eines Menschen ist ein Konzept, das sich auf die unsichtbare, energetische Dimension des menschlichen Wesens bezieht. Er besteht aus verschiedenen Energiefeldern, die den physischen Körper umgeben und durchdringen. Dazu gehören die Chakren (Energiezentren), die Meridiane (Energiebahnen) und die Aura (das Energiefeld um den Körper).

Gaia Der Ausdruck „Gaia" stammt aus der griechischen Mythologie und bezieht sich auf die Ur-Muttergöttin der Erde, die als personifizierte Erde verehrt wurde. Sie galt als die Schöpferin allen Lebens und war eine zentrale Figur in den kosmogonischen Mythen des antiken Griechenlands. Im modernen Kontext wird der Begriff oft in wissenschaftlichen und umweltphilosophischen Diskussionen verwendet, um die Erde als lebendiges, ganzheitliches System zu verstehen.

Geistige Führung Die Geistige Führung bezieht sich auf eine breite Form der Unterstützung und Weisheit, die aus dem spirituellen Bereich kommt. Diese kann durch spirituelle Lehrer, Ahnen, höhere Selbst oder andere spirituelle Wesen erfolgen. Die Geistige Führung geht über Schutz hinaus und umfasst die Anleitung, Inspiration und Unterstützung auf dem spirituellen Weg. Sie hilft bei der persönlichen Entwicklung, Entscheidungsfindung und bei spirituellem Wachstum.

Geistige Welt Die Geistige Welt ist die Ebene der Engel, der Lichtwesen, der Geistführer und Geister, der aufgestiegenen Meister, der nicht inkarnierten Seelen und der Ahnen.

Gott im Innern, Gott in Allem Die Vorstellung, dass Gott im Innern ist und gleichzeitig überall und in allem existiert, ist ein zentrales Konzept vieler spiritueller Traditionen. Es drückt die Idee aus, dass das Göttliche nicht nur an bestimmten Orten oder in bestimmten Wesenheiten zu finden ist, sondern dass es die ganze Existenz durchdringt – es ist in jedem Menschen, in der Natur, in den Tieren, in jedem Stein und in jedem Baum. Das bedeutet, dass Gott nicht getrennt von der Welt existiert, sondern als eine allgegenwärtige Kraft in allem vorhanden ist. In diesem Verständnis ist Gott nicht eine entfernte, persönliche Gottheit, die „woanders" ist, sondern eine allumfassende Energie oder ein Bewusstsein, das alles durchdringt und alles miteinander verbindet. Es ist das, was viele als das universelle Bewusstsein oder die Quelle bezeichnen – eine schöpferische Kraft, die in jedem Atom, in jeder Zelle und in jeder Seele gegenwärtig ist. Es ist die Idee, dass die gesamte Schöpfung ein Ausdruck des Göttlichen ist und dass alles miteinander verbunden ist. Dadurch wird auch die Trennung zwischen „heilig" und „weltlich" aufgehoben, denn alles wird als Teil des Ganzen und als Ausdruck des Göttlichen betrachtet. Wenn man sagt, dass Gott alles ist, dann bedeutet das auch, dass das Göttliche in jeder Erfahrung, in jedem Gefühl, in Freude ebenso wie im Leid, in Licht und Dunkelheit zu finden ist.

Heiliger Geist Der Heilige Geist kann als liebevoller Mittler zwischen Gott und Materie verstanden werden, der die Brücke zwischen der spirituellen und der physischen Welt schlägt. Er ist die göttliche Energie, die nicht nur die Anwesenheit Gottes in unserer materiellen Realität spiegelt, sondern auch die Einheit und Verbundenheit zwischen dem Göttlichen und der Schöpfung verkörpert. Der Heilige Geist fungiert als Übermittler von göttlicher Weisheit und Liebe, der uns hilft, die tiefere Bedeutung und den spirituellen Gehalt unserer Erfahrungen zu erkennen. Er ist wie ein sanfter Wind, der die Inspiration des Göttlichen in unsere Herzen und Sinne trägt, sodass wir die Schönheit und den Sinn in der Welt um uns herum wahrnehmen können. Als Mittler fördert der Heilige Geist das Verständnis, dass alles in der materiellen Welt von der göttlichen Liebe durchdrungen ist. Er erinnert uns daran, dass unser Körper, unsere Gedanken und unsere Emotionen nicht getrennt von Gott sind, sondern Ausdruck einer höheren Wirklichkeit, die in jedem von uns schwingt. Der Heilige Geist hilft uns, das Göttliche in der Materie zu sehen – in der Natur, in zwischenmenschlichen Beziehungen und in den alltäglichen Momenten unseres Lebens. Diese liebevolle Verbindung ermöglicht es uns, mit der spirituellen Dimension unseres Daseins in Einklang zu kommen. Wenn wir uns dem Heiligen Geist öffnen, erfahren wir eine tiefere Verbindung zu Gott und erkennen, dass das Göttliche nicht nur außerhalb von uns, sondern auch in uns selbst und in allem, was wir tun, gegenwärtig ist.

Holistisch Die holistische Wahrnehmung bezieht sich auf die Fähigkeit, Dinge oder Situationen als Ganzes zu erfassen, anstatt sie in ihre Einzelteile zu zerlegen. Diese Art der Wahrnehmung legt den Fokus darauf, wie verschiedene Elemente miteinander interagieren und wie sie gemeinsam eine umfassendere Bedeutung erzeugen.

Innere Führung Die Innere Führung bezieht sich auf die intuitive Stimme oder das innere Wissen, das jeder Mensch in sich trägt. Es ist die Fähigkeit, Entscheidungen und Handlungen auf der Grundlage persönlicher Einsichten, Gefühle und innerer Überzeugungen zu treffen. Diese Art von Führung kommt oft aus dem eigenen Bewusstsein, der Intuition oder dem Unterbewusstsein. Sie kann durch Meditation, Selbstreflexion oder das Hören auf die eigenen Gefühle und Bedürfnisse gestärkt werden. Die innere Führung ist stark mit der persönlichen Erfahrung und dem individuellen Lebensweg verbunden. Sie ermutigt dazu, auf die eigene innere Stimme zu hören und den eigenen Werten und Überzeugungen zu folgen. Das Ziel der inneren Führung ist es, zu einer tieferen Selbstkenntnis zu gelangen, authentische Entscheidungen zu treffen und das eigene Leben in Einklang mit den eigenen Wünschen und Zielen zu gestalten.

Lichtarbeiterin Der Begriff „Lichtarbeiterin" bezieht sich auf eine Person, die sich spirituell engagiert und sich dem Ziel verschrieben hat, Licht, Liebe und positives Bewusstsein in die Welt zu bringen. Lichtarbeiterinnen glauben oft daran, dass sie eine höhere Berufung haben, um anderen Menschen zu helfen, spirituell zu wachsen und sich zu entwickeln.

Lichtkörper Der Lichtkörper ist ein Feld aus reiner Energie und Licht, das den physischen Körper durchdringt und umgibt sowie über ihn hinausstrahlt. Er wird mit Hellsinnen als leuchtendes Energiefeld oder ein pulsierendes Schwingungsfeld wahrgenommen. Seine Form ist nicht fest oder materiell, sondern beweglich. Er reagiert auf Emotionen, Gedanken und spirituelle Zustände.

Lichtwesen Lichtwesen sind spirituelle oder übernatürliche Wesen, die aus reiner Energie und Licht bestehen. Diese Wesen sind Helfer, Beschützer oder spirituelle Führer, die Menschen auf ihrem Weg der spirituellen Entwicklung unterstützen. Sie besitzen keine physische Form, sondern manifestieren sich als leuchtende, strahlende Erscheinungen oder in Form von Energiefeldern. Lichtwesen werden mit hoher Weisheit, Liebe und Heilungskraft in Verbindung gebracht und gelten als Mittler zwischen der physischen Welt und höheren spirituellen Ebenen.

Magie Magie ist die Kunst, das Bewusstsein und die Realität durch symbolische Handlungen, Rituale oder Zaubersprüche zu verändern. Sie wird in vielen Kulturen als eine Möglichkeit betrachtet, die verborgenen Kräfte des Universums zu beeinflussen oder zu nutzen.

Manifestieren Manifestieren bedeutet, etwas in der physischen Welt sichtbar oder greifbar zu machen, das ursprünglich nur als Idee, Wunsch oder Vorstellung existiert. Es ist der Prozess, durch den Gedanken, Wünsche oder Visionen in konkrete Realität und in Materie umgesetzt werden.

Matrix In einem abstrakten, philosophischen Kontext beschreibt eine Matrix ein Muster, ein Netzwerk oder ein Grundgerüst, das die Struktur von etwas Tiefgründigerem bildet. Es kann die zugrunde liegende Struktur oder Ordnung eines Systems, einer Realität oder eines Konzepts bedeuten.

Mystisch Der Begriff mystisch beschreibt etwas, das geheimnisvoll, unerklärlich oder übernatürlich ist. Er bezieht sich auf Erlebnisse oder Konzepte, die sich der rationalen oder wissenschaftlichen Erklärung entziehen.

Mystische Dimensionen Mystische Dimensionen beziehen sich auf verschiedene Ebenen des Bewusstseins oder auf Erfahrung, die über das Alltägliche hinausgehen und eine tiefere Verbindung zum Spirituellen oder Göttlichen ermöglichen. Diese Dimensionen können das Empfinden von Einheit, Transzendenz und Ewigkeit umfassen, oft verbunden mit einer tiefen Einsicht in das Wesen der Realität.

Omniversum Das Omniversum bezeichnet die Gesamtheit aller Universen und umfasst alle möglichen Realitäten, Dimensionen und Parallelwelten. Es geht über das herkömmliche Verständnis des Universums hinaus und beinhaltet sowohl physische als auch nicht-physische Existenzen. In diesem Konzept wird das Omniversum als die Summe aller Existenz und der unendlichen Möglichkeiten betrachtet.

Persönlichkeitsentwicklung Persönlichkeitsentwicklung bezieht sich auf den bewussten Prozess der Verbesserung und Verfeinerung der eigenen Fähigkeiten, Verhaltensweisen, Denkweisen und emotionalen Intelligenz. Es geht darum, seine

Stärken und Schwächen zu erkennen und daran zu arbeiten, um in der Welt erfolgreicher, zufriedener und erfüllter zu leben.

Seelenentwicklung Die Seelenentwicklung geht tiefer als die Persönlichkeitsentwicklung und bezieht sich auf den spirituellen Aspekt des menschlichen Wesens. Sie betrifft das Erkennen und Erleben des eigenen Wesenskerns, der tiefer als die äußere Persönlichkeit und das Ego ist. Seelenentwicklung kann als der Prozess verstanden werden, in dem man eine Verbindung zu einer höheren spirituellen Realität, zu seiner inneren Wahrheit und zu einem tieferen Sinn im Leben herstellt.

Mentale Ebene Die mentale Ebene bezieht sich auf den Bereich des Bewusstseins, der mit Denken, Kognition und mentalen Prozessen verbunden ist. Sie umfasst alle Aspekte des Denkens, wie Wahrnehmung, Erinnerung, Vorstellung, Entscheidungsfindung und Problemlösung. In dieser Ebene werden Informationen verarbeitet, Ideen gebildet und komplexe Zusammenhänge verstanden. Die mentale Ebene ist entscheidend für das Lernen, die Kreativität und die Entwicklung von Intelligenz und Weltanschauungen.

Ritual Ein Ritual ist eine festgelegte, oft symbolische Handlung oder Zeremonie, die in einem bestimmten kulturellen, religiösen oder sozialen Kontext durchgeführt wird, um bestimmte Absichten zu verfolgen, Bedeutungen zu vermitteln und Realitäten zu verändern.

Schöpferische Ebenen Der Begriff „schöpferische Ebenen" bezieht sich auf verschiedene Stufen oder Dimensionen, auf bzw. in denen schöpferische Prozesse stattfinden können.

Schutzengel Ein Schutzengel ist ein persönlicher Beschützer und Begleiter, der einem Menschen zur Seite steht, um ihn vor Gefahren zu bewahren und sie zu beschützen. Schutzengel greifen in kritischen Situationen ein, um Menschen vor Schaden zu bewahren. Ihr Fokus liegt auf der Sicherheit und dem Wohlbefinden der Person. Schutzengel sind individuell zugeordnet, sodass jeder Mensch seinen eigenen Schutzengel hat, der ihm speziell zur Seite steht. Ein Schutzengel kann auch ohne kritische Situation tätig werden, wenn man ihn darum bittet. Der Schutzengel stellt z.B. auch die Verbindung zu anderen Dimensionen und Wesenheiten her, wenn man ihn darum bittet und beschützt den Vorgang der Kontaktaufnahme.

Seele Ich definiere hier die Seele als Gott selbst in Form eines individuellen Bewusstseins, das in der Lage ist, sich einen physischen oder feinstofflichen Körper zu manifestieren.

Seelenaufgabe Die Seelenaufgabe bezieht sich auf den individuellen Lebenszweck oder die Bestimmung einer Person, die mit der spirituellen Entwicklung und dem Wachstum der Seele verbunden ist. Sie umfasst die einzigartigen Herausforderungen, Erfahrungen und Lektionen, die jemand im Laufe seines Lebens meistern soll, um zu lernen und sich weiterzuentwickeln. Wir erfüllen unsere Seelenaufgabe, indem wir das, was um uns herum ist, als das Umfeld sehen, das uns hilft, zu wachsen.

Seelenbewusstseine Die Ebenen der „Seelenbewusstseine" sind unterschiedliche Schichten oder Stufen des eigenen inneren Bewusstseins der Seele. Diese Ebenen können verschiedene Dimensionen oder Facetten der spirituellen, emotionalen und existenziellen Erfahrungen darstellen. Der Plural „Seelenbewusstseine" meint, dass die Seele auf mehreren Ebenen ein differenziertes Bewusstsein besitzt, das sich in unterschiedlichen Situationen oder Entwicklungsstadien zeigt.

Seelenfunke Ich beschreibe als „Seelenfunke" den ewigen göttlichen Funken. Er ist die Quelle von Leben, Bewusstsein und spiritueller Kraft, der lernt, sich in feinstoffliche oder grobstoffliche Körper zu kleiden.

Seelenplan Die Seele wählt vor ihrer Geburt bestimmte Lebensumstände, Herausforderungen, Lernaufgaben und Beziehungen aus, die ihr während ihres irdischen Lebens begegnen sollen. Dieser Seelenplan wird in den feinstofflichen Welten mit Hilfe vieler feinstofflicher Wesen ausgearbeitet, um das persönliche Wachstum und die spirituelle Entwicklung der Seele zu fördern.

Seelenrezeptoren Ich bezeichne als Seelenrezeptoren Sensoren des Seelenfunkens und der Seele, die energetische Informationen registrieren und so verarbeiten, dass sie wahrgenommen werden können. Dies beinhaltet sowohl die eigenen Gedanken, Gefühle und die innere Stimme als auch feinstoffliche Sinne wie hören, schmecken, riechen und sehen.

Spiritualität Spiritualität ist das Bewusstsein und die Erfahrung der eigenen energetischen Präsenz sowie der Verbindung zu universellen Energien. Sie beinhaltet das Verständnis, dass alles in einem Netzwerk von Energie existiert.

Spirituelle Erfahrung Eine spirituelle Erfahrung ist ein persönlicher, oft transzendenter Moment, in dem eine Person eine tiefgreifende Verbindung zu etwas Größerem als dem Selbst, wie dem Universum, dem Göttlichen oder dem eigenen inneren Wesen, wahrnimmt. Diese Erfahrungen können eine Vielzahl von Gefühlen und Einsichten hervorrufen, darunter ein Gefühl von Einssein, Frieden, Energie und Erleuchtung.

Spirituelle Dimensionen Spirituelle Dimensionen sind Aspekte der Realität, die das innere Leben, die Existenz über das Physische hinaus, die Suche nach Bedeutung und den Kontakt mit höheren Kräften oder Prinzipien beinhalten. Diese Dimensionen bieten einen Rahmen, um tiefere Einsichten über das Leben, den Tod, den Sinn und die Verbindung mit dem Universum zu erlangen.

Transzendenz Transzendenz ist das Erreichen oder Erleben von Zuständen oder Realitäten, die über die normalen, alltäglichen Erfahrungen hinausgehen und oft mit tiefen spirituellen, mystischen oder philosophischen Einsichten verbunden sind.

Übernatürlich Der Begriff „übernatürlich" bezieht sich auf Phänomene, Ereignisse oder Kräfte, die jenseits der normalen oder natürlichen Welt liegen und nicht durch die bekannten Gesetze der Naturwissenschaften erklärt werden können.

Du möchtest in Kontakt bleiben?
Wenn Du mehr über mich und zukünftige Veranstaltungen erfahren möchtest, melde Dich gerne auf meiner Homepage zum Newsletter an: www.andrea-gruner.com

Dort gibt es auch eine kostenlose Meditation zum Herunterladen für Dich: www.andrea-gruner.com/musik

Hast Du das Buch online erworben?
Dann freue ich mich über eine Rezension!

Neues Buch:
„Hilfen aus dem Engelreich" - Liebevolle Übungen für eine ganzheitliche Entwicklung

In meinem Buch „Leben in der Ewigkeit" erzähle ich davon, dass meine Mutter und ich in vielen Gesprächen von unseren Engeln unterwiesen wurden. Wir haben dabei so inspirierende, motivierende und liebevolle Botschaften mit wunderschönen praktischen Übungen erhalten, dass ich mich bald dran-machen werde, sie in einem weiteren Buch zusammenzufassen.

Das Erscheinungsdatum wird im Newsletter und auf meiner Homepage bekannt gegeben.

Falls Du mich für eine Lesung oder einen Vortrag buchen möchtest, oder Fragen an mich hast, schreib mir gerne: info@andrea-gruner.de

ANDREA GRUNER trägt seit ihrer Kindheit die Erinnerung an den Weg ihrer Seele tief in sich. Diese innere Verbindung prägt und leitet sie in ihrem Leben und Wirken.

Als Heilpraktikerin für Psychotherapie mit dem Schwerpunkt Hypnose führt sie eine Praxis in der Nähe von Freiburg. Darüber hinaus ist sie als Medium, Heilerin und Seelensängerin tätig. Durch den Klang ihrer Stimme, der in der Verbindung ihrer Seele mit der feinstofflichen Welt entsteht, entfaltet sich eine besondere Kraft. Außerdem erhält sie aus der Geistigen Welt energetische Übungen für eine ganzheitliche Entwicklung, die ihr Wirken ergänzen.

Andrea Gruner teilt ihr Wissen und ihre Erfahrungen in Seminaren, Vorträgen und Lesungen. Ihre Berufung sieht sie darin, den Menschen ein Gespür für ihre eigene Seele zu vermitteln und für die allumfassende Liebe, die alles durchdringt.

www.andrea-gruner.com